Generalquartiermeisterstab

Anteil der königlich-bayerischen Armee am Kriege des Jahres 1866

Generalquartiermeisterstab

Anteil der königlich-bayerischen Armee am Kriege des Jahres 1866

ISBN/EAN: 9783742896988

Hergestellt in Europa, USA, Kanada, Australien, Japan

Cover: Foto ©ninafisch / pixelio.de

Manufactured and distributed by brebook publishing software
(www.brebook.com)

Generalquartiermeisterstab

Anteil der königlich-bayerischen Armee am Kriege des Jahres 1866

ANTHEIL

DER

KÖNIGLICH BAYERISCHEN ARMEE

AM

KRIEGE DES JAHRES 1866.

BEARBEITET

VOM

GENERALQUARTIERMEISTER-STABE.

Mit 3 Beilagen und 6 Plänen.

MÜNCHEN 1868.

IN COMMISSION BEI HERMANN MANZ.

Uebersicht des Inhalts.

Beilagen:

I. Ordre de bataille,
II. Sollstände der Armee,
III. Stärke- und Verlust-Tabellen zu den verschiedenen Gefechten.

Gefechts-Pläne:

I. Rossdorf und Zella,
II. Hünfeld,
III. Kissingen,
IV. Hammelburg,
 V. Helmstadt und Uettingen,
VI. Uettingen, Rossbrunn und Hettstadt.

Vorwort.

Die nachfolgende Darstellung des Feldzuges von 1866 hat zunächst den Zweck, den Angehörigen des königlich bayerischen Heeres den Zusammenhang der Begebenheiten innerhalb desselben so klar darzulegen, als die erlaufenen Kriegs-Akten, und unter diesen insbesondere die Gefechtsrelationen der Abtheilungen solches gestatten.

An der Hand dieser Gefechtsrelationen, deren unvermeidliche Differenzen durch sorgfältige Forschung auszugleichen gewissenhaft versucht wurde, geht die Darstellung in Beziehung auf die Theilgefechte thunlichst in jenes Detail ein, welches eine gerechte Beurtheilung und eine eingehende Kritik erst möglich macht. Diese Beurtheilung und wissenschaftliche Kritik überlässt sie dem Leser, sowie sie auch von den politischen Verhältnissen, welche dem ganzen Kriege zu Grunde lagen, bloss das allernächst Einwirkende herbeizieht.

Ueber das VIII. deutsche Bundes-Armeecorps wurde nur dasjenige gesagt, was aus den vorhandenen Akten zu entnehmen war und wegen des Zusammenhangs mit der bayerischen Armee entnommen werden musste.

Von den sechs dem Werke beigegebenen Gefechtsplänen enthalten die Blätter Hünfeld und Hammelburg ausser den Stellungen und Bewegungen der bayerischen Truppen auch die gegnerischen Positionen. Dieselben konnten nach Quellen eingezeichnet werden, welche als verlässig gelten dürften. Hiebei kommt zu bemerken, dass die vom Grossen preussischen Generalstabe verfasste Feldzugs-Geschichte noch in der Herausgabe begriffen ist, und daher für vorliegende Arbeit nicht mehr benützt werden konnte.

Jene Beleuchtung der Begebenheiten, welche den ganzen Complex der einwirkenden Ursachen umfasst, wird der Leser, wie bereits angedeutet, in der nachfolgenden Darstellung nicht finden: Keine Geschichte im vollen Sinne des Wortes, wohl aber ein unumgänglicher Beitrag zur Geschichte des Krieges 1866 wird den Kamoraden mit dem Bewusstsein geboten, dass die bayerische Waffenehre auch für diesen Feldzug den Griffel der Geschichte nicht zu scheuen habe.

München, im April 1868.

Einleitung.

Das durch den Wiener Frieden vom 30. October 1864 geschaffene Condominat der Souveräne von Oesterreich und Preussen über die nordischen Herzogthümer, sowie die Schwierigkeiten, welche der Herstellung eines Definitivums dortselbst im Wege stunden, waren binnen Kurzem die Quelle zu ernsten Zerwürfnissen zwischen beiden deutschen Grossmächten geworden.

Man hatte zwar versucht, durch die Gasteiner Convention (August 1865) die Parteien zu versöhnen und den Anlass zum Streite zu beseitigen: Die gemeinsame Administration der Herzogthümer wurde suspendirt, Holstein sollte fortan durch Oesterreich, Schleswig durch Preussen verwaltet werden, und Lauenburg ging gegen eine entsprechende an die österreichische Regierung zu zahlende Geldentschädigung ständig in den Besitz des Königs von Preussen über; auch Beziehungen Schleswigs und Holsteins zum deutschen Bunde wurden in einigen wesentlichen Punkten angebahnt; allein eine feste Grundlage für die Zukunft war hiemit keineswegs gefunden. Die Hauptsache, die endgiltige Entscheidung nämlich über die beiden Herzogthümer, blieb nach wie vor ferneren Vereinbarungen aufbehalten, — an die Stelle des einen Provisoriums trat ein anderes.

Und in der That, schon nach wenigen Monaten erwies sich der neue Zustand als eben so unhaltbar wie der frühere. Es ergaben sich neue Differenzen, die Sprache der beiden Cabinete wurde von Tag zu Tag gereizter, und man zog auch andere Fragen in die Verhandlungen herein, welche noch viel tiefer als die schleswig-holsteinische die

1

Spannung zwischen Oesterreich und Preussen begründeten, so namentlich die Reform des deutschen Bundes.

Zu Anfang des Monats Mai 1866 war die Stellung der beiden deutschen Grossstaaten eine so feindselige geworden, dass sich der baldige Ausbruch des Krieges mit grosser Wahrscheinlichkeit voraussehen liess. Auf beiden Seiten wurde die Mobilmachung der gesammten Streitkräfte angeordnet, und auch Italien, schon lange des Augenblickes harrend, in welchem es mit einiger Aussicht auf Erfolg einen Versuch zur Eroberung Venetiens machen könnte, bot seine Armee auf.

In Anbetracht dieser Verhältnisse und im Hinblick anf die ihr obliegende Bundespflicht beschloss auch die bayerische Regierung, sich zum Kriege zu rüsten. Durch königliches Decret vom 10. Mai wurde die Mobilmachung des Heeres anbefohlen.

Die bayerische Armee bestand im Frühjahr 1866 aus sechzehn Infanterie-Regimentern zu je drei Bataillonen, das Bataillon zu zwei Schützen- und vier Füsilier-Compagnien, aus acht Jäger-Bataillonen, jedes zu vier Compagnien, drei Cuirassier-, sechs Chevaulegers- und drei Uhlanen-Regimentern zu je vier Escadronen, dann vier Artillerie-Regimentern mit im Ganzen sechs gezogenen 6 pfünder, acht glatten 12 pfünder fahrenden, vier glatten 12 pfünder reitenden Batterien, (welch letztere in ein eigenes Regiment formirt waren), und zwei und zwanzig Fuss- (Festungs- und Park-) Batterien; ferner zählte die Armee eine Ouvriers- und eine Feuerwerks-Compagnie, ein Genie-Regiment zu vier Feld- und vier Festungs-Compagnien, dann vier Sanitäts-Compagnien.

Die gesammte Infanterie, Cavalerie und die Sanitäts-Truppen waren den vier General-Commandos München, Augsburg, Nürnberg und Würzburg (früher Armee-Divisions-Commandos), in der Art unterstellt, dass jedes derselben zwei Infanterie-Brigaden, eine Cavalerie-Brigade und eine Sanitäts-Compagnie in seinem Verbande hatte.

Jede der acht Infanterie-Brigaden bestand aus zwei Infanterie-Regimentern mit einem Jäger-Bataillon, d. i. sieben Bataillonen, — jede der vier Cavalerie-Brigaden aus drei Cavalerie-Regimentern, d. i. zwölf Escadronen.

Die gesammte Artillerie mit den dahin einschlägigen technischen Abtheilungen, Etablissements etc. war dem Artillerie-Corps-Commando, das Genie-Regiment dem Genie-Corps-Commando unterstellt.

Die Infanterie war mit dem Podewils-Gewehr (Vorderlader mit centraler Zündung) bewaffnet, rangirte in zwei Gliedern, und als Basis für die taktischen Evolutionen war im Wesentlichen trotz der in's Reglement aufgenommenen Form der Compagnie-Colonnen das Bataillon als die Einheit beibehalten.

Die Cuirassiere trugen den stählernen Helm und Cuirass als Schutz-, Pallasch und Pistole als Trutz-Waffe; die Uhlanen waren nebst der Lanze mit Säbel und Pistole, die Chevaulegers mit letzteren beiden bewaffnet.

Die fahrenden Feldbatterien, d. i. sechs mit gezogenen und acht mit glatten Rohren, waren zu acht, die reitenden Batterien zu sechs Geschützen formirt.

Als gezogenes Geschütz war der preussische 6 pfünder eingeführt worden. Das glatte Rohr, 12 pfünder, führte die excentrische Granate, welche jedoch auf Grund früherer Versuchserfahrungen nur für den höheren Bogenwurf mit Sprengladung versehen war.

Die vier Feld-Compagnien des Genie-Regiments waren vorzugsweise für den Pontonnier-, die vier Festungs-Compagnien für den Mineur- und Sapeur-Dienst bestimmt und eingeübt, für den Pionier-Dienst waren alle acht Compagnien gleichmässig verwendbar.

Gemäss einer Kriegsministerial-Verordnung vom 26. September 1865, welche die Friedenssollstände detaillirt normirte, waren an Offizieren, Beamten, Unteroffizieren etc. und Soldaten, jedoch mit Ausschluss der Gendarmerie, dann der an Central-Stellen und bei höheren Stäben verwendeten Individuen, 71,918 Mann effectiv, (formirt und exerzirt), und 21,490 Mann als unmontirt assentirt in das stehende Heer eingereiht. An Dienstreitpferden wurden 5914, an Zugpferden 1040 bei den Abtheilungen präsent gehalten.

Es ist wichtig, gleich hier zu bemerken, dass die vorhandenen Rahmen, welche nach Obigem auf 320 Compagnien Infanterie, 48 Escadronen Cavalerie, 18 Feld- und 22 Fuss-Batterien, 2 Arbeiter-, 8 Genie- und 4 Sanitäts-Compagnien berechnet waren, nach den Mitteln des Militäretats nur für den Friedensstand jener 70,000 wirklich Eingestellten, nicht aber für die unmontirt Assentirten ausreichten. Diese waren zwar regimentirt, allein sie waren nicht in Compagnien,

Escadronen und Batterien getheilt, Offiziere, Unteroffiziere, Spielleute für dieselben nicht vorhanden.

Die Reserve des stehenden Heeres wurde durch jene Leute gebildet, welche ihrer sechsjährigen Militär-Dienstpflicht entweder persönlich oder durch Ersatzmannstellung etc. Genüge geleistet hatten und ledigen Standes waren. Die Reservepflicht dauerte bis zum vierzigsten Lebensjahre fort. Laut Standtabelle waren am 1. März 1866 114,345 solche Reservisten dienstpflichtig; da aber das bestehende Heerergänzungs-Gesetz deren Formation im Frieden nach keiner Richtung vorbereitet hatte, so konnten hievon dritthalb Monate nach verfügter Mobilisirung der Armee kaum 20,000 Mann zum Kriegsdienste nutzbar gemacht werden.

Die Friedenspräsenz war bei der Infanterie eine ausserordentlich geringe: Sie betrug mit Einschluss der Rekruten-Uebungen durchschnittlich für den einzelnen Mann dreizehn bis vierzehn Monate innerhalb seiner sechsjährigen Dienstzeit.

Bei den übrigen Waffengattungen war dieses Verhältniss etwas günstiger, insbesondere bei den berittenen Abtheilungen, für deren Präsenzstand der übrigens gleichfalls karg bemessene Stand an Dienstpferden massgebend sein musste.

Die unmontirt Assentirten wurden sofort nach ihrer Einstellung und Verpflichtung uneingekleidet und unexerzirt auf Einruf in Urlaub entlassen.

Aus dem Vorstehenden erhellt zur Genüge, dass die Mobilmachung des Heeres sich für den Anfang auf höchstens 70,000 Mann erstrecken konnte, dass aber selbst diese wegen ihrer durchschnittlich sehr kurzen Präsenz zum grössten Theil nur mangelhaft geübt waren.

Die vorhandenen Chargen reichten aber auch für diese 70,000 Mann nicht aus, weil die Versetzung auf den Kriegsfuss eine Vermehrung derselben sogar in den schon bestehenden Rahmen bedingte. Um ferner die unmontirt Assentirten in das active Heer einzustellen, mussten erst neue Körper geschaffen, diese mit Offizieren und Unteroffizieren aus den bestehenden Abtheilungen besetzt, jene Abgänge aber dort durch Neuornennungen wieder ausgeglichen werden. Hiedurch trat nicht nur ein für den Betrieb des Dienstes höchst empfindlicher Wechsel in den meisten Offiziers- und Unteroffiziers-Chargen schon vor

Beginn des Krieges ein, sondern man war auch gezwungen, viele Stellen
mit Leuten zu besetzen, welche ihrer Aufgabe nicht gewachsen waren.
Erwägt man nun ferner, dass der sechste Theil der effectiv ein-
gereihten und exerzirten Mannschaft seine Dienstzeit innerhalb der
Monate März und April vollendete, dass derselbe trotz der ernsten
politischen Lage gesetzmässig beabschiedet und durch Rekruten ersetzt
werden musste, welche erst am 9. April eintraten, also Anfangs Mai
noch nicht abexerzirt waren, — erwägt man, dass für die nothwendige
Besetzung der Hauptstadt und der zahlreichen Festungen ein sehr be-
trächtliches Quantum an dienstbrauchbarer Mannschaft von vorneherein
in Abzug kam, und dass die zu diesem Dienste verwendeten Abtheilungen unter keinen Umständen vor vier bis sechs Wochen durch
die aus den unmontirt Assentirten gebildeten Rekruten-Bataillone
ersetzt werden konnten, — zieht man endlich in Betracht, dass für
die Bemannung der zu errichtenden Verpflegsabtheilungen und Feldspitäler nicht nur eine grosse Anzahl verwendbarer Offiziere und Unteroffiziere, sondern auch eine Menge von Soldaten als Feldbäcker, Feld-
metzger, Krankenwärter aus den Truppenabtheilungen herausgezogen
werden mussten, ganz abgesehen von jenen Leuten, welche als Fuhr-
soldaten bei den Bataillonen, als im Frieden nicht normirte Pferdewärter
u. s. w. abzustellen waren, so gelangt man zu dem Schlusse, dass
selbst im günstigsten Falle und mit der grössten Anstrengung in
erster Linie höchstens die Hälfte des stehenden Heeres vor
den Feind gebracht werden konnte.

Die Gesammt-Stärke desselben betrug nach Früherem in runder
Zahl 93,000 Mann. Hievon gingen ab:

Im April zum Ersatze der exerzirten Ausgedienten neu
eingestellt . . . . 11,000 Mann,
(Diese übrigens gleichwohl zum grossen Theil in
erster Linie vor dem Feind)

Festungs-Besatzungen etc.	20,000	,,
Unmontirt Assentirte (in den 4. Bataillonen) .	21,000	,,
Feldbäcker, Feldmetzger, Krankenwärter . . .	2,400	,,
Fuhrsoldaten und Pferdewärter etc.	600	,,
in Summa	55,000	Mann,
verblieben also:	38,000	Mann.

— 6 —

Im Vollzuge des Mobilmachungs-Decretes hatte jedes Infanterie-Regiment zwei Feld-Bataillone, ein Besatzungs- und ein Depot-Bataillon, jedes zu sechs Compagnien zu formiren. Die ersten drei waren die bereits bestehenden, das vierte kam neu zu bilden.

Jedes Jäger-Bataillon errichtete zu den vorhandenen vier Feld-Compagnien eine fünfte Compagnie, jedes Cavalerie-Regiment eine fünfte Escadron als Depots.

Bei der Artillerie waren die achtzehn Feldbatterien, dann drei Fussbatterien für die Munitions-Reserven, und zwei für den Belagerungs-park marschbereit zu machen, siebzehn Fussbatterien wurden für den Festungsdienst bereit gestellt. Als Depots für das 1., 2. und 4. Artillerie-Regiment sollten zwei gezogene*) und eine 12pfünder Feldbatterie, sowie drei Fussbatterien, dann zu gleichem Zwecke für das 3. (reitende) Artillerie-Regiment eine 12pfünder Batterie errichtet werden.

Das Gendarmerie-Corps-Commando wurde mit Bildung einer Feld-Gendarmerie-Escadron beauftragt.

Die vier Sanitäts-Compagnien errichteten zu je zweien eine Depot-abtheilung. Endlich wurden vier Haupt-, acht Aufnahms-Feldspitäler, und sechs Verpflegsabtheilungen geschaffen.

Im Ganzen wurden demnach neu errichtet: 104 Compagnien Infanterie und Jäger, 1 Escadron Feld-Gendarmerie, 12 Escadronen Cavalerie, 3 fahrende Batterien zu acht, 1 reitende Batterie zu sechs Geschützen, 2 Sanitäts-Depots und die obenbezeichneten Verpflegs-abtheilungen und Feldspitäler.

Zu den Feldtruppen waren vorläufig in Aussicht genommen: 32 Infanterie-, 8 Jäger-Bataillone, 1 Feld-Gendarmerie-Escadron, 45 Escadronen Cavalerie, 14 fahrende Batterien à 8, 4 reitende à 6 Geschütze, 5 Fussbatterien, 4 Sanitäts-Compagnien, dann die für die mitzunehmenden Brücken-Equipagen etc. erforderlichen Genietruppen, endlich die neu errichteten Verpflegsabtheilungen und ambulanten Spitäler.

Die in der Hauptstadt und in den Festungen stehenden Besatzungs-

---

*) Für welche die erforderlichen Materials-Aenderungen noch vorgenommen wurden.

Bataillone sollten nur so lange daselbst verbleiben, bis die Depot-Bataillone an ihre Stelle rücken könnten, dann sollten jene als Verstärkung zur mobilen Armee abgehen. In der Folge wurde von den bisherigen Depot-Bataillonen je eine Compagnie als Stamm der neu zu bildenden Depots ausgeschieden.

Um unter allen Umständen die Evidenthaltung der Kriegssollstände zu ermöglichen, wurde ferner die Aushebung von 18,610 Mann aus den Altersklassen 1843 und 1844 verfügt, von denselben jedoch nur jene Anzahl, welche zu besagtem Zwecke erforderlich war, wirklich einberufen, der Rest bis auf Weiteres beurlaubt.

Durch allerhöchste Entschliessung vom 21. Mai wurde das Commando über die zu formirende mobile Armee Seiner Königlichen Hoheit dem Feldmarschall und General-Inspector Prinzen Carl von Bayern übertragen, und der Generallieutenant Ludwig Freiherr von der Tann, General-Adjutant des Königs und bis dahin General-Commandant von München, zum Chef des Generalstabes ernannt.

Der Feldzeugmeister Prinz Luitpold, K. H., übernahm die General-Inspection über den nicht mobilen Theil des Heeres, war jedoch befugt, sich — in so lange seine Anwesenheit im Innern des Landes nicht erforderlich, — dem Hauptquartier anzuschliessen. Ferner wurden JJ. KK. HH. die Prinzen Otto und Ludwig gleichfalls dem Stabe des Feldmarschalls, der Herzog Carl Theodor in Bayern jenem der 1. Infanterie-Division, der Herzog Max Emanuel jenem der Reserve-Cavalerie aggregirt.

Am 26. Mai wurde die Formation der mobilen Armee in vier Infanterie-Divisionen und ein Reserve-Cavalerie-Corps nebst entsprechender Reserve an Artillerie decretirt.

Die Ordre de bataille der Armee, sowie Detail-Angaben über die ursprünglichen Stärken-Verhältnisse sind aus den Beilagen I. und II. zu entnehmen.

Principiell war die politische Stellung Bayerns in dem entbrennenden Streite in so ferne längst entschieden, als man gewillt war, am Bundesrecht festzuhalten. Es hatte sich nämlich das preussische Cabinet schon unterm 24. März in einer Note an die verschiedenen deutschen Höfe gewendet, worin es die Eventualität eines Krieges mit Oesterreich besprach, und unter besonderer Betonung der Unhaltbarkeit der Bundesverfassung, auf deren den realen Verhältnissen entsprechende Aenderung es in nächster Zeit seine Anträge stellen werde, anfragte, welchen Standpunkt die Regierungen der deutschen Mittel- und Kleinstaaten in der streitigen Frage einnähmen, ob und von wem Preussen im Falle des Krieges Beistand zu erwarten habe. Bayern, sowie die Mehrzahl der übrigen Staaten beantwortete diese Frage einfach mit der Hinweisung auf den Artikel 11 der Bundesverfassung, wonach es den Mitgliedern des Bundes untersagt war, sich zu bekriegen und dieselben vielmehr die Verpflichtung hatten, ihre Streitigkeiten vor dem Bunde schlichten zu lassen.

Als nun gegen Ende Mai der Ausbruch des Krieges höchst wahrscheinlich wurde, hielten es die Regierungen von Bayern, Sachsen, Württemberg, Baden, Hessen-Darmstadt und Nassau, welche in oben erwähntem Sinne geantwortet hatten, für angemessen, die zu treffenden militärischen Massregeln einer gemeinsamen Besprechung zu unterziehen. Unter Vorsitz des Generallieutenants Freiherrn von der Tann wurde denn auch zu München eine Conferenz von Militär-Bevollmächtigten der genannten Staaten abgehalten und über dieselbe am 1. Juni ein Protokoll niedergelegt, dessen wesentlichste Punkte sich in Folgendem zusammenfassen lassen:

1) Es ist sofort ein Oberbefehlshaber über das VIII. Bundes-Armeecorps zu designiren, welchem vorerst auch das nassauische Contingent unterstellt wird. Bayern führt den Oberbefehl über die Truppen der an der Conferenz betheiligten Staaten*).

2) Sämmtliche Contingente sind an günstig gelegenen Eisenbahnpunkten zu concentriren.

3) Bayern erklärt, 46,000 Mann bereits disponibel zu haben, welche in nächster Zeit um 6, und drei bis vier Wochen später um weitere 10 Bataillone verstärkt werden sollen.

4) Württemberg will in vierzehn Tagen mit 20,000 Mann zwischen Ludwigsburg und Heilbronn stehen; eine vierte Brigade

---

*) Auf das königlich sächsische Armeecorps fand diese Bestimmung bekanntlich keine Anwendung, da sich dasselbe mit der kaiserlichen Nord-Armee in Böhmen vereinigte.

von 5 Bataillonen und eine Batterie, sowie — wenn nöthig —
weitere 4 Escadronen können in sechs Wochen folgen, wobei
dann für Ulm noch vier Bataillone und eine Escadron
erübrigen.

5) **Sachsen** hat 25,000 Mann in und um Dresden; 5000 Mann
Depot-Mannschaften stehen bei Seyda und können innerhalb
etwa vier Wochen in eine Brigade formirt werden.

6) **Baden** vermag in vierzehn Tagen 12,300 Mann und binnen
vier oder fünf Wochen sein ganzes Bundes-Contingent mit
16,500 Mann und 38 Geschützen (inclusive Besatzung von
Rastatt) zu mobilisiren.

7) **Grossherzogthum Hessen** hat schon jetzt 13,000 Mann in
der Linie Worms-Darmstadt-Offenbach aufgestellt.

8) **Nassau** will in vierzehn Tagen 5000 Mann mit 16 Geschützen
stellen, weitere 1200 Mann können in sechs bis acht Wochen
folgen.

9) Bis zur Ernennung eines Commandanten des VIII. Armeecorps
soll die Formation von dessen Hauptquartier vereinbart sein, und

10) von fünf zu fünf Tagen über den Stand der besprochenen An-
gelegenheiten Mittheilung nach München erstattet werden.

Am 1. Juni hatte die bayerische Regierung von den immer be-
drohlicher sich gestaltenden Verhältnissen Anlass genommen, im Ein-
vernehmen mit Preussen bei der Bundesversammlung zu beantragen,
dass Frankfurt und die mit gemischten Garnisonen besetzten Bundes-
festungen von den preussischen und österreichischen Truppen geräumt,
und diese durch Abtheilungen anderer Contingente ersetzt werden
möchten. Dieser Antrag wurde am 9. Juni in der Weise angenommen,
dass Mainz durch bayerische, Rastatt durch badische Truppen besetzt
und in jede dieser beiden Festungen eine entsprechende Anzahl von
Truppen kleinerer Contingente gelegt werden sollte. Frankfurt erhielt
ausser dem städtischen Militär nur ein bayerisches Bataillon als Besatzung*). Zum Gouverneur von Mainz, welches unter bayerischen

---

*) Zuerst das 2. Bataillon des 4., später das 4. Bataillon des 2. Infanterie-
Regiments.

Oberbefehl trat, wurde der Generalmajor und General-Adjutant Ludwig Graf von Rechberg und Rothenlöwen ernannt, die Stelle eines Truppen-Befehlshabers in Frankfurt a. M. dem bayerischen General-major Max Freiherrn von Seckendorff übertragen.

Die aus den Bundesgarnisonen herausgezogenen preussischen Truppen sammelten sich unter General von Beyer bei Wetzlar, die öster-reichischen, unter Generalmajor Hahn in eine Brigade formirt, con-centrirten sich südlich von Frankfurt, und wurden dem Feldmarschall-lieutenant Grafen Neipperg unterstellt. Bayerischerseits waren die ersten Bataillone des Infanterie-Leib- und des 1. Infanterie-Regiments, zwei Fussbatterien des 2., zwei des 4. Artillerie-Regiments und eine Genie-Compagnie zur Besatzung von Mainz abgerückt.

Inzwischen hatte die politische Lage einen mehr präcisen Charakter angenommen. Ein Vorschlag der vereinigten Regierungen von Frank-reich, Russland und England, den schwebenden Streit auf einer euro-päischen Conferenz zum Austrag zu bringen, war daran gescheitert, dass Oesterreich seinen Beitritt an die Bedingung knüpfte, es dürfe bei derselben die Abtretung Venetiens nicht zur Sprache kommen, — ein Vorbehalt, auf welchen die intervenirenden Mächte nicht eingehen zu können glaubten. Ferner hatte Oesterreich bereits am 1. Juni in der schleswig-holsteinischen Frage die Vermittlung des deutschen Bundes angerufen und am 5. die Versammlung der holsteinischen Stände decretirt, Preussen aber hierin einen Bruch des Gasteiner Vertrags erblickt und mit dem Einmarsch in das Herzogthum Holstein am 7. Juni geantwortet.

In Folge dessen stellte Oesterreich unterm 11. Juni den Antrag auf Mobilisirung des gesammten Bundesheeres mit Ausnahme der drei preussischen Armeecorps. Die bayerische Regierung hingegen, welche noch in diesem Augenblicke die Hoffnung auf Erhaltung des Friedens nicht aufgegeben hatte, suchte die gegen Preussen gerichtete Spitze dadurch abzubrechen, dass es auch das österreichische Contingent von der Mobilmachung ausgeschlossen und dieselbe auf das VII., VIII., IX. und X. Bundes-Armeecorps beschränkt wissen wollte.

In der Bundestags-Sitzung vom 14. Juni wurde die von Bayern vorgeschlagene Modification zum Beschluss erhoben. Dennoch gab der preussische Bundestagsgesandte Namens seiner Regierung unmittelbar

die Erklärung ab, dass Preussen von Stunde an aus dem deutschen
Bunde ausscheide, festhaltend aber an der nationalen Einheit Deutsch-
lands, zur Bildung eines neuen Bundes auf Grundlage des am 10. Juni
eingebrachten Reformprojektes einlade.

Unmittelbar darauf richtete das preussische Cabinet an die Regierungen von Sachsen, Hannover und Kurhessen die kategorische
Aufforderung, unverzüglich auf den Friedensstand vom 1. März zurückzugehen, und als diese Staaten ablehnend antworteten, wurde ihnen
noch am 15. der Krieg erklärt.

Am 16. Juni überschritten die Preussen die Grenzen.

Hiemit war die Lage entschieden. Preussen hatte angegriffen, —
der ursprünglich abgegebenen Erklärung gemäss musste also Bayern
zu Oesterreich stehen.

In dem Zeitraume zwischen dem 10. Mai und 13. Juni war die
königlich bayerische mobile Armee entsprechend den am 1. Juni getroffenen Vereinbarungen in nachfolgender Weise bereit gestellt worden:

Das Hauptquartier stund in München, der Stab der 1. Infanterie-
Division eben daselbst, die 1. Infanterie-Brigade, eine Division des
3. Chevaulegers-Regiments, und die Divisions-Artillerie in München
und Umgebung.

Die 2. Infanterie-Brigade nebst der andern Hälfte des 3. Chevaulegers-Regiments und der 1. Sanitäts-Compagnie lag im Lager auf dem
Lechfelde, woselbst auch die 3. Infanterie-Brigade und eine 12 pfünder
Batterie, sowie das 3. Jäger-Bataillon (zur 4. Infanterie-Brigade gehörig) untergebracht waren.

Der Stab der 2. Infanterie-Division mit einer Batterie befand sich
in Augsburg, die 4. Infanterie-Brigade lag in Cantonnirungen in der
Umgegend von Schwandorf und Nabburg, das 4. Chevaulegers-Regiment
bei Amberg.

Die 3. Infanterie-Division war in einem Lager bei Oberhaid
(Stabsquartier Bamberg), die 4. Infanterie-Division in einem ebensolchen
bei Schweinfurt (Stabsquartier daselbst) concentrirt, die Cavalerie und
Artillerie dieser beiden Divisionen in der Umgegend einquartiert.

Die Reserve-Cavalerie (Corpsstab in Ansbach) hatte Cantonnirungen
in Franken innerhalb der Bezirksämter Neustadt a. d. Aisch, Markt-

Scheinfeld, Gerolzhofen und Uffenheim, soweit dieselben an der Eisenbahn liegen, bezogen.

Die Reserve-Artillerie mit dem Stabe in Erlangen cantonnirte westlich der Bahnlinie Nürnberg - Bamberg mit der nördlichen Begrenzung Eggolsheim, Pommersfelden, Schlüsselfeld.

Der Geniepark befand sich theils noch in Ingolstadt, theils unterwegs nach Nürnberg.

Die Haupt-Munitions-Reserve war zu einem Theile in München, zum andern in Ingolstadt.

Ebendortselbst lagen die Haupt-Feldspitäler.

Die Aufnahms-Feldspitäler und die Verpflegsabtheilungen waren bei ihren Divisionen etc. entsprechend untergebracht.

Schon am 10. Juni wurde, nachdem die Berufung Oesterreichs auf den Bund und das Einrücken der Preussen in Holstein der bayerischen Regierung ihren Platz auf Seite Oesterreichs angewiesen hatte, und da die Möglichkeit des Krieges immer näher rückte, der General-stabs-Chef, Generallieutenant Freiherr von der Tann an den kaiserlichen Hof nach Wien und in das österreichische Hauptquartier nach Olmütz gesendet, um über diesen äussersten Fall Vorverhandlungen zu pflegen.

Dort wurde in militärischer Hinsicht vereinbart, dass Feldmarschall Prinz Carl den selbstständigen Oberbefehl über das bayerische Heer sowohl, als auch, dem Ergebnisse der Münchener Conferenzeu gemäss, über die württembergischen, badischen, grossherzoglich hessischen und nassauischen Truppen führen solle; dass derselbe zwar im Einklang mit den vom österreichischen Armee-Obercommando ausgehenden all-gemeinen Directiven zu handeln habe, hiebei jedoch auf die Wahrung der Landesinteressen Bayerns und der übrigen süddeutschen Staaten, sowie auf die Deckung ihrer Gebiete Rücksicht zu nehmen sei.

Hinsichtlich des zu befolgenden Kriegsplanes war nichts Definitives festgestellt worden.

Der Vorschlag, von Böhmen und von Bayern aus gleichzeitig nach Sachsen vorzudringen und sich dort zu vereinigen, wurde von öster-reichischer Seite gleich anfänglich verworfen. Es blieb nun noch die Alternative, die dem Prinzen Carl unterstellten Corps mit der Oester-reichischen Nord-Armee zu vereinigen, oder die ersteren selbstständig im westlichen Deutschland operiren zu lassen. Die Verhandlungen hierüber sollten in München fortgesetzt werden.

Als aber Generallieutenant von der Tann am 16. Abends dahin zurückkehrte, war der Krieg thatsächlich ausgebrochen.

Die Verlegung der bayerischen Armee nach Böhmen schien fortan unmöglich: Nicht nur war es sehr in Frage, ob man Fühlung mit den Oesterreichern gewinnen konnte, ehe dort der erste Zusammenstoss mit dem Feinde stattfand, (nicht zu rechnen, dass man während dieses Flankenmarsches in Rücken und Flanke ganz blossgestellt war), sondern man hätte für diesen Fall auch auf jede Mitwirkung des erst in der Formation begriffenen und vom österreichischen Kriegsschauplatze noch weiter als die Bayern entfernten VIII. Corps und der eigenen Reserven verzichten müssen. Die Hannoveraner hätten ohnehin nicht mehr beigezogen werden können, das gänzlich entblösste Bayern hingegen wäre der ungehinderten Invasion des Feindes preisgegeben worden.

Schon am 18. Juni wurde demnach das Wiener Cabinet benachrichtigt, dass man bayerischerseits auf eine Vereinigung mit der kaiserlichen Nord-Armee nicht eingehen könne.

Die Olmützer Punctationen wurden mit geringen Aenderungen am 24. Juni in München ratificirt.

Zur Vermittelung eines fortgesetzten directen Verkehrs mit dem österreichischen Hauptquartier wurde in der Folge der Generalmajor Ritter von Malaisé als Militärbevollmächtigter Bayerns dem Feldzeugmeister von Benedek beigegeben. Generalmajor Freiherr von Ow zum analogen Zwecke dem Hauptquartier des VIII. Bundes-Armeecorps zugetheilt. Der kaiserlich österreichische Feldmarschalllieutenant Graf Huyn ward als Delegirter Oesterreichs, der königlich württembergische Major von Suckow in gleicher Eigenschaft für die im VIII. Bundes-Armeecorps vertretenen Staaten dem bayerischen Armee-Stabe aggregirt.

Aufmarsch zwischen Bayreuth und Schweinfurt.

Der im Laufe der Mobilmachung angeordneten Aufstellung, d. h. der Bereitstellung des Heeres in Lagern und Cantonnirungen, konnte wegen der Unentschiedenheit der politischen Lage eine bestimmte strategische Idee nicht zu Grunde liegen.

Die massgebenden Rücksichten bei derselben waren erstens Erleichterung der Unterkunft und Verpflegung, — ferner Ermöglichung grösserer Truppenübungen durch Concentrirung in Standlagern, — endlich Sammlung an den Hauptcommunicationsmitteln des Landes.

Gegen Mitte Juni jedoch, nachdem die politische Situation mehr geklärt war, machte sich auch das Bedürfniss einer concentrirteren, in ihrer Frontlinie deutlicher ausgesprochenen Stellung geltend.

Der obere Lauf des Mains, dessen Hauptpunkte Bamberg und Schweinfurt bereits mit der 3. und 4. Infanterie-Division besetzt waren, sollte diese Frontlinie bilden.

Am 11. Juni erging an das Reserve-Cavalerie-Corps, welches für die Eventualität einer Operation nach Ost oder Nordost auf den rechten Flügel der bezeichneten Frontlinie bestimmt war, der betreffende Marschbefehl, und am 19. hatte es folgende Stellung eingenommen:

Corpsstab Bayreuth;

> 1. leichte Brigade mit 2 reitenden Batterien:
>> Stab Neuenmarkt, — Rayon Neuenmarkt, Trebgast, Berneck, Culmbach; —

> schwere Brigade:
>> Stab Bayreuth, — Rayon Bayreuth, Altenplos, Creussen; —

2. leichte Brigade mit 2 aus der Reserve-Artillerie provisorisch zugetheilten reitenden Batterien:

Stab Kemnath, — Rayon Weidenberg, Erbendorf, Kemnath, Neustadt am Culm. —

Inzwischen hatte die 3. Infanterie-Division auf ein Anfrage-Telegramm vom 16. hin den Befehl erhalten, Lichtenfels zu besetzen, und die Eisenbahn nach Coburg und Hof zu sichern. Es wurde daher Oberst Straub mit dem 2. Bataillon des 11. Infanterie-Regiments, 2 gezogenen Geschützen und einer Genie-Abtheilung nach Lichtenfels, das 3. Bataillon des 11. Infanterie-Regiments nach Staffelstein, und eine Escadron des 2. Chevaulegers-Regiments nach Kaltenbrunn entsendet; letztere hatte Detachements in Ebern und Gleusen und war beauftragt, in der Richtung auf Coburg, sowie zur Sicherung der Meininger Strasse gegen Seasslach zu patrouilliren.

Für die Verbindung des Gros der 3. Division mit dem Detachement in Lichtenfels, sowie andererseits mit der 4. Division in Schweinfurt war entsprechend vorgesorgt.

Am 17. Juni begann die 1. Infanterie-Division ihren Abmarsch mit den in München und Umgebung untergebrachten Truppen, die auf dem Lechfelde lagernde 2. Infanterie-Brigade etc. folgte Tags darauf nach, und da alle Abtheilungen mittelst Eisenbahn transportirt wurden, stand die Division schon am 18. Abends in den ihr zugewiesenen Quartieren längs der Eisenbahn zwischen Windisch-Eschenbach und Nabburg, mit dem Stabsquartier in Weiden.

Der 2. Infanterie-Division wurde der Rayon zwischen Erlangen und Bamberg zur Cantonnirung überwiesen, wonach die Standquartiere der Reserve-Artillerie eine kleine Modification erlitten. Der Divisionsstab kam nach Forchheim, die 3. Infanterie-Brigade mit dem Stabe nach Eggolsheim, welche Quartiere am 19. Juni bezogen wurden, und am 20. ward durch das Einrücken der 4. Infanterie-Brigade aus ihrer Cantonnirung bei Nabburg und Schwandorf in die neue Stellung mit dem Stabsquartier Baiersdorf die Concentrirung dieser Division vollzogen. Das 7. Jägerbataillon wurde zur Verbindung mit der Reserve-Cavalerie nach Plankenfels und Hollfeld detachirt, und das Commando der 1. Infanterie-Division noch beauftragt, in der Richtung gegen Eger und über Hof gegen Selb durch vorauszuschickende Offiziere genaue

Erkundigungen über allenfallsige preussische Truppenbewegungen einziehen zu lassen.

Am 20. Juni verlegte der Feldmarschall sein Hauptquartier nach Bamberg und vom 21. Juni an ward die Stellung der Armee auf Kriegsfuss decretirt. Um die 1. Infanterie-Division in die erste Linie der Stellung vorzuziehen und hiemit den beabsichtigten Aufmarsch zu vollenden, war dem Generalmajor Stephan schon unterm 19. Juni Befehl ertheilt worden, sich am 20. mit der 2. Infanterie-Brigade per Eisenbahn nach Lichtenfels zu begeben und am 21. die 1. Brigade dorthin folgen zu lassen. Das 2. Jäger-Bataillon wurde dem Reserve-Cavalerie-Corps zugetheilt und mit dem Auftrage nach Hof entsendet, die Sprengung der dortigen Eisenbahn-Brücke vorzubereiten und bei drohender Gefahr einer feindlichen Invasion auch wirklich zu vollziehen. Der Commandant des Bataillons Major von Orff erhielt ferner die Weisung, alles verfügbare Eisenbahnmaterial nach Culmbach zu schicken und nur den Bedarf zum Transport seiner eigenen Truppen in Hof zurückzubehalten. Für die nöthigen technischen Arbeiten wurde demselben eine Genieabtheilung zugewiesen. Die in Lichtenfels und Stäffelstein stehenden Detachements der 3. Infanterie-Division rückten nach dem Eintreffen der 2. Infanterie-Brigade in Lichtenfels wieder bei ihrer Division ein.

Mittlerweile hatte General der Cavalerie Fürst Taxis auf die als sicher erachtete Kundschaftsnachricht hin, dass die Preussen am 19. Juni in Zwickau eingerückt seien, unterm 20. folgende Dislocirung vorgenommen: Der Corpsstab und der Stab der schweren Brigade waren in Bayreuth geblieben, jener der 1. leichten wurde von Neuenmarkt nach Culmbach, der Stab der 2. leichten von Kemnath nach Markt-Schorgast und unmittelbar darauf nach Hof verlegt; die leichte Cavalerie stand in erster Linie in einem Bogen von Hof über Markt-Schorgast und Berneck bis Culmbach, die schwere Cavalerie um Bayreuth in Reserve.

Am 21. war wie bereits gesagt die 1. Infanterie-Division in der Umgegend von Lichtenfels eingetroffen, und am 22. bezog sie den ihr zugewiesenen Cantonnirungs-Rayon zwischen Cronach und Ebensfeld. Das Commando derselben war beauftragt worden, die zwischen Lichtenfels und Cronach einmündenden Strassen zu bewachen, und hiebei die Grenzen nicht zu überschreiten, einem in's bayerische Gebiet eindringenden Feinde jedoch mit den Waffen zu begegnen. Die Verbindung mit der 3. Division wurde durch einen ständigen Patrouillengang vermittelt.

Während des Aufmarsches der verschiedenen Truppenkörper war auch für das Nachrücken des Genieparks, der Munitions-Reserven, der Spitäler u. s. w. gesorgt worden. Am 14. traf der Stab des ersteren mit drei halben Compagnien in Nürnberg ein, und am 20. Juni folgte der Rest dorthin nach. Der Stab der Haupt-Munitions-Reserve war am 20. von München gleichfalls nach Nürnberg verlegt worden; die Colonnen I mit IV wurden von Ingolstadt, V von München aus nach Massgabe der Vollendung ihrer Ausrüstung ebendorthin dirigirt, und endlich die Hauptspitäler I und II von Ingolstadt nach Regensburg, III und IV von Ingolstadt nach Würzburg transferirt. Die Depots sämmtlicher in Ober- und Unterfranken garnisonirenden Heeres-Abtheilungen erhielten ihre Standorte im Süden des Landes angewiesen.

Nachdem somit die einzelnen Bestandtheile des Heeres unter sich in Berührung gebracht und also zu einer gemeinschaftlichen Action handsam geworden waren, war es die erste und dringendste Sorge des Feldmarschalls, den hannoveranischen und kurhessischen Truppen, welche, gezwungen durch das plötzliche Eindringen der Preussen in ihre Länder, sich nach dem Süden zurückzogen, die Hand zu reichen.

Die 4. Infanterie-Division sollte bei dieser Operation die Avantgarde bilden, und erhielt daher den Befehl, am 22. Juni mit dem Frühesten von Schweinfurt gegen Fulda aufzubrechen, während an diesem Tage die 3. Division per Eisenbahn in das Lager bei Schweinfurt und die 2. an Stelle der 3. in jenes bei Oberhaid gezogen wurde. General Fürst Taxis und der die 1. Division befehligende Generalmajor Stephan wurden von den getroffenen Verfügungen mit dem Auftrage in Kenntniss gesetzt, dass ersterer in der Richtung gegen Schleiz, Plauen und Lobenstein — wobei Spitzen den Boden des Königreichs Sachsen betreten durften, ohne jedoch sich ernstlich zu engagiren, — letzterer auf den Strassen von Cronach nach Ludwigstadt, Nordhalben und Lichtenberg in auffallendster Weise demonstriren, massenhafte Einquartierungen ansagen, kurz nach Möglichkeit allarmiren solle.

2

Die 1. leichte Brigade nebst den beiden aus der Reserve-Artillerie entnommenen reitenden Batterien wurde nach Schweinfurt verlegt und dort der 3. Infanterie-Division unterstellt, deren letzte Theile langten aber, weil die betreffende Bahnlinie damals durch die vielen Truppen-Transporte in hohem Grade in Anspruch genommen war, erst am 24. Abends dortselbst an.

Im Vollzuge der oben erwähnten Ordre entsendete Generalmajor Stephan den Generalmajor von Steinle am 23. Juni mit 3 Bataillonen der 1. Infanterie-Brigade, 1 Escadron des 3. Chevaulegers-Regiments und einer halben gezogenen 6pfünder Batterie in drei Colonnen nach Ludwigstadt, Nordhalben und Lichtenberg, um am 24. dort stehen zu bleiben und am 25. zurückzukehren; das Gros der Division erhielt den Befehl zu verschärfter Marschbereitschaft, und 2 Bataillone des 8. Infanterie-Regiments führten in diesem Sinne die Einleitung zu einer scheinbaren Vorwärtsbewegung aus.

Das Reserve-Cavalerie-Corps-Commando hatte in gleicher Absicht 3 Escadronen und 2 Geschütze in drei Colonnen unter Generalmajor Graf Pappenheim gegen Plauen, Oelsnitz und Lobenstein am 23. Juni früh 4 Uhr aufbrechen lassen; die Spitzen trafen gegen 7 Uhr in den beiden erstgenannten Städten ein, und nachdem man sich überzeugt hatte, dass kein Feind in der Nähe sei, kehrte das Detachement noch am Abende des nämlichen Tages in seine Cantonnirung zurück.

Unterdessen war die 4. Infanterie-Division am 22. Juni in zwei Colonnen auf Kissingen und Hammelburg (Stabsquartier Kissingen) marschirt, und am 23. stund dieselbe hinter der Sinn zwischen Oberriedenberg und Zeitlofs, der Divisionsstab in Brückenau, die Avantgarde in Kothen.

Da jedoch eine Gewissheit über Standorte und Marschrichtung der hannoveranischen Armee nicht zu erlangen war, die betreffenden Nachrichten vielmehr in hohem Grade widersprechend lauteten und namentlich die Kunde eintraf, die Hannoveraner seien mit ihren Spitzen bereits in der Nähe von Eschwege gestanden, hätten sich aber von dort, statt weiter südwärts zu rücken, nach Osten gewendet, nachdem sich ferner das VIII. Bundes-Armeecorps noch in der Bildung begriffen befand und somit die Operation der bayerischen Armee höchstens demonstrativ unterstützen konnte, — wurde beschlossen, die begonnene Vorwärtsbewegung bis auf Weiteres nicht fortzusetzen. Generallieutenant von Hartmann erhielt den Befehl, den für den 24. beabsichtigten Vormarsch nach Löschenrode und Weyhers zu unterlassen und in seiner Stellung zu verbleiben. Am 24. Juni Abends stand also die Reserve-Cavalerie bei Bayreuth und Hof, die 1. Infanterie-Division bei Lichtenfels, die 2. bei Bamberg, die 3. bei Schweinfurt, die 4. bei Brückenau mit dem rechten Flügel in Wildflecken, dem linken in Zeitlofs, und der Avantgarde in Motten, wohin dieselbe von Kothen vorgeschoben worden war.

Die Reserve-Artillerie war aus ihren alten Cantonnirungen aufgebrochen und befand sich auf dem Marsch in der Richtung gegen Schweinfurt, um innerhalb des 25., 26. und 27. Juni Standquartiere mit dem Stabssitze Gerolzhofen zu beziehen.

Zur Sicherung der Verpflegung für alle Fälle war schon am 22. die Weisung ergangen, die Abstellung der zu den verschiedenen Heereskörpern gehörigen Lebensmittel-Fuhrwesensabtheilungen auf's Aeusserste zu beschleunigen, und vor allen andern die 4. Infanterie-Division als die am weitesten vorgeschobene zu bedenken.

2*

Das VIII. Bundes-Armeecorps zu Anfang des Krieges.

Da das VIII. deutsche Bundes-Armeecorps die Bestimmung hatte, gemeinschaftlich mit der bayerischen Armee unter einem Oberbefehle zu operiren, und die Action der letzteren von dem Grade der Mitwirkung, welcher durch dieses Corps zu gewärtigen stand, wesentlich abhängig war, so dürfte hier zu betrachten kommen, ob und in wie weit dasselbe bei Beginn des Krieges zu einer activen Unternehmung befähigt war.

Am 14. Juni ernannte der König von Württemberg, welchem im Jahre 1866 das Recht hiezu bundesverfassungsmässig zustand, den mit dem Range eines grossherzoglich hessischen Generals der Infanterie bekleideten österreichischen Feldmarschalllieutenant Prinzen Alexander von Hessen zum Commandanten des VIII. Bundes-Armeecorps. Am 16. trat derselbe seine Stelle an, und am 18. wurde er zu Darmstadt vereidigt. Mit Ausnahme Bayerns und Sachsens, (welches aber natürlich für die gegenwärtige Betrachtung gänzlich aus dem Spiel bleibt), war nur Hessen-Darmstadt den im Protokolle vom 1. Juni gegebenen Zusagen nachgekommen, so dass Prinz Alexander bei der Uebernahme des Commandos nur über 1 grossherzoglich hessische Division und 1 württembergische Brigade zu verfügen hatte; alle übrigen Bestandtheile seines Corps waren erst in der Formation begriffen, und theilweise noch sehr wenig vorgeschritten. Als daher schon am 10. Juni die Bundes-Versammlung ihn zur Deckung Frankfurts gegen die bei Giessen und Wetzlar stehenden Preussen aufforderte, konnte er nur eine hessische Brigade unter Generalmajor Frey dorthin senden, welcher er am 17. die württembergische Brigade Hegelmaier folgen liess; und als später am 20. Feldmarschall Prinz Carl ihn aufforderte, zur Degagirung der Hannoveraner mitzuwirken, musste sich Prinz Alexander — wenn er nicht von vorneherein den Bestand seines Corps in Frage stellen wollte

— damit begnügen, die Operation der Bayern durch eine Diversion gegen Giessen zu unterstützen, welche am 22. Juni mit 1 Bataillon, 1 Escadron und 2 Geschützen unter dem württembergischen Major Rambacher ausgeführt wurde.

Am 19. meldeten sich die badischen und hessischen Mitglieder des Hauptquartiers, und erst am 20. traf der zum Generalstabs-Chef des Corps ernannte Generallieutenant von Baur mit den württembergischen Offizieren in Darmstadt ein. Zwischen dem 21. und 24. Juni langte die in der Einleitung erwähnte österreichische Brigade Hahn, welche die kaiserliche Regierung für das VIII. Armeecorps verfügbar gemacht hatte, und die unter Feldmarschalllieutenant Graf Neipperg mit der nassauischen Brigade die 4. Division des Corps bilden sollte, in Darmstadt an. Am 24. rückte die württembergische Brigade Fischer, und am 25. die badische Brigade La Roche beim Armeecorps ein; am 26. endlich war die Formation so weit vorgeschritten, dass Prinz Alexander sein Hauptquartier nach Frankfurt verlegen konnte. Immerhin fehlten aber auch an diesem Tage noch eine württembergische, eine badische und die nassauische Brigade; Cavalerie- und Geschütz-Reserven, Munitions- und Verpflegs-Colonnen mussten alle erst gebildet, der ganze zur centralen Leitung grösserer Truppenkörper nöthige Apparat erst geschaffen und organisirt werden, — kurz die Maschine war noch nicht im Gang und es konnte kein Zweifel darüber obwalten, dass die bayerische Armee vor Anfang Juli auf eine Cooperation des VIII. Corps nicht hoffen durfte.

Concentrirung der bayerischen Armee um Schweinfurt.

Nachrichten über das Ansammeln grösserer preussischer Truppenmassen im Werrathal stellten bayerischerseits die Wahrscheinlichkeit einer Operation in der Richtung gegen Meiningen und Eisenach in Aussicht. Es erhielt desshalb die 4. Infanterie-Division am 24. Juni den Befehl, zur Anknüpfung von Verbindungen mit der Stadt Meiningen eine Spitze über Bischofsheim vorzuschieben, und bei ihrer allgemeinen Dislocation die Möglichkeit eines baldigen Seitenmarsches nach Osten im Auge zu behalten.

Zugleich mit der Bestätigung jener Nachrichten über bedeutende Truppenanhäufungen bei Eisenach — 24. Abends — traf aber auch vom Meiningenschen Ministerium die Mittheilung im bayerischen Hauptquartier ein, dass die Hannoveraner capitulirt hätten. Zwar erwies sich die Kunde über die wirklich vollzogene Capitulation noch am selben Abende als zweifelhaft; sämmtliche Nachrichten jedoch stimmten darin überein, dass ein Waffenstillstand abgeschlossen sei und weitere Verhandlungen stattfänden. Die schon früher erhaltenen Andeutungen, dass hannoverischerseits ein gewaltsames Durchbrechen nicht beabsichtigt werde, schienen hierin ihre Bestätigung zu finden.

Diese Erwägungen veranlassten den Feldmarschall, seine Armee in nördlicher Richtung eiligst zu concentriren, wofür nachfolgende allgemeine Dispositionen gegeben wurden:

„Die 4. Infanterie-Division marschirt nach Neustadt an der Saale und deckt ihren Rechtsabmarsch durch Streifen nach Fulda, Mellrichstadt, Nordheim und in die Tann; die 1. leichte Cavalerie-Brigade tritt unter Commando der 4. Division und geht mit 2 Batterien nach Mellrichstadt und Meiningen, woselbst sie die Eisenbahn zerstört.

Die 3. Infanterie-Division rückt nach Münnerstadt vor und

entsendet fliegende Corps in den Werragrund, um dort an mehreren
Stellen gleichfalls die Bahn zu destruiren.

Die 1. Infanterie-Division hat — unter Zurücklassung eines
Regiments mit vier Geschützen in Lichtenfels — in zwei Tage-
märschen über Ebern Königshofen zu erreichen.

Die 2. Infanterie-Division verlässt ihre Stellung bei Oberhaid,
und marschirt, ebenfalls in zwei Tagen, über Hassfurt nach
Lauringen, von wo aus sie die Verbindung mit der 1. Division
aufsucht. Ein Bataillon soll im Oberhaider Lager belassen werden.

Das Reserve-Cavalerie-Corps geht mit Benützung der Eisenbahn nach Schweinfurt, und bezieht das dortige Lager. Während
dieses Seitenmarsches ist demselben das in Lichtenfels zurückgelassene Commando unterstellt.

Dem Major von Orff wird fortan der Oberbefehl auch über
das 4. Bataillon des 13. Infanterie-Regiments*) übertragen. Derselbe bleibt mit dem 2. Jäger-Bataillon, 2 Geschützen und der
Genieabtheilung in Hof, wird, wenn es ihm nöthig erscheint, die
Eisenbahn dortselbst gründlich unfahrbar machen, und im Falle
eines übermächtigen Angriffs auf gesicherten Rückzug Bedacht
nehmen. Die Reserve-Artillerie bezieht die ihr schon früher angewiesenen Cantonnirungen bei Gerolzhofen."

Sämmtliche Abtheilungen hatten ihren Marsch am 25. anzutreten;
nur das Reserve-Cavalerie-Corps sollte mit Ausnahme des 5. Chevaulegers-Regiments, welches nebst den 4 in Hof stehenden Geschützen durch
Special-Ordre an die 2. leichte Brigade schon auf den 25. nach Schweinfurt instradirt war, seine Quartiere erst am 26. verlassen. Das Hauptquartier wurde am 25. von Bamberg nach Schweinfurt verlegt.

In Ausführung dieser Dispositionen stund die 3. Division am 25.
in Münnerstadt, die 2. am 26. in Lauringen. Auch die 4. Division,
obschon sie bei der Grösse der Entfernungen Zeit bedurfte, um sich in
Marsch zu setzen, erreichte Neustadt theilweise noch am 25., und hatte
ihre Bewegung am 26. Mittags vollendet. Die 1. Division langte am
26. in Königshofen an, nur Generalmajor von Steinle mit 1 Bataillon

---

*) Es war diess mittlerweile gleichfalls zum Schutze der Nordostgrenze
verwendet worden.

konnte, von seiner Entsendung gegen Nordhalben etc. kommend, erst Tags darauf eintreffen. Oberst Freiherr von Pranckh mit dem Infanterie-Leib-Regiment. 1 Escadron und einer halben Batterie war in Lichtenfels zurückgelassen worden.

Das Reserve-Cavalerie-Corps trat seinen Marsch auf der Bahn theilweise zwar am 26. an, wurde aber durch mehrfache, ausser der Wirkungs-sphäre der Commandostellen liegende Verzögerungen so sehr aufgehalten, dass die letzten Abtheilungen erst am 29. nach Schweinfurt gelangten. Es war für dasselbe, wie oben erwähnt, das Lager als Unterkunftsort in Aussicht genommen und auch von 2 Regimentern bezogen worden; zur Erzielung einer mehr concentrirten Stellung aber sollte die Cavalerie in den Rayon Grafenrheinfeld, Geldersheim, Poppenhausen, Euerdorf in Quartiere vorgelegt, dagegen die Reserve-Artillerie in's Lager gezogen werden. Letztere Dislocation kam auch wirklich zur Ausführung, die Reserve-Cavalerie hingegen erhielt gleich nach ihrer Ankunft bei Schweinfurt eine aus der inzwischen gänzlich veränderten Situation entspringende anderweitige Bestimmung, welche später genauer erörtert werden soll.

Am 26. Juni früh lief aus Meiningen die telegraphische Meldung des Generalmajors Herzog Ludwig im Hauptquartier ein, die Preussen würden in genannter Stadt stündlich erwartet. Der Herzog hatte beigefügt, dass seine Pferde im höchsten Grade erschöpft seien, — in der That hatte diese Brigade ausserordentliche Fatiguen zu bestehen gehabt — und er desshalb um schleunigen Succurs und um Befehle für sein ferneres Verhalten bitte. Darauf hin wurde ihm die Zerstörung der Eisenbahn wiederholt aufgetragen, und für den Fall eines Angriffs Mellrichstadt als Rückzugspunkt bezeichnet; dort werde er Aufnahme finden; er solle jedoch die Fühlung mit dem Feinde nicht verlieren, und fortan von zwei zu zwei Stunden Bericht erstatten.

Noch am Vormittage des 26. traf auch der Generalstabs-Chef der 4. Infanterie-Division, Oberst Dietl, in Meiningen ein und berichtete durch den Telegraphen nach Schweinfurt, dass er die Brigade des Herzogs vor der Stadt getroffen habe. Die Bahnschienen seien herausgenommen, der Telegraph zerstört, er erachte die Aufgabe daher vorerst für gelöst und glaube, dass man die Haupttruppe nach Mellrichstadt zurücknehmen dürfe; ferner fügte er hinzu, dass die hannoveranische Angelegenheit noch nicht ausgetragen sei.

Das Obercommando ertheilte diesem Vorschlag seine Genehmigung und knüpfte daran den Befehl, sich mit allen Mitteln Gewissheit über die Hannoveraner zu verschaffen.

Inzwischen war die 4. Division angewiesen worden, Infanterie-Abtheilungen zur Aufnahme der in Meiningen stehenden Avantgarde nach Mellrichstadt vorzuschieben und zugleich Streifen von Fladungen in der Richtung gegen Wasungen und von Tann auf Salzungen, sowie gegen Berka zur Zerstörung der Eisenbahn ausführen zu lassen.

Die 1. Infanterie-Division erhielt nach dem Abzug der 1. leichten Brigade aus Meiningen den Befehl, sich gegen diese Stadt hin zu sichern, da dieselbe nach eingelaufenen Nachrichten von den Preussen bedroht werde.

Am 27. Juni Vormittags gegen 9 Uhr trafen Seine Majestät der König in Schweinfurt ein, liessen das 5. Chevaulegers - Regiment mit vier Geschützen reitender Artillerie die Revue passiren und besichtigten das im Lager stehende 2. Cuirassier - Regiment, worauf Allerhöchstdieselben sich zur Inspicirung der 3. Infanterie-Division nach Neustadt an der Saale begaben.

Einmarsch in Thüringen.

Bei einer am 26. und 27. Juni abgehaltenen Conferenz des Feld-marschalls Prinzen Carl von Bayern mit dem Commandanten des VIII. Bundes-Armeecorps Prinzen Alexander von Hessen war ver-einbart worden, dass innerhalb der Zeit vom 30. Juni mit 7. Juli die Bayern und das VIII. Corps concentrisch auf Hersfeld vorgehen sollten, um von dort aus gemeinsam entweder gegen Cassel oder gegen Eisenach zu operiren. Es sollte so die Vereinigung der beiden Corps bewerk-stelligt werden, ehe man die feindliche Armee zum unmittelbaren Operationsobjekt wählte.

Der Feldmarschall kündigte durch Tagsbefehl vom 28. Juni die Vereinigung des bayerischen mit dem VIII. Bundes-Armeecorps unter der Benennung „Westdeutsche Bundes-Armee" an, und erklärte, dass er das Obercommando über dieselbe angetreten habe. Zugleich befahl er für den 29. den Beginn des Vormarsches gegen Fulda in der Weise, dass das Hauptquartier an diesem Tage nach Kissingen, die 1. Infanterie-Division nach Neustadt an der Saale, die 2. nach Münnerstadt, die 3. nach Waldaschach, und die 4. nach Bischofsheim verlegt werden sollte.

Im Laufe des 28. waren aber Nachrichten im bayerischen Haupt-quartier eingelaufen, welche die Ausführung dieser Disposition für den damaligen Zeitpunkt unmöglich machten. Telegramme aus Wien und München bestätigten nämlich die Kunde von einer glücklichen Schlacht der Hannoveraner bei Langensalza, behaupteten, dass dieselben sich gewiss noch acht Tage lang halten könnten, und forderten das Ober-commando dringendst auf, denselben zu Hülfe zu kommen, ehe sie durch eine neue Concentration der Preussen erdrückt würden.

Obwohl durch ein Vorrücken in dieser Richtung nicht nur das erste und natürlichste Ziel aller einleitenden Bewegungen, nämlich die

Vereinigung mit dem VIII. Bundes-Armeecorps in Frage gestellt, sondern auch die bayerische Armee möglicherweise in eine sehr peinliche Situation versetzt werden konnte, zögerte der Feldmarschall doch keinen Augenblick, dem an ihn ergangenen Rufe Folge zu leisten. Noch am Abende des 28. wurde für den folgenden Tag die Verlegung des Hauptquartiers nach Neustadt an der Saale, der 1. Infanterie-Division nach Hildburghausen, der 2. nach Trappstadt, der 3. nach Mellrichstadt, der 4. nach Meiningen angeordnet, allen Commandostellen der Zweck dieser Bewegung mitgetheilt, und dieselben zur grössten Energie in der Erreichung desselben aufgefordert; namentlich sollten sie trachten, sich durch verlässige Leute mit den Hannoveranern in Verbindung zu setzen und dieselben vom Anmarsche der Bayern zu verständigen. Die 1. Infanterie-Division ward ferner beauftragt, über Römhild mit Meiningen Verbindung zu suchen und das Werrathal sowie den Thüringer Wald nach Thunlichkeit zu eclairiren; die 4. Division sollte am 29. Meiningen wenn nicht mit dem Gros, so doch jedenfalls mit der Vorhut besetzen. Die Reserve-Cavalerie endlich bekam die Aufgabe, in der Richtung auf Bebra und Berka vorrückend, die Bewegungen der Hauptarmee zu unterstützen; gleichzeitig sollte dieselbe mit dem gegen Hersfeld vorrückenden VIII. Armeecorps Fühlung zu gewinnen suchen, und, auf der Höhe von Dermbach angekommen, sich nach rechts an das Gros der Armee anschliessen. Die 1. leichte Brigade wurde nach Bischofsheim beordert und trat wiederum unter das Commando des Reserve-Cavalerie-Corps, welchem für die anbefohlenen Bewegungen auch eine Genieabtheilung zugewiesen wurde.

Prinz Alexander erhielt von den getroffenen Verfügungen sofort Kenntniss.

Durch Tagsbefehl vom 29. Juni gab der Marschall den bayerischen Truppen kund, dass es sich darum handle, in höchster Eile den Hannoveranern zu Hülfe zu kommen, über deren Lage man nun endlich sichere Nachrichten erhalten habe. Er ermahnte zu wackerem Aushalten, und sprach der gesammten Mannschaft vom 1. Unteroffizier abwärts für den 29. und 30. Juni doppelte Löhnung aus.

Im Vollzuge der oben bezeichneten Marschdispositionen ging die 1. Division am 29. Juni in zwei Colonnen, und zwar die erste über Simmershausen nach Hildburghausen mit der Vorhut in Schleusingen, die 2. über Römhild nach Exdorf mit der Avantgarde in Wachenbrunn vor. Oberst Freiherr von Pranckh, welcher Befehl erhalten hatte, mit seinem Detachement noch am 28. Abends nach Coburg zu rücken und sich südwärts mit Lichtenfels in Verbindung zu erhalten, da Major von Orff per Eisenbahn von Hof dorthin gelangen und gleichfalls den Marsch nach Coburg antreten werde, traf am 29. in Hildburghausen, der letztere am 30. in Schleusingen bei der Division ein. Die 2. Infanterie-Division rückte nach Trappstadt, die 3. nach Mellrichstadt. Von der 4. Division wurde eine aus 3 Bataillonen bestehende Vorhut unter Oberst Aldosser vorwärts Meiningen zur Besetzung der Strassen nach Suhl, Gotha und Wasungen, 1 Bataillon zu deren Unterstützung nach Sulzfeld entsendet; zur Deckung der linken Flanke kamen Abtheilungen nach Fladungen, Oberkatza und Walldorf, und das Gros der Division sammelte sich um Mellrichstadt, von wo aus dasselbe nach Meiningen vorrückte Am 30. Juni marschirte die 1. Division nach Schleusingen mit Vortruppen in Suhl, Zella etc., die 2. nach Hildburghausen, die 3. besetzte Meiningen; die 4. bezog enge Marschquartiere um Wasungen, detachirte den Obersten Aldosser mit 2 Bataillonen, 1 Escadron und 4 Geschützen zur Bewachung der von Norden einmündenden Strassen nach Nieder-Schmalkalden, Wernshausen und Zwick, und besetzte zum Schutz ihrer linken Flanke die Ortschaften Wahns, Mehmels und Schwarzbach.

Das Hauptquartier wurde am 30. von Neustadt nach Meiningen verlegt; auf dem Wege dorthin aber ging dem Marschall die verbürgte Nachricht von der nunmehr wirklich erfolgten Capitulation des hannoveranischen Heeres zu.

Der Vormarsch auf Gotha hatte somit seinen Zweck verloren. Es war nämlich beabsichtigt gewesen, in dieser Richtung den Hannoveranern die Hand zu bieten, und am 1. Juli mit der gesammten Armee über Georgenthal und Ohrdruff aus dem Thüringerwald zu debouchiren, da hier das Terrain ungleich günstigere Chancen bot, als bei einer Operation gegen Eisenach. Nachdem nunmehr der Beweggrund dieses Planes verschwunden war, kam das Obercommando auf seine ursprüngliche Absicht zurück, vor Allem sich mit dem VIII. Armeecorps zu vereinigen.

Demgemäss beschloss der Feldmarschall, die bayerische Armee bei Meiningen schlagfertig zu concentriren und dann durch einen Seitenmarsch links den Anschluss an das VIII. Corps zu gewinnen. Den Weg über Neustadt wollte er darum nicht nehmen, weil es ihm widerstrebte, den Feldzug mit einer Rückwärtsbewegung zu eröffnen. Das VIII. Armeecorps hatte, um die angestrebte Vereinigung zu beschleunigen, die Weisung zu einer entgegenkommenden Bewegung erhalten, worüber in einem späteren Capitel des Näheren die Rede sein wird.

Im Vollzuge der projektirten Operation wurde am 1. Juli die 1. Infanterie-Division nach Themar verlegt, — Schleusingen, Suhl, Wachenbrunn etc. blieben besetzt, ebenso die Strasse zwischen Rohr und Wichtshausen. Die 2. Division mit dem Stab und der 3. Infanterie-Brigade bezog enge Marschquartiere in und um Hildburghausen, die 4. Infanterie-Brigade ebensolche bei Römhild. Die 3. Division verblieb in Meiningen und hielt Kühndorf occupirt. Die 4. Infanterie-Division blieb bei Wasungen stehen, behielt Wahns, Mehmels und Schwarzbach besetzt, und entsendete das 3. Bataillon des 5. Infanterie-Regiments nach Dermbach und Kalten-Sundheim, um den Anschluss an das Reserve-Cavalerie-Corps zu effectuiren. Die 1. Division war angewiesen worden, einerseits gegen Zella und Schwarza zu recognosciren, anderseits Verbindung gegen Meiningen und in's Werrathal zu unterhalten, die 4. Division sollte werraabwärts und gegen Schmalkalden aufklären. Das Reserve-Cavalerie-Corps wurde von den getroffenen Dispositionsveränderungen mit dem Auftrage verständigt, dass es seine Bewegungen im Einklang mit denselben zu halten und Fühlung mit der 4. Infanterie-Division zu suchen habe. Demgemäss ward die 1. leichte Brigade, welche am 29. und 30. Juni von Bischofsheim über Hilders nach Tann marschirt war und am 1. Juli weiter vor nach Geisa rücken sollte, in Tann zurückbehalten und beordert sich über Kalten-Sundheim mit der 4. Infanterie-Division in Verbindung zu setzen. Die Reserve-Artillerie wurde in Neustadt und Mellrichstadt belassen, das Hauptquartier verblieb in Meiningen.

Beginn des Linksabmarsches der bayerischen Armee, erste Zusammenstösse mit dem Feind, — Gefechte bei Rossdorf und Zella.

Die über Stellung und Bewegungen der Preussen eingelaufenen Kundschaftsnachrichten liessen eben so wohl eine Operation derselben in der Richtung von Gotha als von Eisenach her gewärtigen.

Es wurde daher beschlossen, die 4. Division in ihrer alten Stellung, jedoch mit der Hauptfront nach Osten, zur Deckung der Werra-Uebergänge zu belassen und hinter derselben die Armee links zu ziehen, so dass jene gewissermassen als Stützpunkt bei dem auszuführenden Flankenmarsche diente. Generallieutenant von Hartmann liess desshalb am 2. Juli von der 8. Infanterie-Brigade Zillbach und Eckardts besetzen, während 2 Bataillone in Schwallungen behalten und mit der Zerstörung der Eisenbahn zwischen diesem Orte und Wernshausen beauftragt wurden. Die 7. Infanterie-Brigade blieb grösstentheils in ihren früheren Stationen um Wasungen, die gezogene 6 pfünder Batterie wurde nach Eckardts zurückgezogen. Für den Fall eines feindlichen Angriffs ward befohlen, die Werra-Uebergänge nachhaltigst zu vertheidigen und als eventuelle Rückzugslinien dem rechten Flügel (7. Infanterie-Brigade) die Strasse über Wahns nach Oepfershausen, der Mitte (8. Infanterie-Brigade) jene über Zillbach nach Eckardts, der früheren Avantgarde endlich, welche nunmehr auf dem linken Flügel der Division stund und zugleich mit der Aufklärung gegen Norden hin beauftragt war, jene über Georgenzell nach Rossdorf angewiesen.

Die 1. Division stund am 2. Juli Abends in Meiningen, die 2. in Henneberg, die 3. in Oberkatza, die Reserve-Artillerie in Ostheim. Den Divisionen waren entsprechende Genieabtheilungen zugetheilt worden. Das Hauptquartier verblieb in Meiningen.

Generallieutenant von Hartmann hatte, um sich zu eclairiren, dem Obersten Aldosser Befehl ertheilt, Cavalerie-Patrouillen unter der Führung von Offizieren nach Schmalkalden, Auwallenburg und über Barchfeld gegen Salzungen zu entsenden. Da jedoch keine dieser Patrouillen auf den Feind stiess, so beschloss der Oberst, in der Nacht vom 2. auf den 3. Juli persönlich eine Recognoscirung auszuführen. Mit 1 ½ Compagnien des 9. Infanterie- und 1 Escadron des 6. Chevaulegers-Regiments — die Infanterie auf Wägen — setzte er sich um ½9 Uhr Abends von Wernshausen aus in Bewegung. Man gelangte über Herrenbreitungen nach Altenbreitungen und erfuhr dort, dass Nachmittags ¼4 Uhr eine Patrouille von sieben preussischen Husaren im Dorfe gewesen sei. Bei Grumbach stieg die Infanterie von den Wägen, welche zur Vorsicht gleich gewendet wurden, und nun setzte sich die Colonne in Bewegung gegen Barchfeld. Schon von Grumbach aus hatte man eine beträchtliche Anzahl von Bivouak-Feuern westlich von Barchfeld wahrnehmen können, und Oberst Aldosser beschloss, die dort lagernden Preussen durch einen Angriff zu allarmiren. Vorher aber wollte er auch das in nördlicher Richtung liegende Terrain etwas aufklären. Er liess daher in Barchfeld bei der Einmündung der von Immelborn kommenden Strasse vorerst einen Zug Infanterie zurück, und ging mit dem Rest seiner Colonne gegen Witzelroda zu vor. Nachdem man in dieser Richtung eine Strecke zurückgelegt hatte, ohne auf den Feind zu stossen, liess der Oberst wieder gegen Barchfeld umkehren; — fast in demselben Augenblick aber hörte er von dort einige Schüsse.

Eine preussische Patrouille war gegen die beim letztgenannten Orte aufgestellte Infanterie vorgeprellt und diese hatte gefeuert. Aldosser wollte die erste Ueberraschung des Feindes benützen und rückte nun rasch gegen Immelborn vor. Die Angreifenden wurden zuerst durch einzelne Schüsse empfangen, dann aber fielen schnell auf einander zwei Salven aus nächster Nähe. Der Oberst wurde durch die rechte Hand geschossen, 3 Mann getödtet, 3 Offiziere*) und 7 Mann verwundet.

*) Die Oberlieutenants De Ahna, Fraundorfer, und der Lieutenant Freiherr Gemmingen von Massenbach.

Da eine weitere Fortsetzung der Unternehmung bei der eigenen Schwäche ohne Aussicht auf Erfolg, der Hauptzweck aber, die Allarmirung des Gegners, erreicht war, so befahl Oberst Aldosser den Rückzug, der unbelästigt vom Feind angetreten und ausgeführt wurde. Der schwer blessirte Lieutenant Freiherr von Massenbach und einige der verwundeten Soldaten mussten zurückgelassen werden. Gegen 1 Uhr traf die Recognoscirungsabtheilung wieder in Wernshausen ein.

In derselben Nacht zwischen 11 und 12 Uhr gerieth eine von Lengsfeld kommende preussische Abtheilung in der Stärke von circa 30 Mann mit den Vorposten bei Dermbach aneinander, wobei ein bayerischer Soldat getödtet wurde. Die ganze Nacht hindurch streiften feindliche Patrouillen gegen Wiesenthal, Rossdorf und Dermbach. Endlich waren auch die über Kloster Sinnershausen gegen Rosshof vorgeschobenen Spitzen der 3. Infanterie-Division (Abtheilungen des 1. Jäger-Bataillons) schon am 2. Juli Abends 8 Uhr des Feindes ansichtig geworden und hatten auf denselben Feuer gegeben.

Nach diesen Vorfällen und in Anbetracht dessen, dass sich in östlicher Richtung keine Spur vom Feinde zeigte, konnte General-Lieutenant von Hartmann nicht mehr im Zweifel sein, dass er nicht von Gotha, wohl aber von Norden her einen Angriff zu gewärtigen habe. Er beschloss daher die Defilés von Wernshausen, Schwallungen und Wasungen zwar besetzt zu halten, die Division aber mehr zu concentriren und sein Stabsquartier nach Kloster Sinnershausen zu verlegen. Generalmajor Cella ward nach Nieder-Schmalkalden beordert, um statt des verwundeten Obersten Aldosser das Commando der Avantgarde zu übernehmen, und erhielt die Weisung, sobald die Mannschaft abgekocht hätte, unter Zurücklassung von 4 Compagnien in Wernshausen, mit dem Rest die Ortschaften Rosa und Georgenzell zu besetzen. Der Commandant der 7. Infanterie-Brigade, Generalmajor Faust, wurde am Morgen des 3. Juli nach Rossdorf entsendet, um daselbst den Befehl über eine combinirte, aus 4 Bataillonen, 1 Escadron und einer halben 12 pfünder Batterie bestehende Brigade zu führen. Seine Aufgabe war, die Division gegen Norden zu decken und die Verbindung mit der 3. Division nördlich von Kalten-Sundheim zu erhalten.

Somit behielt die 4. Division ihre ursprüngliche Aufgabe, nämlich die Deckung des Werragrundes im Auge, und trug gleichwohl den in der letzten Nacht eingetretenen veränderten Verhältnissen gebührende Rechnung.

Noch ehe man Nachrichten über die Anwesenheit der Preussen in der Umgegend von Dermbach erhalten hatte, war dem daselbst stehenden 3. Bataillon des 5. Infanterie-Regiments unter Major Freiherrn von Gumppenberg der Befehl ertheilt worden, am 3. Juli Morgens nach Rosa und Helmers zu rücken, ferner hatte das in Eckardts stehende 3. Bataillon des 9. Infanterie-Regiments unter Major Dietrich Ordre, Rossdorf zu besetzen. Letzteres gelangte aber erst in die Nähe dieser Ortschaft, als das von Dermbach heranmarschirende dieselbe schon passirt hatte. Rossdorf war also frei. Die gegen Urnshausen vorpoussirten Patrouillen des Majors Dietrich gewahrten nun von der Höhe südlich dieses Ortes aus das Anrücken einer feindlichen Colonne, und wechselten mit deren Spitze einige Schüsse. Das Bataillon nahm östlich von Rossdorf Stellung, die preussische Truppe jedoch, nachdem sie noch eine Strecke weit vorgegangen war, zog wieder gegen Urnshausen ab, und Reiter-Patrouillen, welche der gegen Mittag eintreffende Brigade-Commandant vorschickte, fanden sie bereits im vollen Rückmarsch. Generalmajor Faust besetzte Rossdorf, und hatte bereits 2 Bataillone seiner combinirten Brigade wieder in ihre Cantonnirungen zurückgeschickt, als auch Generallieutenant von Hartmann und allmählig die übrigen Abtheilungen der 4. Division anlangten.

Das zur 3. Division gehörige 1. Bataillon des 6. Infanterie-Regiments unter Major Sebus war (in der Stärke von 4 Compagnien) indessen gleichfalls bei Rossdorf eingetroffen. Dasselbe hatte den Auftrag, von Oberkatza nach Dermbach zu marschiren; da aber eingelaufenen Nachrichten zufolge dieser Ort in Händen der Preussen war, so wollte der Bataillons-Commandant, um seiner im Feldathal stehenden Division möglichst nahe zu kommen, wenigstens Wiesenthal besetzen. Dort angelangt, war er mit Carabinerschüssen empfangen worden; doch ehe die zur Unterstützung nachgesendeten Abtheilungen der 4. Division herangekommen, hatte der Feind Wiesenthal verlassen, und das bayerische Bataillon war ohne weiteren Widerstand daselbst eingerückt.

Die seit mehreren Tagen eingetretene höchst ungünstige Witterung, namentlich der eisig kalte Wind, von dem die heftigen Regengüsse begleitet waren, machten es dringend wünschenswerth, den durch die starken Märsche der jüngsten Zeit erschöpften Soldaten wenigstens theilweise Obdach zu geben. Generallieutenant von Hartmann entschied daher, dass nur die 8. Brigade unter Generalmajor Cella nebst 2 Escadronen Chevaulegers und einer halben 12 pfünder Batterie in und bei Rossdorf theils bivouakire, theils mit engster Belegung cantonnire. Hingegen sollte der Stab der 7. Brigade mit dem 1. und 3. Bataillon des 5. Infanterie-Regiments nach Eckardts, das 1. und 2. Bataillon des 13. Infanterie-Regiments nach Hümpfershausen, das 8. Jäger-Bataillon nach Schwarzbach und Oepfershausen, die 3. Escadron des 6. Chevaulegers-Regiments nach Sinnershausen, die 4. nach Hümpfershausen und die gezogene 6 pfünder Batterie nach Oepfershausen in enge Cantonnirung abgehen. Der Divisionsstab bezog Kloster Sinnershausen, und auch von der 8. Brigade wurde 1 Bataillon, nämlich das 2. des 9. Infanterie-Regiments, in Quartiere gelegt; dasselbe kam mit einer halben 12 pfünder Batterie nach Rosa. Das 6. Jäger-Bataillon ward zur Verstärkung des 1. Bataillons vom 6. Infanterie-Regimente nach Wiesenthal detachirt und bezog dort Vorposten; in Wiesenthal selbst wurden alle Vorbereitungen getroffen, um einem feindlichen Ueberfalle begegnen zu können.

In dieser Stellung verblieb die 4. Infanterie-Division am Abend vor dem Gefechte bei Rossdorf.

Das Gros der Armee hatte im Laufe des 3. Juli folgende Veränderungen in seiner Dislocation vorgenommen: Die 3. Division war in Cantonnirungen nach Zella, Neidhartshausen, Föhlritz, Diedorf etc., die 1. Division aus der Umgegend von Meiningen mit der 1. Brigade zwischen Herpf und Oberkatza, mit der 2. zwischen Oberkatza und Mehmels gerückt, wobei Walldorf und Dreissigacker mit je einem Bataillon besetzt gehalten wurden. Die 2. Division hatte ihr Stabsquartier in Helmershausen und stand über Bettenhausen und Sülzfeld bis Unter-Maassfeld im Werrathal. Das Hauptquartier kam nach Kalten-Nordheim.

Beim Vorgehen nach Neidhartshausen war die an der Spitze der 3. Infanterie-Division marschirende 2. Escadron des 2. Chevaulegers-Regiments auf einzelne preussische Husaren gestossen. Die Meldung hierüber gelangte am Vormittage des 3. Juli in das Divisions-Stabsquartier und veranlasste den Generallieutenant Freiherrn von Zoller, seine grösstentheils im Marsche begriffene Division zu formiren, und gesammelt

auf Diedorf vorzurücken. Hier hatte die 6. Brigade bereits Stellung
genommen und das 1. Bataillon des 14. Infanterie-Regiments nach
Neidhartshausen vorgeschoben. Die 5. Brigade postirte sich bei Fischbach. Nun befahl Generallieutenant von Zoller seinem Generalstabs-
Chef Major von Heckel, mit der 1. Schützen-Compagnie des 14. Infanterie-Regiments und der oben genannten Chevaulegers-Escadron gegen
Dermbach zu recognosciren, das nach den Aussagen einiger von dort
kommenden Landleute mit höchstens 50 preussischen Husaren besetzt
sein sollte; das 1. Bataillon des 14. Regiments würde als Unterstützung
folgen.

Die Colonne rückte, ein Zug Infanterie rechts und links der Strasse
als Plänkler voraus, gegen Dermbach vor. Bis auf 400 Schritte vom
Ort angekommen, sah man einzelne preussische Husaren gegen den
Dorfeingang zurückjagen, woselbst eine geschlossene Cavalerieabtheilung
sichtbar ward. Es schienen sich sonach die von den Einwohnern ge-
machten Aussagen zu bestätigen: Man glaubte nur ein plötzliches Vor-
brechen der feindlichen Reiter abwehren zu müssen und Hauptmann
Gebhard, der Commandant der Compagnie, sicherte sich gegen dasselbe, indem er Klumpen bildete. Als man aber in dieser Formation
bis auf 150 Schritte an's Dorf gekommen war, tauchten plötzlich In-
fanterie-Linien aus den Getreidefeldern empor und begrüssten die überraschten Bayern mit schnell auf einander folgenden Salven; auch aus
den Häusern und von den nahen Zäunen fielen zahlreiche Schüsse.

Die in die dichten Klumpen einschlagenden Kugeln verursachten
so namhafte Verluste, dass die Mannschaft, nachdem sie ihre Gewehre
abgefeuert hatte, theils auf der Strasse, theils gegen die östlich derselben gelegenen bewaldeten Höhen auswich. Major von Heckel eilte
zurück, um seine Reserve herbeizuholen und nochmals gegen Dermbach
vorzurücken, allein das hiezu bestimmte Bataillon war mittlerweile auf
höheren Befehl nach Neidhartshausen zurückgenommen· worden. Die
Preussen drängten nicht nach, sondern brachten nur zwei Geschütze
vor, mit denen sie ein kurz andauerndes Feuer gegen Neidhartshausen
eröffneten.

Generallieutenant von Zoller, welcher aus den Nachrichten über
den bei Dermbach erfolgten Zusammenstoss auf ein baldiges ernsthaftes
Vorgehen des Gegners schliessen zu sollen glaubte, erstattete in diesem

3*

Sinne Meldung in's Hauptquartier, und diess gab Veranlassung, die Armee eiligst zu concentriren. Die 1. und 2. Division erhielten Befehl, sogleich gegen Kalten-Nordheim zu rücken, der Feldmarschall aber mit einigen Offizieren seines Stabes ritt noch im Laufe des Nachmittags über die diesseitigen Vorposten hinaus, und überzeugte sich persönlich, dass die äussersten Spitzen der Preussen den Glattbach nicht überschritten hatten.

In der Nacht vom 3. auf den 4. Juli nahm die 3. Infanterie-Division folgende Stellung ein:

6. Brigade: Das 1. Jäger-Bataillon in Neidhartshausen, das 1. Bataillon des 14. Infanterie-Regiments bis Mitternacht im Bivouak vor Diedorf, später in Diedorf cantonnirend; ferner das 2. Bataillon desselben Regiments mit der 1. Schützen- und 1. Compagnie des 6. Regiments in Zella. Die 5. Brigade mit dem 1. und 2. Bataillon des 11., dem 1. des 15. Infanterie-Regiments, dem 5. Jäger-Bataillon, sowie der Cavalerie und Artillerie der Division bivouakirte bis Mitternacht bei Fischbach und bezog dann Cantonnirung in Fischbach, Klinge, Empfertshausen und Andenhausen. Das 3. Bataillon des 15. Regiments lag noch in Kalten-Sundheim. Was die fehlenden Theile der 6. Brigade anlangt, so wurde über die Verwendung des 1. Bataillons vom 6. Infanterie-Regiment bereits gesprochen, und das 3. Bataillon desselben war im Laufe des 3. Juli mit 1 Zug Chevaulegers in die Tann entsendet worden, da Herzog Ludwig seinen Abmarsch von dort nach Hünfeld gemeldet und um Besetzung dieses wichtigen Punktes mit Infanterie gebeten hatte.

Die 1. Infanterie-Division war noch am Abend und in der Nacht mit Ausnahme jener beiden Bataillone, welche vorher in Walldorf und Dreissigacker gelegen, bei Kalten-Nordheim angekommen und hatte daselbst den Bivouak bezogen. Von der 2. Division gelangten noch 2 Bataillone nach Kalten-Nordheim, der Rest wurde gegen Abend, da sich gezeigt hatte, dass es an diesem Tage doch nicht mehr zum Gefecht kommen werde, im Marsche aufgehalten und stund echelonnirt von Kalten-Sundheim über Gerthausen bis Bettenhausen.

Die Fatiguen des 3. Juli und der darauffolgenden Nacht waren, namentlich für die bivouakirenden Truppen, sehr bedeutend. Viele Abtheilungen hatten nicht menagiren können, da sie, während des

Abkochens allarmirt, die Suppe wegschütten und sich mit dem halb-
gekochten Fleisch begnügen mussten; weite Märsche auf oft grundlosen
Wegen wurden zurückgelegt; dabei goss der Regen in Strömen und es
war ganz unmöglich, für die grossen Bivouaks auch nur einiges Stroh
aufzutreiben. Zudem hatte man, ein Gefecht erwartend, die Verpflegs-
colonnen rückwärts dirigirt, um nicht die wenigen vorhandenen Strassen
mit Schlachtvieh und Wägen zu verstopfen; man fand also auch grosse
Schwierigkeiten, für den nächsten Tag die erforderliche Nahrung herbei-
zuschaffen, was übrigens dennoch allenthalben gelang.

Von preussischer Seite wurden zahlreiche Patrouillen im Laufe
der Nacht gegen Neidhartshausen und Zella entsendet, welche indess
nur beobachteten, nicht angriffen.

Gefecht bei Rossdorf.

Die preussische Armee unter General Vogel von Falckenstein
hatte sich nach der Capitulation der Hannoveraner in der Stärke von
drei Divisionen (Manteuffel, Göben und Beyer) bei Eisenach concentrirt und brach am 2. Juli dort auf, um über Fulda gegen Frankfurt zu rücken.

Die Nähe der bayerischen Armee aber, deren Spitzen sich bei
Barchfeld und südlich von Lengsfeld bereits fühlbar gemacht hatten,
mochte den preussischen Obergeneral bestimmen, die vorgeschobenen
Abtheilungen derselben durch einen kurzen Stoss zurückzudrängen, um
seinen Marsch ungestört fortsetzen zu können, oder je nach Umständen
einen allgemeinen Angriff in concentrirter Stellung am nördlichen Ausgang des Feldathales zu erwarten.

General von Beyer bildete mit seiner Division die Vorhut und
war am 3. Juli mit seinen Spitzen bereits bis gegen Hünfeld gekommen,
woselbst er Tags darauf mit der bayerischen Reserve-Cavalerie zusammen-
stiess. Dieser Division folgte im Marsche die Division Göben, und
ihr wurden die oben erwähnten Angriffsbewegungen gegen die Bayern
übertragen.

Die aus dem 15. und 55. Regiment bestehende 26. Brigade
Wrangel bekam den Befehl, am 4. Juli Morgens gegen Wiesenthal

vorzugeben und die dort stehenden bayerischen Abtheilungen zu vertreiben. Drei Bataillone wurden in Reserve bei Lindenau belassen, der Rest rückte verstärkt durch 1 gezogene und 1 glatte Batterie weiter vor.

Anderseits hatte die Brigade Kummer Ordre erhalten, zur gleichen Zeit in der Richtung gegen Neidhartshausen anzugreifen, und auch von ihr waren zwei Bataillone als Reserve in Lindenau zurückgelassen worden.

Gegen 8 Uhr Morgens meldeten die auf den Höhen westlich von Wiesenthal aufgestellten Vorposten des 6. Jäger-Bataillons, dass starke aus allen Waffengattungen bestehende preussische Colonnen im Anmarsch seien.

Der Commandant des Bataillons, Major Albert Freiherr von Guttenberg, der als Rangesälterer zugleich den Oberbefehl über das auch in Wiesenthal stehende Bataillon Sebus führte, übermittelte die Meldung seiner Vorposten an das Brigade-Commando nach Rossdorf, und Generalmajor Cella liess darauf hin sofort allarmiren.

Die Preussen waren übrigens nicht unmittelbar zum Angriff übergegangen, sondern recognoscirten die gegnerische Stellung geraume Zeit hindurch mit Infanterie- und Husaren-Patrouillen; erst gegen ½9 Uhr begann das Feuer.

1. Moment. Das Dorf Wiesenthal, tief in einem engen Kessel liegend und von den umgebenden Höhen vollkommen beherrscht, konnte wohl als vorgeschobener Posten besetzt gehalten und vor einer Ueberrumpelung sicher gestellt, unter keinen Umständen aber gegen einen förmlichen Angriff vertheidigt werden.

Die beiden dort gestandenen bayerischen Bataillone hatten daher die Ortschaft nach kurzer Zeit verlassen, und zogen sich feuernd allmählig auf die Höhen östlich von Wiesenthal zurück.

Inzwischen hatte das 3. Bataillon (Dietrich) des 9. Infanterie-Regiments aus Rossdorf vorrückend links der Strasse am nordöstlichen Hang des Nebelberges Halt gemacht, während zwei 12pfünder Geschütze unter Oberlieutenant Freiherrn von Lurz, gefolgt von einer Escadron Chevaulegers, im Trab und Galop bis auf ungefähr 1800 Schritte von Wiesenthal vorgegangen waren. Oberlieutenant von Lurz hatte bereits Posto gefasst, als auch die aus Wiesenthal heraufrückenden erwähnten zwei Bataillone in seiner Nähe Stellung nahmen, und eröffnete nun ein lebhaftes Feuer.

Ihm gegenüber aber etablirte sich auf einer Höhenkuppe jenseits des Dorfes, von der aus das ganze Vorterrain bis an den Nebelberg vollständig dominirt war, die preussische gezogene 4pfünder Batterie Cöster, und gegen diese konnten die beiden 12pfünder natürlich nicht wirken — die Entfernung war zu gross. Dagegen richtete Oberlieutenant v. Lurz sein Feuer mit Erfolg auf die feindliche Infanterie, und hielt sie dadurch ab den bayerischen Bataillonen zu folgen.

Das 6. Jäger-Bataillon unterhielt ein lebhaftes Tirailleurfeuer gegen die vorsichtig auf den Höhenzug rückenden Preussen, und hatte dabei manchen Verlust zu beklagen, unter Anderen war gleich bei Beginn des Gefechtes der Stabshauptmann Freiherr von Gobel todt vom Pferde gesunken. Das Bataillon Sebus zog sich gesammelt langsam gegen den Nebelberg hin.

Während in dieser Weise der Kampf bei Wiesenthal nach und nach lebhafter wurde, hatten die Preussen noch zwei weitere Bataillone zu den bisher in der Action befindlichen stossen lassen. *) Anderseits war Generalmajor Cella mit den in Rossdorf stehenden Bataillonen aufgebrochen und führte dieselben vor.

Beim Debouchiren aus dem Dorfe vernahm er den Kanonendonner, und wollte, in der Meinung, derselbe schalle von Dermbach herüber, direct dorthin marschiren. Er verfügte demnach, dass das 3. Bataillon (Leoprechting) des 4. Infanterie - Regiments längs der Strasse, das 2. Bataillon (Bösmiller) rechts davon in einem Wiesengrunde, das 1. Bataillon (Ottmar Guttenberg) des 9. Infanterie - Regiments am „langen Rain" in Reserve vorrücke; das Bataillon Dietrich hatte sich, den linken Flügel des 1. Treffens bildend, anzuschliessen, sobald die Brigade in seine Höhe kam. Erst als diese jenseits des Nebelberges angelangt war, und man die beiden. nach Wiesenthal vorgeschobenen

---

*) Es ist wesentlich, sich zu erinnern, dass das preussische Bataillon in einer Stärke von 1000 Mann, also sehr beträchtlich stärker als ein bayerisches Bataillon, ausrückte.

Bataillone aus diesem Orte zurückkommen sah, stellte sich heraus, dass bei Wiesenthal selbst ein ernstliches Gefecht entbrenne.

Die im Vormarsch begriffene Infanterie war in einer peinlichen Lage; sie sah keinen Feind und erlitt gleichwohl durch die sicher treffenden Geschosse der Artillerie ununterbrochen schwere Verluste. Zum ersten Male im Feuer, wurde ihr also gleich die schwierigste Aufgabe gestellt, welche eine Truppe treffen kann: ruhig und ohne selbst zu schiessen auszuharren im feindlichen Geschützfeuer.

In erster Linie hielt Oberlieutenant v. Lurz trotz der überlegenen preussischen Artillerie noch wacker Stand. Als aber das 6. Jäger-Bataillon, nunmehr auch in seiner linken Flanke beschossen, zum Weichen gezwungen, und als endlich die Chevaulegers-Escadron zurückgenommen wurde, weil dieselbe ohne Aussicht auf thätiges Eingreifen nur nutzlos den feindlichen Geschossen ausgesetzt war, sah auch er sich gezwungen, eine anderweite Aufstellung für seine Geschütze zu wählen. Er fand dieselbe an der Strassenbiegung am nordwestlichen Hange des Nebelberges und trat abermals in Action; da aber seine Protzen, obwohl hinter einer Terrainfalte verborgen, in bedenklicher Weise von den feindlichen Granaten bedroht waren und auch die Herbeischaffung der Munition nur langsam und schwierig vor sich ging, entschloss er sich nach Abgabe weniger Schüsse die Position zu verlassen, und sich mit den inzwischen auf dem Wiesengrunde nördlich der Strasse aufgefahrenen sechs übrigen Geschützen seiner Batterie (Hang) zu vereinigen.

In dieser Stellung harrte Hauptmann Hang über eine halbe Stunde aus, und wenn auch seine glatten Rohre auf so grosse Entfernung die gezogenen preussischen Geschütze nicht zum Schweigen bringen konnten, so gelang es ihm doch, das feindliche Artilleriefeuer von der erschütterten Infanterie ab und auf sich zu lenken.

Innerhalb dieser Zeit war aber in der Stellung der Infanterie eine wesentliche Veränderung eingetreten. Das Bataillon Dietrich musste zum Schutze der bedrohten linken Flanke ausser der bereits vor der Front ausgedehnten Compagnie weitere zwei Compagnien in Plänkler auflösen, welche auf die südlich der Strasse gegen den Nebelberg vorrückenden zwei preussischen Bataillone ein lebhaftes Feuer eröffneten; der Rest des Bataillons war an die Strasse zurückgegangen, und nahm

zur Deckung gegen die feindlichen Granaten Stellung hinter dem nördlichen Hang des Nebelberges. Die im ersten Treffen stehenden zwei
Bataillone des 4. Infanterie-Regiments waren durch das sehr wirksame
feindliche Geschützfeuer, das in kürzester Zeit namhafte Verluste bewirkt
hatte, in's Schwanken gerathen, und suchten theils auf Befehl theils
iustinctiv gleichfalls hinter dem Nebelberge Deckung. Das 1. Bataillon
des 9. Infanterie-Regiments stund noch am langen Rain und erhielt
nun ebenfalls Befehl sich über den Wiesengrund gegen den Nebelberg
zu ziehen. (Während dieses Flankenmarsches wurde an dessen Spitze
der Commandant, Major Ottmar Freiherr von Guttenberg, tödtlich
verwundet.) Ferner war auch das 2. Bataillon dieses Regiments unter
Major Schrott, unmittelbar nachdem es von Rosa kommend Rossdorf
passirt hatte, auf den Nordosthang des Nebelberges dirigirt worden.
Das 6. Jäger-Bataillon hatte sich in einer von Wiesenthal südöstlich
herstreichenden Mulde plänkelnd zurückgezogen und bildete nun den
äussersten linken Flügel der Brigade.

Die Preussen hatten ein Bataillon längs des den Thalkessel nördlich
einschliessenden Höhenzuges gegen die rechte Flanke der bayerischen
Stellung vorgeschoben, und auf der anderen Seite des Thales rückten
zwei weitere Bataillone mit refüsirtem linken Flügel, in Compagnie-
Colonnen formirt, mit dichten Plänkler-Schwärmen vor der Front gegen
den Westhang des Nebelberges vor.

2. Moment. So war der Stand des Gefechts um 11½ Uhr
Vormittags, als Generallieutenant von Hartmann auf dem Kampf-
platze eintraf. Die Preussen drangen immer weiter vorwärts, gewannen
allmählig die Lisière des Waldes, und bedrohten nun auch die linke
Flanke der noch in Feuerlinie stehenden aus allen Abtheilungen der
Brigade gemischten Plänkler. Der Generallieutenant ritt bis in die
Tirailleurlinie, ermahnte wacker auszuhalten und sammelte die Weichen-
den, um sie persönlich wieder vorzuführen. „Neuner, ihr müsst die
Höhe wieder nehmen! Vorwärts!" rief er den sehr gelichteten Batail-
lonen des 9. Regiments entgegen, und angefeuert durch Wort und
Beispiel ihrer Offiziere drangen die müden Colonnen mit lautem
Hurrah den steilen Hang hinauf. Aber die aus dem Wald vorgegang-
enen Preussen waren rasch wieder in diesen zurückgeeilt und über-

schütteten die Stürmenden mit einem solchen Hagel von Kugeln, dass diese hielten und zu weichen begannen; es war den erschöpften Bataillonen nicht möglich, den Kamm des Berges zu erreichen. Die noch vorwärts befindlichen Plänkler wurden in ihrer linken Flanke immer mehr gedrängt, und warfen sich auf die ohnehin schon schwankenden Truppen; alle Bemühungen der Generale v. Hartmann und Cella, die sich wie immer so auch hier im heftigsten Feuer aufhielten, alle Anstrengungen der Offiziere waren vergebens, — die Bataillone konnten nicht mehr.

Inzwischen war auch das längs des langen Raines avancirende preussische Bataillon (Rüstow) weiter vorgedrungen, hatte die Batterie Hang zum Verlassen ihrer Stellung genöthigt, und beschoss nun seinerseits den nördlichen und selbst den östlichen Hang des Nebelberges. Zu dieser Zeit aber traf die Spitze der eiligst aus ihren Cantonnirungen herbeigerufenen 7. Infanterie-Brigade, nämlich das 1. Bataillon (Schwalb) des 5. Infanterie-Regiments und mit ihm der Brigadier selbst auf dem Gefechtsfelde ein. Major Schwalb wurde beordert, schleunigst durch Rossdorf vorzugehen und zur Deckung des nun allgemeiner werdenden Rückzugs einen Angriff gegen die Höhe zu versuchen. Gleich beim Ausgange aus Rossdorf wurde das Bataillon heftig beschossen und durch die Zurückweichenden der 8. Brigade in seinem Vormarsch gehemmt, allein Generalmajor Faust stellte sich persönlich an die Spitze und führte es tapfer vorwärts. Da wurde nach Kurzem der General durch einen Schuss in den Kopf, und wenige Minuten später sein Ordonnanzoffizier Oberlieutenant von Ausin, der schon gleich anfänglich verwundet worden war, durch einen Schuss in die Brust getödtet. Das Bataillon, das von zwei Seiten beschossen selbst schon beträchtliche Verluste erlitten hatte, kam in's Schwanken, und begann zu weichen.

Nun wurde sämmtlichen Abtheilungen der 8. Brigade der definitive Befehl ertheilt, hinter Rossdorf zurückzugehen.

In Rossdorf selbst wurden in grösster Eile durch Offiziere Leute aller Abtheilungen gesammelt, die Eingänge verbarrikadirt, und die Lisière gegen den Feind zu besetzt; im Kirchhofe, dessen Lage die Umgebung einigermassen beherrscht, hatten sich hauptsächlich Jäger (6. Jäger-Bataillon) eingenistet. Diese Dorfbesatzung unterhielt ein so wohlgenährtes, wirksames Gewehrfeuer, dass der Feind dadurch in seinem heftigen Nachdrängen aufgehalten wurde, und unter dem Schutze desselben gelang es auch, die Bataillone, deren taktische Eintheilung gelöst und deren Wiederverwendung also für den Moment sehr problematisch war, wiederum zu ordnen und östlich von Rossdorf gesammelt aufzustellen.

Einige Plänklerabtheilungen der Preussen prellten bis an die Eingänge von Rossdorf vor, wurden aber gründlich zurückgewiesen; dagegen schien der gegnerische rechte Flügel die bayerische Aufstellung durch ein ernstliches Bedrohen der linken Flanke unhaltbar machen zu wollen, und auch das Bataillon Rüstow war sehr nahe an Rossdorf herangekommen. (12 ¼ Uhr Mittags.)

3. Moment. Die Preussen zogen ein weiteres Bataillon heran und verstärkten damit ihren rechten Flügel. Auf bayerischer Seite war hingegen das 3. Bataillon (Gumppenberg) des 5. Infanterie-Regiments eingetroffen und hatte 2 Compagnien plänkelnd längs des langen Raines gegen das preussische Bataillon Rüstow vorgeschoben, der Rest des Bataillons blieb in Reserve im Schlossgarten am nordwestlichen Ausgang von Rossdorf. Etwas später langten auch das 13. Infanterie-Regiment und das 8. Jäger-Bataillon auf dem Gefechtsfelde an. Von ersterem wurde das 2. Bataillon (Kramer) durch den Generalstabs-Major von Heinleth mit dem gemessensten Auftrag auf dem Höhenrücken südöstlich von Rossdorf placirt, dass es um jeden Preis die Höhe und den angrenzenden, südlich gelegenen Wald halten solle. Das 1. Bataillon (Faber) kam auf die Höhe nordöstlich von Rossdorf iu Position, und das 8. Jäger-Bataillon (Rudolf) wurde auf den linken Flügel rechts neben das Bataillon Kramer gestellt.

Der wesentlichste Grund für den bisherigen unglücklichen Gang des Gefechtes lag unstreitig darin, dass die Preussen von Anfang an eine complete gezogene Batterie in vortrefflicher Position aufgefahren hatten, während auf bayerischer Seite nur glatte 12 pfünder Geschütze in Action kamen. Die feindliche Artillerie konnte also ununterbrochen und ohne jegliche Belästigung wirken. Hiedurch musste die Ueberlegenheit an Infanterie, welche nach dem Aufmarsch der Brigade Cella allerdings auf bayerischer Seite war, um so vollständiger aufgewogen werden, als der gemeine Mann diesen Uebelstand sehr bald erkannt hatte, und dies — wie bei einer jungen Truppe natürlich — sichtlich entmuthigend auf ihn wirkte.

Es ist schon früher erwähnt worden, dass die gezogene Batterie der Division Hartmann, nachdem die vorgegangene preussische Colonne über Urnshausen wieder abgezogen war, und man, um den Truppen die so unbedingt nöthige Ruhe zu gönnen, dieselbe theilweise in Cantonnirungen verlegte, am Abende des 3. nach Oepfershausen beordert wurde. Am Gefechtstage gegen 10 Uhr Morgens hörte man dort dumpf den Kanonendonner von Rossdorf herüberschallen, und sofort liess der Artillerie-Commandant der Division, Major Freiherr von Feilitzsch, der sich gleichfalls in Oepfershausen befand, allarmiren und die Batterie marschbereit machen. Unmittelbar darauf kam ein Offizier vom Stabe des Generallieutenants mit dem Befehl an die Batterie, so schnell wie möglich nach Rossdorf vorzurücken. Der immerwährende Regen hatte jedoch den Parkplatz der Batterie dergestalt grundlos gemacht, dass die Geschütze während der Nacht fast bis au die Achsen in den Koth gesunken waren. Um sie auf die Strasse zu bringen musste man Balken, Reisig, Bretter etc. etc. herbeischaffen, und trotz der angestrengtesten Thätigkeit der Mannschaft und der bereitwilligsten Beihülfe der Bewohner ging hierüber eine geraume Zeit verloren.

Die drei Wegstunden bis Rossdorf wurden ununterbrochen im Trab in einer Zeitstunde zurückgelegt. Schon in der Nähe der Strassenkreuzung Rossdorf-Rosa und Rossdorf-Eckardts kamen der Batterie Offiziere des Divisionsstabes entgegen und wiesen ihr als Position eine Höhe hart an der Strasse nach Rossdorf südlich derselben an. Das Auffahren in dem durchweichten Boden hatte grosse Schwierigkeiten, ging aber dennoch glücklich von statten, und die 8 gezogenen Geschütze stunden eben zum Feuern bereit, als die 12 pfünder Batterie, die aus ihrer letzten Stellung nur mit grossen Anstrengungen auf die Strasse gebracht worden war, aus Rossdorf zurückging.

Die Abtheilungen der fechtenden Brigade wichen theils weiter gegen Eckardts zurück, theils wurden sie an der Mühle östlich von Rossdorf gesammelt und wieder vorgeführt.

Das Feuer von der Einfassung des Dorfes und vom Kirchhof aus gegen die nachdrängenden feindlichen Tirailleurs dauerte fort, trotzdem waren aber schon einzelne geschlossene preussische Abtheilungen aus dem Walde und über den Kamm des Nebelberges vorgerückt.

Jetzt, ungefähr um 1 Uhr Mittags, eröffnete die buyerische gezogene Batterie König er auf 2400 Schritt ihr Feuer. Die erste Granate schlug in eine eben debouchirende preussische Colonne, sie stob auseinander und ging in den Wald zurück; die zweite und dritte Granate schlugen gleichfalls in feindliche Colonnen ein, und fortan ward keine geschlossene preussische Abtheilung mehr sichtbar.

Dieser rasche Erfolg übte eine unverkennbar günstige Wirkung auf den moralischen Halt der Truppen, die Leute bekamen wieder Vertrauen, es ging wieder vorwärts.

Generallieutenant v. Hartmann gab nun den Befehl, drei gezogene Geschütze auf dem Höhenrücken nächst dem Kirchhofe zu postiren, und Hauptmann König er brachte dieselben dahin vor, wo sie sofort in Action traten.

Die Preussen hatten den Waldsaum am Nebelberg mit dichten Plänklerketten besetzt, und unterhielten von dort, sowie aus einer etwa 400 Schritte vom Kirchhof entfernten, aus südlicher Richtung senkrecht gegen die Wiesenthal-Rossdorfer Strasse herziehenden Schlucht ein sehr lebhaftes Feuer gegen die drei Geschütze und die Besatzung des Kirchhofs. Der Generallieutenant hielt mit seinem Stabe auf dem exponirtesten Punkte hart am Kirchhof neben den drei Geschützen; dort wurde ihm das Pferd zum zweitenmal verwundet. Die sichere Wirkung der in seiner Nähe feuernden Geschütze rasch erkennend, befahl er, die ganze Batterie in dieser Position zu vereinigen, und später erhielt dieselbe einen Zug des Bataillons Sebus unter dem Oberlieutenant Freiherrn von Feilitzsch als Particular-Bedeckung, welcher durch ein erfolgreiches Feuer auf die gegenüberstehenden Plänkler die Batterie kräftigst unterstützte.

Indess hatten sich die Bataillone der 8. Brigade östlich von Rossdorf allmählig wieder gesammelt und geordnet.

Das 6. Chevaulegers-Regiment war bei dem allgemeinen Rückzuge um die nördliche Einfassung des Dorfes an eine Strassenkreuzung östlich desselben in eine Aufnahmstellung zurückgenommen worden, und

die 12 pfünder Batterie H a n g hatte östlich der nach Eckardts führenden Strasse zur Deckung eines eventuellen Rückzuges aus Rossdorf
Posto gefasst.

4. M o m e n t. Das Gefecht war um diese Zeit (2 Uhr Nachmittags) zum Stehen gekommen. Die Preussen drängten nicht weiter
nach, und ein Versuch, ihre glatte Batterie (E y n a t t e n) auf der Höhe
des Nebelberges aufzufahren, wurde durch die Wirkung von Tirailleurs
und durch einige Granatwürfe der gezogenen Batterie derart gestört,
dass sie rasch wieder davon abstanden.

Jetzt beschloss der Generallieutenant, mit seiner Division in die
Offensive überzugehen, und zwar sollte der Angriff concentrisch mit
vorgenommenen beiden Flügeln geschehen.

Das 8. Jäger- sowie das 2. Bataillon des 13. Regiments wurden
herangezogen und das 1. Bataillon dieses Regiments, das bisher nördlich von Rossdorf gestanden, rückte durch einen Hohlweg an den West-
ausgang des Dorfes, um von dort aus die oben besprochene Schlucht
zu nehmen. Dieselbe war jedoch mittlerweile von den Preussen geräumt worden.

Nun rückte die Division vor. Auf dem rechten Flügel befanden
sich die ersten Bataillone des 5. und 13., gefolgt vom 3. Bataillon
des 4. Regiments; im Centrum als erstes Treffen zwei Bataillone vom
9. und rechts von diesen das 3. Bataillon vom 5. Regimente, als
zweites Treffen das 2. Bataillon vom 4. und das 3. vom 9. Regiment;
den linken Flügel bildete das 8. Jäger-Bataillon mit dem 2. Bataillon
des 13. Regiments, das 6. Jäger-Bataillon wurde als Besatzung
in Rossdorf zurückbehalten. Die Hälfte der gezogenen Batterie setzte
sich auf der Strasse in Marsch-Colonne, um erforderlichen Falles gleich
folgen zu können, das 6. Chevaulegers-Regiment endlich ging im Trab
nach Rossdorf vor und nahm vor der östlichen Umfassung Stellung.

Der Nebelberg und die bewaldete Kuppe desselben wurden nur
mehr leicht vertheidigt, und als die bayerischen Bataillone oben an-
langten, sah man die preussischen Colonnen bereits auf 800 — 900
Schritte entfernt im Abmarsche gegen Wiesenthal. Sie hatten den
Befehl erhalten, das Gefecht nicht weiter fortzusetzen, sondern sich auf
Dermbach zurückzuziehen, und deckten diese Bewegung durch das

Feuer ihrer auf der Höhe nordöstlich von Wiesenthal aufgefahrenen gezogenen Batterie.

Generallieutenant v. Hartmann, dessen Truppen, wenn auch erschöpft durch das unter strömendem Regen geführte heftige Gefecht, doch wieder geordnet und in verwendbarem Zustand waren, wollte (3½ Uhr Nachmittags) den Preussen auf Wiesenthal nachrücken; allein ein eben anlangender Befehl des Obercommandos, der ihn anwies auf Oberkatza zurückzumarschiren, bestimmte ihn von seinem Vorhaben abzustehen.

Nachdem die Verwundeten in Sicherheit gebracht waren, trat die Division mit der 8. Brigade an der Spitze den Rückmarsch an, und liess zur Deckung desselben folgende Stellung beziehen: Das 8. Jäger-Bataillon auf dem Nebelberg, das 1. Bataillon des 13. Regiments östlich, das 2. südlich von Rossdorf, den dort hinziehenden Wald festhaltend, die gezogene Batterie in ihrer ersten Position südlich der Strasse, und das 6. Chevaulegers-Regiment rückwärts an der Strassengabel. Diese Truppen blieben bis ½7 Uhr Abends stehen und erreichten in der Nacht um 11 Uhr ihre Bivouaks bei den übrigen um Oberkatza lagernden Abtheilungen der Division. Das 6. Chevaulegers-Regiment blieb in Unterkatza.

Der Verlust der Bayern betrug:

1 General, 8 Offiziere, *) 43 Mann, 8 Pferde todt,
18 Offiziere, **) 274 Mann, 10 Pferde verwundet,
— Offiziere, 59 Mann, — Pferde vermisst,
im Ganzen 27 Offiziere, 376 Mann, 18 Pferde.

---

*) Generalmajor Faust, die Hauptleute Kolbinger und Freiherr von der Tann vom 9. Infanterie-Regiment, dann Freiherr von Gobel vom 6. Jäger-Bataillon; die Oberlieutenants Popp vom 4., Lang vom 9., von Ausin vom 13. Infanterie-Regiment; die Unterlieutenants Traut und Rupprecht vom 4. Infanterie-Regiment.

**) Major Freiherr von Guttenberg vom 9. Infanterie-Regiment, (tödtlich); die Hauptleute Freiherr von Grosschedel, Link und Müller vom 4. Infanterie-Regiment; die Oberlieutenants Elblein und Freiherr von Zobel vom 4., Bernhold vom 9. Infanterie-Regiment, Wurm vom 6. Jäger-Bataillon (tödtlich); die Unterlieutenants Mayr, Fischer und Cordes vom 4., Mayer und Hauser vom 5., Pöhlmann vom 9. Infanterie-Regiment, Mayer, Schmidt, Wölfel und v. Grafenstein vom 6. Jäger-Bataillon.

Gefecht bei Zella.

Die 3. Infanterie-Division, während der Nacht vom 3. auf den 4. Juli in der Seite 36 beschriebenen Stellung, erwartete mit Tagesanbruch einen Angriff des Gegners. Die in Neidhartshausen und Zella befindlichen Abtheilungen stunden schon am frühen Morgen des 4. Juli in vollster Gefechtsbereitschaft, und die 5. Infanterie-Brigade mit den beiden Batterien der Division war wiederum in die schon am vorigen Abend bis gegen Mitternacht innegehabte Position bei Fischbach eingerückt.

Da indess die Preussen vorläufig noch nicht angriffen, und man im Gegentheil von den Vorposten aus ihre Kochfeuer herüberleuchten sah, so wurde auch diesseits der Befehl zum Abkochen ertheilt.

Im Detail betrachtet war die Stellung der bayerischen Division, nachdem noch vor Beginn des Gefechtes mehrfache Aenderungen an derselben stattgefunden hatten, folgende: Vom 1. Jäger-Bataillon (Göriz) stund die 1. Compagnie an dem verrammelten Nordausgange von Neidhartshausen und dehnte ihre Plänkler längs der nördlichen Umfassung des Ortes in östlicher Richtung bis an die Felda aus. Die 3. Compagnie hielt die westliche Lisière und den südlichen Ausgang der Ortschaft besetzt, die 4. stund rückwärts am Hang der Taufsteinhöhe in Reserve, und die 2. Compagnie, welche ursprünglich zur Deckung der Brücke aufgestellt war, wurde später, nachdem Generallieutenant von Zoller die Aufstellung persönlich besichtigt und den Posten in Neidhartshausen durch die aus Zella herbeigerufene 1. Schützen-Compagnie (Ebner) des 6. Regiments verstärkt hatte, von dieser abgelöst und gleichfalls in Reserve postirt.

Am nordöstlichen Ende von Zella stunden zwei 12 pfünder unter Oberlieutenant Freiherrn von Zu-Rhein, und in Zella selbst waren unter dem Commando des Majors Dichtel das 2. Bataillon des 14. Regiments und die 1. Compagnie (König) des 6. Regiments wie folgt vertheilt: 3. Schützen-Compagnie längs der Nordwestseite des Ortes, 5. Compagnie am westlichen Ausgange im Kirchhof. Die 6. Compagnie hielt mit einem Zug (geschlossen) den Schlosshof besetzt, der andere diente den beiden 12 pfündern als Bedeckung. Die 7. stund an der

gegen Neidhartshausen gewendeten Einfassung des Dorfes, die 8. schloss
sich an der Südwestseite desselben an die 5. an und hatte den linken
Flügel bis zu der nach Andenhausen führenden Strasse zurückgebogen.
Die 4. Schützen-Compagnie besetzte den Schlossgarten gegen Föhlritz
hin, und die 1. Compagnie des 6. Regiments befand sich auf der Nordwestseite der Ortschaft zwischen der 3. Schützen - und 5. Compagnie.
Jede Compagnie hatte kleine, geschlossene Unterstützungsabtheilungen
hinter sich, eine Hauptreserve war nicht ausgeschieden.

Oestlich von Zella, gedeckt hinter dem Kamm des gegen die
Strasse abfallenden Höhenrückens stunden 3 Escadronen des 2. Chevaulegers-Regiments in Linie aufmarschirt, und von Zella 800 Schritte
südlich hatte das 1. Bataillon (Täuffenbach) des 14. Infanterie-
Regiments eine Aufnahmsstellung bezogen. Die 1. Compagnie dieses
Bataillons hielt eine westlich der Strasse befindliche Höhe besetzt, von
der aus sie die südlichen Ausgänge von Zella beherrschte; die 2. Schützen-
Compagnie stund zwischen der Strasse und der Seemühle, die 3. und
4. Compagnie auf einer mehr südlich gelegenen Höhe iu Reserve. Die
1. Schützen - und 2. Compagnie waren als Artillerie-Bedeckung an-
derwärts verwendet.

Generalmajor von Ribaupierre stand mit der 5. Brigade in
Gefechtsformation vor Fischbach, und zwar das 1. Bataillon des 15. Re-
giments in Gefechtslinie, mit einer Compagnie an dem diesseitigen
Hang der östlich von Fischbach gelegenen Höhe (der Kolben); links
davon sechs 12 pfünder Geschütze, und rechts rückwärts der letzteren die
1. Escadron des 2. Chevaulegers-Regiments. Den linken Flügel des ersten
Treffens bildete das auf Entwicklungsabstand westlich der Strasse
aufgestellte 2. Bataillon des 11. Regiments. In zweiter Linie auf
Treffenabstand hinter den genannten Bataillonen stund am rechten
Flügel das 5. Jäger-Bataillon und unmittelbar nebenan das um 9 Uhr
Morgens von Kalten-Sundheim her eingetroffene 3. Bataillon des 15. Regiments, dann auf dem linken das 3. Bataillon des 11. Regiments,
und hinter diesem in günstiger Position die gezogene Batterie. Endlich
waren noch vom 2. Bataillon des 11. Regiments 2 Compagnien zum
Schutz der linken Flanke auf eine westlich gelegene bewaldete Höhe
detachirt.

Man erhielt in Zella um 8 Uhr die Nachricht, dass sich in den

4

Wäldern bei Föhlritz und Steinberg Preussen zeigten, und gegen 9 Uhr gewahrten die Posten auf den Höhen bei Neidhartshausen das Anrücken feindlicher Abtheilungen. Chevaulegers, welche von Zella über Neidhartshausen auf der Strasse gegen Dermbach vorpoussirten, kehrten nach wenigen Minuten im gestreckten Galop zurück, und meldeten dass der Feind im Anmarsch sei.

1. Moment. Kaum waren die Chevaulegers durch Noidhartshausen zurück, so fielen auch schon die ersten Kanonenschüsse. Die Preussen hatten gegen, den nördlichen Ausgang von Neidhartshausen 2 glatte Geschütze auf 800 Schritt Entfernung aufgefahren und liessen unter dem Schutze dieses Feuers starke Plänklergruppen am nördlichen Hange des Taufsteins vorrücken. Frontal wurde die Ortschaft nicht angegriffen, allein durch das Vorgehen des Feindes ward gleich bei Beginn des Gefechtes die rechte Flanke und der Rückzug der dortigen Besatzung ernstlich bedroht. Auf dem linken Ufer der Felda, zwischen dieser und der Strasse zeigten sich 2 preussische Husaren-Schwadronen, augenscheinlich in der Absicht, über die Infanterie, wenn dieselbe etwa aus Neidhartshausen gegen Zella retiriren wollte, herzufallen.

Um nicht abgeschnitten zu werden mussten daher die beiden in Neidhartshausen postirten Compagnion nach Abgabe einiger Schüsse den Platz räumon, und mit Hülfe der einzigen vorhandenen Brücke das rechte Ufer der Felda und die Höhe zu erreichen trachten. Inzwischen waren aber die preussischen Tirailleurs fast auf die volle Höhe des Taufsteins gelangt, und die 1. Schützen-Compagnie des 6. Regiments hatte sich feuernd zurückgezogen. Sie scheint jedoch die Fühlung mit den Jägern sehr bald verloren zu haben, denn diese wurden, nachdem sie kaum die Ortschaft verlassen hatten, in ihrer rechten Flanke heftig beschossen. Die genannte Compagnie ging auf Fischbach zurück, und kam an diesem Tage nicht mehr in's Gefecht.

Während das 1. Jäger-Bataillon langsam und mit sich ablösenden Ketten erfolgreich feuernd gegen Diedorf wich, hatte auch der Kampf um Zella begonnen.

Zwei preussische Bataillone rückten in drei Colonnen gegen diese Ortschaft vor. Die eine kam vom Waltersberge, die zweite von Föhlritz, die dritte, Föhlritz rechts lassend, längs des Abhanges. Letztere wurde zuerst sichtbar, und gegen sie eröffneten die beiden 12 pfünder des Oberlieutenants v. Zu-Rhein auf 1200 Schritt Entfernung das Feuer mit Granatkartätschen.

Bald entspann sich auch ein heftiges Plänklergefecht, in welches nach dem Rückzuge des 1. Jäger-Bataillons aus Neidhartshausen die von dort vordringenden Preussen gleichfalls eingriffen. Der Feind hatte sich Zella genähert, und seine Bewegungen liessen die Absicht erkennen, die lange Hauptfront der Ortschaft nur zu beschäftigen und dieselbe auf der Südwestseite anzugreifen.

Dem zu begegnen wurden Theile der 4. Schützen- und der 7. Compagnie aus dem Schlossgarten eiligst in den Kirchhof genommen, und so gelang es, das Eindringen des Feindes glücklich zu verhindern.

Die Geschützbedienung des Oberlieutenants v. Zu-Rhein wurde von der über Neidhartshausen vorgedrungenen preussischen Infanterie, welche hinter einem nordöstlich von Zella gelegenen Ravin gedeckte Aufstellung fand, mit Geschossen wahrhaft überschüttet; dennoch behauptete dieser Offizier seinen Posten, und liess, da die feindliche Aufstellung nur 600—700 Schritt von ihm entfernt war, mit Büchsenkartätschen feuern. Nach und nach hatte er aber so erhebliche Verluste erlitten, dass er bei längerem Verweilen fürchten musste, nicht das nöthige Menschen- und Pferde-Material übrig zu behalten, um seine Geschütze aus der Stellung zu bringen. Mit einigen rasch auf einander folgenden Kartätschenlagen hielt er sich daher die feindliche Infanterie, welche Miene machte gegen ihn vorzubrechen, vom Leibe, dann protzte er auf. In diesem kritischen Moment wurden der Trompeter, ein Unteroffizier und vier Kanoniere verwundet, zwei Reit- und fünf Zugpferde waren bereits getödtet. Demungeachtet wollte Oberlieutenant v. Zu-Rhein weiter rückwärts noch einmal auffahren; allein nicht nur machten die erlittenen Verluste dies in dem tiefaufgeweichten Boden unmöglich, sondern er sah sich auch gezwungen, einen Munitionswagen, dessen Vorreitpferde schon früher getödtet worden waren, und dessen beide Mittelpferde nunmehr beim Durchfahren eines Ackerfeldes von einer Granate getroffen fielen, zurückzulassen, da die beiden

4*

abgetriebenen Stangenpferde allein den eingesunkenen schweren Wagen
nicht frei zu machen vermochten.

Oberlieutenant von Zu-Rhein liess von seinen 25 Kanonieren
9 todt und verwundet auf dem Kampfplatz, von 20 Pferden waren ihm
10 verloren; er hatte mit seinen beiden Geschützen geleistet, was eine
brave Artillerie nur immer leisten kann.

Während dieser Zeit war die unter Oberstlieutenant Horadam
südlich von Zella aufgestellte Cavalerie in eine sehr schwierige Lage
gekommen. Ohne selbst handeln zu können war dieselbe dem heftigsten
Geschütz- und Kleingewehrfeuer ausgesetzt, und als sie vollends von
der über die Taufsteinhöhe vorgedrungenen feindlichen Infanterie auch
in Flanke und Rücken beschossen wurde, musste der Regiments-
Commandant einige Bewegungen anordnen, um dem Feinde kein sicheres
Ziel zu gewähren und die bereits unruhig werdenden Escadronen doch
einigermassen zu beschäftigen. Eine Granate aber, die in die 3. Escadron einschlug und in derselben crepirte, brachte diese in Verwirrung.
Die Escadron hatte an Mannschaft und Pferden schon namhafte Verluste erlitten, und gerieth jetzt vollständig in Unordnung. Trotz aller
Anstrengungen ihrer Offiziere ging sie im Galop zurück, und konnte
erst ausserhalb des Gefechtsbereiches wieder gesammelt werden. Die
2. und 4. Escadron hielten Stand.

Als nun die preussischen Plänkler auf dem Plateau vordrangen,
machte Oberstlieutenant Horadam mit den beiden Escadronen einen
Frontmarsch im Galop. Die Plänkler wichen jedoch rasch zurück,
und da das Terrain jede weitere Verfolgung durch Cavalerie absolut
unmöglich machte, so wurde dieselbe in eine gedeckte Stellung hinter
Diedorf zurückgenommen.

Unterdessen hatten die Preussen ihr Feuer gegen Zella lebhaft
fortgesetzt und schienen einen erneuten Angriff vorzubereiten. Der in
Zella commandirende Major Dichtel hatte aber vom Generallieutenant
von Zoller die mündliche Weisung erhalten, die Ortschaft nur so
lange zu behaupten, bis die bei Fischbach stehende Brigade vorgerückt
und zum Eingreifen in das Gefecht bereit sei. Er glaubte daher,
nachdem dieser Moment eingetreten war, einen zweiten Angriff nicht
abwarten zu sollen, sondern gab Befehl, Zella compagnieweise zu räu-

men, wobei die Compagnie des 6. Regiments den Schluss machen, und den Rückzug decken sollte.

Die eigenthümliche Beschaffenheit dieses Dorfes aber gestattete den schon sehr nahe gerückten Preussen, rasch einzudringen, so dass dieselben der zurückgehenden Mannschaft des 14. Regiments fast auf dem Fusse folgten, und die in Mitte der Nordumfassung des Ortes befindliche Compagnie des 6. sich plötzlich von allen Seiten eingeschlossen sah. Seinen Hauptmann an der Spitze suchte sich dieses kleine Häuflein mit dem Bajonet Bahn zu brechen; allein kaum in's Freie getreten wurden sie aus allen Richtungen heftigst beschossen. Hauptmann König, durch den Kopf getroffen, fiel, gleich nach ihm Oberlieutenant Brunner, der die letzte Abtheilung aus Zella herausführte; nur 19 Mann unter Commando des Lieutenants Herrmann entkamen. Ein kleiner Trupp von 11 Mann hatte sich verspätet und suchte durch den Garten des Försters durchzubrechen. Dies gelang nicht; der Feind drängte, da konnten sie sich im Freien nicht mehr halten und suchten Schutz in der nahen Scheune. Von hier aus feuerten diese Braven, jede Aufforderung sich zu ergeben ablehnend, unablässig bis der letzte Mann kampfunfähig war, — die Preussen fanden, als sie eindrangen, 9 Leichen neben 2 Schwerverwundeten.

Vier Geschütze der gezogenen 6pfünder Batterie Lottersberg, welche unter Führung des Oberlieutenants Weber schon bald nach Beginn des Gefechtes aus der Hauptstellung bei Fischbach vorgeholt worden, und, Diedorf in scharfem Trab passirend auf einer circa 800 Schritte vorwärts dieses Orts nahe der Strasse und westlich von dieser gelegenen Höhe aufgefahren waren, hatten ihr Feuer gegen eine auf dem vor Föhlritz abfallenden Hang postirte gezogene preussische Batterie ungefähr in demselben Momente begonnen, in welchem Oberlieutenant v. Zu-Rhein mit seinen beiden 12pfündern zurückgegangen war. Diese 4 Geschütze mussten nun, nachdem Zella geräumt war, ihre Position gleichfalls verlassen, und wurden in der Folge südwestlich von Diedorf placirt.

2. Moment. Es war jetzt 11 Uhr. Die 5. Brigade war schon beim ersten Kanonenschuss gefechtsbereit aufgestellt, jedoch Anfangs zurückbehalten worden, da Generallieutenant von Zoller Tags vorher

aus der Tann Meldung über die Anwesenheit eines kleinen feindlichen Corps in Geisa bekommen hatte. Diese Nachricht liess ihn eine Flankirung über Andenhausen befürchten, und hielt ihn überhaupt während des ganzen Gefechtes um so mehr zurück, in die Offensive überzugehen, als der Umstand, dass seine eventuelle Rückzugslinie durch das Kalten-Nordheimer Défilé führte, an und für sich grosse Schwierigkeiten bereiten konnte. Erst um 10 Uhr wurde eine theilweise Vorwärtsbewegung angeordnet und die 5. Brigade vorgezogen.

Das 1. Bataillon (M o o r) des 15. Regiments marschirte nördlich von Diedorf in Gefechtslinie auf, und entsendete zum Schutz gegen die über den Taufstein den Jägern nachdrängenden feindlichen Plänkler die 1. Schützen-Compagnie, gefolgt von der 1., in seine rechte Flanke. Das 5. Jäger-Bataillon unter Commando des Stabshauptmanns v o n Königsthal nahm auf 500 Schritte nordwestlich von Diedorf Stellung und hatte 2 Compagnien als Plänkler aufgelöst, die beiden andern in Reserve. Das 3. Bataillon (Pöllath) des 15. Regiments rückte an den nördlichen Ausgang von Diedorf und detachirte auf speziellen Befehl des Generallieutenants die 9. und die 6. Schützen-Compagnie an die Feldamühle und die dort befindliche Furth, mit dem Auftrag, das Vordringen der Preussen auf diesem Punkte um jeden Preis zu verhindern. Die beiden Bataillone des 11. Regiments waren Anfangs bis hart hinter Diedorf herangezogen worden, nahmen aber bald auf 500 Schritte westlich gedeckte Stellung hinter dem Hang einer von Klings gegen Diedorf hinziehenden Schlucht, woselbst sie im Wesentlichen bis zum Schluss des Gefechtes verblieben.

Nach der Räumung von Zella hatten die 2. Schützen- und die 1. Compagnie des 14. Regiments den Kampf aufgenommen und erfolgreich fortgeführt, bis das erste Treffen der 5. Brigade nördlich von Diedorf aufmarschirt war. Dann aber nahm Major v o n T ä u f f e n b a c h, der dieses Plänklergefecht ununterbrochen persönlich geleitet hatte, die beiden Compagnien, denen ohnediess die Munition ausgegangen war, aus der Feuerlinie zurück, und sammelte sein Bataillon rückwärts der genannten Brigade. Das 1. Jäger-Bataillon war noch auf dem Rückmarsch nach Diedorf begriffen, den es, vom Feinde überhöht und fast unausgesetzt in der rechten Flanke beschossen, fechtend fortsetzte.

Die 4 gezogenen Geschütze unter Oberlieutenant Weber waren in ihrer neuen Position wieder gegen die nunmehr bis hart an den Schlossgarten von Zella vorgerückte preussische Batterie, welche sich in der Folge bis auf 14 Geschütze verstärkte und von nun an auch durch die übrigen noch in der Hauptstellung bei Fischbach postirten gezogenen Geschütze auf 4500 Schritte beschossen wurde, in Action getreten.

Das Bataillon Pöllath hatte am Ausgange von Diedorf nur kurze Zeit gehalten, und wurde dann in nordwestlicher Richtung gleichfalls in die erste Linie vorgezogen, so dass es sich links an das 5. Jäger-Bataillon anschloss und nach rechts mit dem Bataillon Moor Verbindung hielt. Das Plänklergefecht entwickelte sich rasch längs der ganzen Front; allein die auf der Taufsteinhöhe vorgehende preuss- ische Infanterie war, begünstigt durch ihr stets dominirendes Feuer, bis in die Höhe von Diedorf vorgedrungen, die Ortschaft selbst schien bedroht, und es wurde daher das 1. Bataillon des 15. Regiments in dieselbe zurückgenommen mit dem Befehl, sich dort zu nachhaltiger Vertheidigung einzurichten. Die 3. und 4. Compagnie besetzten die nördliche und nordöstliche Umfassung, die 2. Schützen- und 5. Com- pagnie das Innere als Reserve, und die 1. Schützen-Compagnie mit der 1. verblieben, ein lebhaftes Plänklerfeuer unterhaltend, am Abhange des Berges.

Die nachhaltige Wirkung, welche von den an der Lisière von Diedorf stehenden Tirailleurs, sowie von den beiden an der Feldamühle und bei der dortigen Furth placirten Compagnien ausging, brachten das Vorrücken der Preussen am Taufstein in's Stocken; ausserdem mochte der gegnerische Commandant, Generalmajor von Kummer, wohl mit Recht befürchten, dass ein so weites Ausholen seines linken Flügels ihn im Centrum zu sehr schwächen, und bei einem bayerischerseits unternommenen Gegenstosse seine ganze Stellung arg gefährden konnte; kurz die preussischen Plänkler begannen sich langsam zurückzuziehen, und das 1. Jäger-Bataillon, welches nun seit Beginn des Gefechtes ununterbrochen im Feuer gestanden, folgte ihnen im Verein mit der 1. Schützen-Compagnie des 15. Regiments eine Strecke weit nach.

Die 12 pfünder Batterie Schuster war in ihrer Stellung südlich von Diedorf dem Feuer der bei Zella postirten preussischen Batterie exponirt, und begann dasselbe mit Wurfgranaten zu erwidern; allein die Entfernung war zu gross, und die Geschosse wurden sogar den eigenen Plänklern gefährlich, so dass der Artillerie-Commandant der Division, Major Muck, der sich bei Beginn dieses Feuers bei der halben Batterie des Oberlieutenants Weber aufhielt, zurückeilte, um dasselbe einzustellen. Diese letztgenannte Halbbatterie wurde in der Folge durch ein Missverständniss veranlasst, ihre vorgeschobene Stellung zu räumen und zur anderen Halbbatterie zurückzugehen, woselbst sie übrigens ihr Feuer gegen die preussischen Geschütze fortsetzte.

Um 2 ¹/₂ Uhr war das Gefecht in der angegebenen Weise zum Stehen gekommen.

3. Moment. Nachdem der Feldmarschall die Meldung über den bei Neidhartshausen und Zella sich entspinnenden Kampf erhalten hatte, gab er alsbald Ordre, die 4. Division nach Oberkatza zurückzurufen, und verfügte sich dann unmittelbar auf das Gefechtsfeld. Bei Ertheilung dieses Befehles, welcher in das Stabsquartier der 4. Division nach Kloster Sinnershausen adressirt war, und — eben weil er zuerst dorthin gebracht wurde — erst im Laufe des Nachmittags in die Hände des Generallieutenants von Hartmann gelangte, wie solches bereits erwähnt worden ist, wusste man im Hauptquartier nicht, dass auch diese Division seit Morgens 8 Uhr heftig engagirt war. Das Obercommando hatte hiebei nur die eine Rücksicht im Auge, die Armee möglichst rasch und vollständig zu concentriren, um für alle Fälle gesichert zu sein.

Es ist überhaupt sehr wesentlich, und muss bei Beurtheilung der vom Feldmarschall sowie von den beiden Divisionären getroffenen Anordnungen wohl in Berücksichtigung gezogen werden, dass einerseits das Obercommando sowie der Generallieutenant v. Zoller über das gleichzeitige Gefecht bei Rossdorf, anderseits der Generallieutenant v. Hartmann über jenes bei Zella von Anfang bis zu Ende beider Gefechte völlig in Unkenntniss waren.

Der Nachdruck, mit welchem preussischerseits das Gefecht bei

Zella engagirt worden war, liess mit Sicherheit auf die Nähe des Gros der feindlichen Armee schliessen.

Unter so bewandten Umständen war die Vereinigung mit dem VIII. Corps nördlich der Rhön nur dann möglich, wenn man nicht bloss die direct entgegenstehenden preussischen Truppen zurückdrängte, sondern auch über das am Ausgang des Feldathales zu erwartende Corps die Oberhand behielt.

Um dies zu erreichen wäre aber die bayerische Armee gezwungen gewesen, in einem engen, langgestreckten Défilé zu avanciren und den Feind von Position zu Position anzugreifen. Dabei hätte sie ihre eigene Stärke, die Ueberlegenheit an glatten Geschützen nicht verwerthen können, die starke Seite des Feindes hingegen, das Zündnadelgewehr, wäre im höchsten Masse zur Geltung gekommen. Zudem hätte die bayerische Armee damals allein den Preussen entgegen treten müssen, während weiter südwärts sie darauf rechnen durfte, den Anschluss an das VIII. Corps schon binnen wenigen Tagen zu gewinnen, und dann in verdoppelter Stärke den Kampf aufnehmen zu können.

Desshalb wurde beschlossen, hier auf die Offensive zu verzichten, und durch einen Rückmarsch gegen die Saale die Vereinigung mit dem VIII. Armeecorps anzubahnen.

Der Feldmarschall war bereits gegen 12 Uhr auf dem Kampfplatz eingetroffen, und hatte auf einer Höhe nordwestlich von Diedorf inmitten der Plänklerkette seinen Standpunkt gewählt. Der Verlauf des Gefechtes hatte gezeigt, dass preussischerseits nur eine forcirte Recognoscirung beabsichtigt sei, welcher vielleicht am nächsten Tage ein ernstlicher Angriff folgen konnte. Als daher wie gesagt gegen ½3 Uhr das Gefecht zum Stehen gekommen war, und es sich erkennen liess, dass man an diesem Tage kein weiteres Vorgehen des Feindes gewärtigen dürfe, sah sich der Feldmarschall hiedurch und durch die oben angedeuteten Erwägungen veranlasst, den Befehl zum Abbrechen des Gefechtes zu ertheilen, und seine Armee in der zwischen Kalten-Nordheim und Kalten-Sundheim sich bietenden starken Position zu vereinigen.

Als die 3. Division den Befehl zum Rückmarsch erhielt, dauerte das Feuer der gezogenen Batterie Lottersberg noch ununterbrochen fort, und das Infanteriefeuer wurde hauptsächlich von Diedorf aus lebhaft unterhalten. Auf preussischer Seite verblieb zwar die bei Zella etablirte gezogene Batterie in Action, allein Versuche noch einmal gegen die bayerische Stellung vorzudringen fanden nicht statt.

Generallieutenant v. Zoller liess nun den Rückmarsch durch das inzwischen nach Fischbach beorderte 1. Jäger-Bataillon beginnen; diesem folgte das 1. Bataillon des 14. Regiments, von welchem die 2. Schützen-Compagnie, da sie sich gänzlich verschossen hatte, als Bedeckung zur Munitions-Reserve gesendet worden war, während Major von Täuffenbach, gleich nachdem er zurückgegangen, mit 3 Compagnien eine Stellung hinter dem linken Flügel der 5. Brigade einnahm, um einer allenfallsigen Umgehung zu begegnen. Die Queue dieser ersten Colonne bildete das 2. Bataillon des 14. Regiments, das nach seinem Rückzug von Zella in die Nähe der Batterie Lottersberg gekommen war, und ihm schloss sich die 1. Schützen-Compagnie mit den Resten der 1. Compagnie des 6. Regiments an.

Nachdem diese Abtheilungen in Colonne formirt waren, begannen auch die westlich und nordwestlich von Diedorf stehenden Bataillone der 5. Brigade den Rückmarsch. Das 11. Regiment zog sich auf den Höhen gegen den linken Flügel der Batterie Lottersberg, von wo aus das 2. Bataillon als Besatzung nach Fischbach detachirt wurde; das 5. Jäger-Bataillon marschirte Anfangs westlich der Strasse, dann auf derselben zurück; das 3. Bataillon des 15. Regiments passirte Diedorf und zog seine beiden an der Feldamühle postirten Compagnien an sich. Endlich folgte auch das 1. Bataillon dieses Regiments.

Mit Infanterie drängten die Preussen nicht nach, und eine kleine Husaren-Abtheilung, welche bis an den westlichen Eingang von Diedorf vorgeprellt war, wurde durch die Plänkler zurückgewiesen; dagegen hatte der Feind jetzt südlich von Zella eine gezogene Batterie aufgefahren, welche ein heftiges Feuer namentlich gegen das zurückgehende Bataillon Moor unterhielt. Hauptmann von Lottersberg trat gegen dieselbe sofort erfolgreich in Action.

Das zuletzt von Diedorf abgerückte eben genannte Bataillon erhielt nun den Befehl, nebst den 3 Escadronen Chevaulegers, welche seit geraumer Zeit südlich von Diedorf standen, der Artillerie als Bedeckung zu dienen. Diese bestand nunmehr aus den Batterien Lottersberg und Schuster, sowie einer halben Batterie, welche unter Commando des Oberlieutenants Graf Thürheim von der 2. Division zur Verstärkung vorbeordert ward; thätig eingreifen konnten jedoch nur die 8 gezogenen Geschütze des Hauptmanns von Lottersberg, da für 12 pfünder Rohre die Entfernung (3500 Schritt) zu beträchtlich war.

Um 4 Uhr zog sich auch die Artillerie durch das Défilé bei Kalten-Nordheim, und ihr folgten zuerst das 1. Bataillon des 15. Regiments, dann die Cavalerie, und am Schluss das 2. Bataillon des 11. Regiments, das bis nach 5 Uhr ohne angegriffen zu werden in Fischbach verblieben war. Das 2. Bataillon des 3. und das 2. des 12. Infanterie-Regiments, welche nebst den weiter oben berührten vier 12 pfündern von der 2. Infanterie-Division zur Verstärkung vorgeschickt worden, hielten zunächst des Défilés neben der Strasse in Colonne, und gingen später gleichfalls zurück.

Der bayerische Verlust betrug:

3 Offiziere*), 7 Mann, 18 Pferde todt,
3 Offiziere**), 69 Mann, 17 Pferde verwundet,
1 Offizier***), 46 Mann, 2 Pferde vermisst,
im Ganzen 7 Offiziere, 122 Mann, 37 Pferde.

Die 1. und 2. Infanterie-Division, welche im Laufe des 4. Juli vollständig herangekommen waren, (nur das 1. Bataillon des 2. Regiments stand noch bei Wahns) hatten indess nachfolgende Stellungen angewiesen erhalten: Die 1. Division zwischen Kalten-Nordheim und Kalten-Sundheim mit je einer Brigade zu beiden Seiten der Strasse; die 2. Division westlich von Kalten-Nordheim, die dortigen Höhen mit einer Brigade besetzt haltend. 2 Bataillone des 7. Regiments mit 1 Escadron und 4 12 pfünder Geschützen unter Oberst von Schleich wurden nach Hilders detachirt.

---

*) Hauptmann König und Oberlieutenant Brunner vom 6., Unterlieutenant Clarmann von Clarenau vom 15. Infanterie-Regiment.
**) Hauptmann Fürst und Oberlieutenant Jacobi vom 1. Jäger-Bataillon, dann Oberlieutenant Schunk vom 14. Infanterie-Regiment.
***) Hauptmann Fink vom 1. Jäger-Bataillon, welcher verwundet in Gefangenschaft gerieth.

Beide Divisionen bivouakirten in der Nacht vom 4. auf den 5. Juli in diesen Positionen, während die 3. nebst der Reserve-Artillerie bei Kalten-Sundheim, die 4., wie früher angeführt, bei Oberkatza Lager bezog.

Das Hauptquartier kam nach Kalten-Sundheim.

An das VIII. Corps ergiugen die treffenden Mittheilungen, worüber im folgenden Capitel das Nähere enthalten ist.

In dieser concentrirten Stellung verblieb die bayerische Armee am 5. Juli, ohne vom Feind belästigt zu werden.

Derselbe mochte ebenfalls einen Angriff erwartet haben, und hatte am gleichen Tage eine Position zwischen Geisa, Oechsen und Lengsfeld bezogen, in welche auch die Division Beyer zurückgerufen wurde.

Nachdem man aber auf beiden Seiten die Ueberzeugung gewonnen hatte, dass der Gegner hier nicht offensiv verfahren werde, traten am 6. Juli die Bayern den Rückmarsch an die Saale an, — die Preussen nahmen die unterbrochene Operation gegen Fulda wieder auf.

Vormarsch des VIII. Bundes-Armeecorps gegen Fulda; Ereignisse beim Reserve-Cavalerie-Corps zwischen dem 2. und 5. Juli; Rückmarsch der Bayern an die Saale, des VIII. Corps auf Frankfurt am Main.

Der, wie früher erwähnt, zwischen dem Obercommandanten der Westdeutschen Bundes-Armee und dem Commandanten des VIII. Corps verabredete Marsch des letzteren in der Richtung gegen Hersfeld wurde am 30. Juni angetreten. Das Corps-Hauptquartier kam von Frankfurt nach Friedberg, die badische Brigade La Roche und die grossherzoglich hessische Division rückten in derselben Richtung, die beiden württembergischen Brigaden weiter östlich auf dem rechten Flügel vor.

Die kurhessische Division, welche wenige Tage vorher in Hanau eingetroffen war, hatte ihre Garnisonen wegen des unerwartet schnellen Einrückens der Preussen so plötzlich und unvorbereitet verlassen müssen, dass sie in ihrer Formation und Ausrüstung noch nicht weit genug vorgeschritten sein konnte, um den Bestandtheil eines mobilen Corps zu bilden; Prinz Alexander behielt daher von derselben nur 2 Husaren-Schwadronen zurück, welche er der österreichisch-nassauischen Division zutheilte, und verlegte den Rest vorläufig in die Festung Mainz.

Ferner hatte das Corps-Commando, veranlasst durch eine Requisition des Gouverneurs von Mainz, schon in der Nacht vom 27. auf den 28. Juni den Generalmajor von Stockhausen mit 2 österreichischen und 2 hessischen Bataillonen ebendahin beordert. Kleine preussische Streifcorps waren nämlich im Anrücken und besetzten in der That am 28. den nördlichen Theil von Nassau und die Stadt Bingen, woselbst sie Tags darauf mit Spitzen des in dieser Richtung recognoscirenden 3. grossherzoglich hessischen Infanterie-Regiments an einander geriethen; sie räumten jedoch die Stadt wieder, ohne dass letztere Verluste erlitten hätten.

Prinz Alexander scheint aber durch diese Demonstrationen um seine linke Flanke besorgt geworden zu sein, und liess desshalb, als er seinen Vormarsch antrat, die österreichisch-nassauische Division vorläufig westlich von Frankfurt stehen.

Die Operation gegen Hersfeld wurde also ursprünglich nur mit 4 ½ Brigaden ausgeführt.

Als der Feldmarschall auf Grund der aus Wien und München ihm zugekommenen Telegramme die Armee in der Richtung auf Gotha dirigirte, hatte er hierüber dem Commando des VIII. Corps mit dem Beifügen Nachricht gegeben, dass er seine Reserve-Cavalerie über Fulda und Hünfeld gegen Vacha beordert habe, und dass dieselbe speziell beauftragt sei, den Anschluss an das Corps zu vermitteln. Bekanntlich war aber schon am 30. Juni die verbürgte Kunde über die Capitulation der Hannoveraner in das bayerische Hauptquartier gelangt, und sofort hatte das Obercommando der Westdeutschen Bundes-Armee den Prinzen Alexander auch hievon verständigt, und ihm mitgetheilt, dass die Bayern sich nunmehr bei Meiningen, Front gegen Eisenach, concentriren würden, während die Reserve-Cavalerie, welcher man nach Thunlichkeit Infanterie folgen lassen wolle, die Route Bischofsheim-Hilders-Geisa einzuschlagen beordert sei. In Berücksichtigung der Stellung des VIII. Armeecorps, das sich damals erst wenig von Frankfurt entfernt hatte, ward an diese Mittheilung die Weisung geknüpft, es sollten mit Hintansetzung jedes Nebenzweckes so viele Truppen als nur immer möglich theils auf der Linie Hanau-Fulda-Hünfeld, theils und namentlich auf der Linie Frankfurt-Gemünden in Bewegung gesetzt werden, um auf diese Art baldigst Fühlung mit den Bayern zu gewinnen.

Prinz Alexander änderte in Folge dessen seine Dispositionen dahin, dass er den Haupttheil seines Corps statt auf Hersfeld gegen Fulda dirigirte.

Das Hauptquartier kam am 2. Juli nach Grünberg, war am 3. und 4. in Ulrichstein, und ging am 5. nach Lauterbach vor, während der Corps-Commandant mit seinem engeren Gefolge eine Stunde weiter rückwärts auf Schloss Eisenbach verblieb.

In der Nacht vom 5. auf den 6. Juli nahm das VIII. Armeecorps folgende Stellung ein: Die hessische Division bivouakirte bei Gross-Lüders, die 2. und 3. württembergische Brigade bei Lauterbach. Die 1. württembergische Brigade (Baumbach), welche erst jüngst in den Corpsverband eingetreten war, stand um diese Zeit noch bei Saalmünster, die badische Division, completirt mittlerweile durch die Brigade Neubronn, befand sich bei Giessen, und die österreichisch-nassauische Division bei Schotten. Die Reserve-Artillerie und die Munitions-Reserve endlich standen noch zunächst des Mains.

Um die Operationen des bayerischen und des VIII. Corps im Zusammenhang zu betrachten, ist es nothwendig, nun um einige Tage zurückzugreifen und den Bewegungen des zwischen beide geschobenen Mittelgliedes zu folgen.

Der General der Cavalerie Fürst Taxis hatte am 29. Juni den Befehl erhalten, mit dem Reserve-Cavalerie-Corps in der Richtung gegen Bebra und Berka vorzugehen, und hiedurch eben sowohl den Marsch der bayerischen Divisionen auf Gotha zu stützen, als anderseits die Verbindung mit dem VIII. Armeecorps aufzusuchen.

In Folge dessen wurde am 30. die 1. leichte Brigade, welche fortan dem Reserve-Cavalerie-Corps wieder unterstellt ward, von Bischofsheim nach Hilders, die 2. leichte Brigade mit der reitenden Batterie La Roche*) nach Neustadt a. d. Saale, und die schwere Brigade mit der reitenden Batterie Massenbach nach Münnerstadt verlegt. Das Corps-Stabsquartier kam nach Kissingen. Am 1. Juli ging der Corpsstab nach Neustadt, die schwere Brigade nach Bischofsheim und die 2. leichte nach Fladungen. Die 1. leichte Brigade hätte nach Geisa rücken sollen.

Es war jedoch inzwischen aus dem Hauptquartier Mittheilung über die in Folge der Capitulation der Hannoveraner getroffenen Dispositionsveränderungen eingelaufen, nebst dem Befehl, einerseits den Contact mit dem Gros der bayerischen Armee zu erhalten, anderseits die Ab-

*) 2 Geschütze dieser Batterie waren dem 2. Jäger-Bataillon zugewiesen, gingen mit diesem von Hof nach Schleusingen, und wurden in der Folge der Batterie Lepel in der Reserve-Artillerie zugetheilt, mit welcher sie bis nach dem Gefechte von Kissingen vereinigt blieben.

sicht des Obercommandos, sich durch allmähliges Linksschieben mit dem VIII. Corps zu vereinigen, entsprechend zu secundiren. Die 1. leichte Brigade wurde daher nach Tann verlegt, um über Kalten-Sundheim mit der 4. Division in Berührung zu treten.

Am 2. Juli marschirte die schwere Brigade nach Gersfeld, die 2. leichte nach Hilders, und die 1. leichte blieb — wie schon früher berichtet — in Tann stehen.*) Die Vortruppen des Corps, welche einerseits gegen Geisa, anderseits bis Fulda streiften, stiessen zwar nirgends auf den Feind, brachten jedoch die Meldung, dass derselbe noch am nämlichen Tage in Butlar und Hünfeld erwartet werde.

Am 3. Juli rückten die beiden leichten Brigaden nebst der Batterie La Roche, nachdem sie sich in Hilders vereinigt hatten, unter Commando des Generalmajors Herzog Ludwig über Mackenzell nach Hünfeld, und bezogen dort, da die Gegend vom Feind frei befunden worden, enge Marschquartiere.

In Tann war einstweilen eine Escadron zurückgelassen worden, um das dorthin beorderte Bataillon der 3. Division**) zu erwarten.

Die schwere Brigade war indessen nach Fulda und Marbach, der Corpsstab nach Fulda gerückt.

General Fürst Taxis hatte beim Obercommando darauf hingewiesen, wie wünschenswerth es ihm sei, für diese Bewegung auch Infanterie zur Disposition zu haben; allein da die dessfallsige Meldung erst am 3. Morgens in's Hauptquartier nach Meiningen gelangte, konnte dem darin gestellten Ansuchen keine Folge mehr gegeben werden.

Generalmajor Herzog Ludwig, welcher seine Vorposten nach Burghaun, Grossenbach und Haselstein vorgeschoben, und einen Patrouillengang gegen Steinbach, Rosbach, Rasdorf und Setzelbach eingerichtet hatte, brachte in Erfahrung, dass im Laufe des Nachmittags drei preussische Infanterie-Regimenter mit Cavalerie und Artillerie in Rasdorf eingerückt seien, und erhielt bald darauf die Meldung, dass

---

*) Eine Ordre des Obercommandos, wonach an diesem Tage durch die Cavalerie Dermbach hätte besetzt werden sollen, konnte nicht ausgeführt werden, da dieselbe erst am 7. Juli in Hammelburg dem General Fürsten Taxis zu Handen kam.

**) Siehe Seite 36.

sich deren Spitzen schon diesseits Rasdorf fühlbar machten. Das bestimmte ihn, die beiden Brigaden sofort zu concentriren, nach eingetretener Dämmerung aber in Anbetracht des schwierigen Terrains seine Vorposten einzuziehen, und auf Fulda und Niederbieber zurückzugehen. Diese Stellung hinter der Haun war nämlich für den Fall, dass in Hünfeld ein überlegener Feind stehe, schon in der Disposition für den Vormarsch als Rendez-vous-Platz bezeichnet worden.

Bald nach dem Rückmarsche der beiden leichten Brigaden traf in tiefer Nacht aus dem Hauptquartier die Ordre ein, die Reserve-Cavalerie solle die Bewegungen des bei Kalten-Nordheim sich concentrirenden bayerischen Armeecorps durch Demonstrationen gegen Vacha unterstützen und auf der Linie Geisa-Dermbach Verbindung herstellen.

Fürst Taxis beschloss nun, Hünfeld wieder zu besetzen, und von da auf Butlar vorzupoussiren.

Nach der Sachlage konnte er für den Fall des Rückzugs in Fulda nur durch Truppen des VIII. Corps, mit welchem er in den letzten Tagen in's Benehmen getreten war, Aufnahme und Unterstützung finden; er richtete daher in der Nacht noch das dringende Ansuchen an den Prinzen Alexander nach Ulrichstein, es möchten die zunächst stehenden Infanterieabtheilungen schleunigst auf Fulda dirigirt werden.

Wegen grosser Ermüdung der leichten Cavalerie bestimmte General Fürst Taxis die schwere Brigade zu der projektirten Bewegung. Er brach am 4. Juli Morgens 3 Uhr mit dem 1. Cuirassier-Regiment und der Batterie Massenbach von Fulda auf, und zog in Marbach das 2. Cuirassier-Regiment an sich.

Die Colonne hatte Hünfeld passirt, und war gegen 6 Uhr bis zu dem zwischen Hünfeld und Rasdorf liegenden Neuwirthshaus gelangt, ohne auf ein Hinderniss zu treffen.

Hier tritt die Strasse in einen dichten Wald. Fürst Taxis befahl daher zu halten und Patrouillen zur Durchsuchung vorzusenden. Diese stiessen im Walde auf den Feind und wurden mit Carabinerschüssen zurückgewiesen. Truppen der gegen Hünfeld vorrückenden preussischen Division Beyer waren bereits bis hieher gedrungen, während am selben Tage die Division Göben bei Zella und Rossdorf focht.

General Fürst Taxis liess nun ein Geschütz auf der Strasse vorbringen und einen Schuss abgeben; gleichzeitig befahl er den Aufmarsch des 1. Cuirassier-Regiments, von welchem eine Escadron als Fühler gegen den Wald vorgeschickt wurde. Letztere erhielt Infanteriefeuer aus den Getreidefeldern und vom Waldsaum her, während fast im selben Momente zwei preussische Geschütze auffuhren und in Action traten.

Mehrere rasch hinter einander in die vorgesendete Escadron einschlagende Granaten, welche in dieser eine ausserordentliche Verheerung anrichteten *), brachten dieselbe in's Schwanken und veranlassten sie, ihrem Regimente zuzueilen.

Dieses war eben erst im Aufmarsche begriffen, als die Escadron herankam. Der an letztere gegebene Zuruf „Linksumkehrt" wurde vom Regimente missverstanden, es wendete gleichfalls und eilte gegen die Strasse. Bei dem heftigen feindlichen Feuer entstund hiedurch eine Unordnung, welche sich auch dem von Neuwirthshaus anrückenden 2. Cuirassier-Regiment mittheilte.

Die Batterie Massenbach hatte nach dem Erscheinen der feindlichen Artillerie ihre sämmtlichen Geschütze in's Feuer vorgezogen, und verblieb während dieses Zurückgebens der Cuirassiere noch eine Weile in Thätigkeit; dann aber protzte sie auf, um, gedeckt durch einen Theil ihrer reitenden Kanoniere, der Cavalerie zu folgen. Hiebei wurden die beiden Räder einer Protze dermassen zerschossen, dass ein Geschütz nicht abgefahren werden konnte und in Feindes Hand fiel.

Da General Fürst Taxis die Ueberzeugung gewonnen hatte, dass ohne Infanterie ein weiteres Verfolgen der beabsichtigten Demonstration nicht durchführbar sei, rückte er hinter Hünfeld, und wurde dort durch das à cheval der Strasse postirte 3. Cuirassier-Regiment aufgenommen. Hauptmann von Massenbach nahm hier abermals Stellung, konnte aber, als gegen 9 Uhr Vormittags eine preussische gezogene Batterie auffuhr, das Feuer derselben wegen zu grosser Entfernung nicht erwiedern. Es wurde daher nach Kurzem der Rückmarsch fortgesetzt. Unverfolgt vom Feinde gelangte die schwere Brigade nach Fulda und Bronzell. Dort machte sie Halt, und stellte Vorposten gegen Marbach auf.

---

*) Dieselbe erlitt binnen wenigen Augenblicken einen Verlust von 1 Offizier und 17 Mann todt und verwundet, dann 18 Pferden. (Unterlieutenant von Grafenstein tödtlich blessirt.)

Die Preussen ihrerseits begnügten sich, Hünfeld zu besetzen und ihre Avantgarde nach Rückers vorzuschieben.

Während dieser Ereignisse waren die beiden leichten Brigaden theils bei Niederbieber, theils zu Ried und Lütter verblieben. Nachmittags aber, als dem Herzog Ludwig das Anrücken des Feindes gegen Hof-Aschenbach gemeldet wurde, zog er das bei Niederbieber stehende Gros nach Margretenhaun.

Beim Corps-Commando lief gegen 3 Uhr die in der Folge allerdings als irrig erkannte Nachricht ein, die Preussen seien im Begriff nach Fulda selbst vorzurücken.

Darauf hin liess General Fürst Taxis die Vorposten verstärken, und ordnete den weiteren Rückzug des Corps auf der Bischofsheimer Strasse an. Die Position bei Fulda war nämlich mit Cavalerie allein nicht zu halten, und eine baldige Unterstützung durch Infanterie stund nicht in Aussicht, da das VIII. Corps auf die jüngst ergangene Aufforderung hin erwiedert hatte, es könne erst im Laufe des folgenden Tages mit zwei Divisionen in Gross-Lüders und Lauterbach eintreffen.

Die schwere Brigade räumte Fulda zuerst und bildete die Tête der Colonne; ihr schloss sich auf dem Marsche die leichte Cavalerie an, von welcher jedoch die 1. Brigade in und um Lütter stehen blieb.

Das Corps-Stabsquartier kam nach Hettenhausen, die schwere Brigade nebst der 2. leichten setzte den Marsch auf Bischofsheim fort.

Gegen 10 Uhr Abends, als die Hälfte dieser Colonne Gersfeld eben passirt hatte, begegnete ihr der königlich württembergische Hauptmann Triebig, welcher der Ueberbringer einer Meldung des Prinzen Alexander an den Feldmarschall gewesen, und nun auf dem Rückwege zu seinem Corps begriffen war. Derselbe sollte zugleich eine Ordre an den Fürsten Taxis bestellen, den er in der Nähe von Fulda finden musste.

Diese von $\frac{1}{2}$3 Uhr Nachmittags datirte Ordre enthielt die Mittheilung, dass nördlich von Kalten-Nordheim ein Gefecht engagirt sei und der Feldmarschall beabsichtige, sich auf Neustadt zurückzuziehen; ferner dass nach eben eingetroffener Nachricht auch über Tann ein Angriff erfolge, und die dorthin detachirte Colonne angewiesen sei, ihren Rückzug über Bischofsheim zu nehmen. Das Reserve-Cavalerie-Corps solle die Route auf Brückenau einschlagen, um sich von da über

Kissingen oder Hammelburg wiederum mit dem bayerischen Hauptcorps zu vereinigen.

Hauptmann Triebig theilte den Inhalt dieser ihm unversiegelt übergebenen Ordre dem Generalmajor von Rummel mit, welcher mit den Cuirassieren die Tête der Colonne bildete. Diese Nachricht bestimmte die beiden Brigade-Commandanten zu dem Beschlusse, die neue Marschrichtung sofort einzuschlagen, und von dieser Aenderung dem Corps-Commando Meldung zu erstatten.

Hiezu sollte die Colonne umkehren, und ihren Weg über Hettenhausen auf Brückenau nehmen.

Nur die Avantgarde-Escadron, welche schon weit vorans war, konnte nicht mehr rechtzeitig zurückgerufen werden; sie ging nach Bischofsheim und brachte da die Nacht zu. Alle übrigen Escadronen setzten sich — es war inzwischen etwa Mitternacht geworden — in der neuen Direction, und zwar, um die alte Marschordnung beizubehalten, von der bisherigen Tête aus, allmählig in Bewegung, an dem haltenden Rest der Colonne vorüberziehend.

Die Cuirassiere mussten dabei Gersfeld abermals passiren. Als nun nahezu die Hälfte derselben mit Oberst von Schubárt die genannte Ortschaft zum zweiten Male hinter sich hatte, erfuhr Generalmajor von Rummel, dass von Gersfeld ein näherer Seitenweg südwärts über Sparbrod auf die Bischofsheim-Brückenauer Strasse führe, und bog mit der zweiten grösseren Hälfte dahin ein. Jene Escadronen aber, welche mit Oberst von Schubárt voraus waren, konnten, einen geringen Theil ausgenommen, nicht mehr auf diesen Weg dirigirt werden. Sie blieben in der Richtung auf Hettenhausen, und hinter ihnen setzte sich die 2. leichte Brigade in Marsch.

Die Mannschaft war durch die grossen Fatiguen der jüngsten Zeit und durch die Ereignisse des letzten Tages äusserst herabgestimmt. Als nun vollends in tiefer Nacht die Marschrichtung wiederholt geändert wurde, Offiziere hin und hersprengten, um Befehle zu überbringen etc., wurden bei dem gemeinen Mann, dem die Gründe dieser wechselnden Anordnungen unbekannt sein mussten, die schlimmsten Befürchtungen rege.

Zudem war die taktische Ordnung gelockert; die Cuirassiere hatten sich in den engen Gassen von Gersfeld sowie auf der schmalen Chaussée an der langen Colonne oft einzeln vorüberwinden müssen und waren dadurch sehr auseinander gekommen. Zwar suchten sie sich durch Nacheilen zu schliessen, allein so rasch war die Ordnung in der Dunkelheit nicht wieder herzustellen.

Unter so kritischen Umständen hörte man in der auf Hettenhausen marschirenden Colonne aus der dortigen Richtung her plötzlich Allarm blasen.

Das war für eine der nachreitenden Cuirassier-Abtheilungen das Signal zum Umkehren. Diese reisst einen Theil der Cuirassiere mit sich, wirft sich auf die leichte Brigade, und trotz aller Gegenanstrengungen pflanzt sich auch in dieser die Unordnung fort. Die Masse jagt auf Gersfeld, und von da weiter zurück nach allen Richtungen auseinander. In der finsteren Nacht gelang es nicht, die Fortsprengenden wieder zum Stehen und Sammeln zu bringen.

Die Colonne des Generalmajors v. Rummel hatte in diesem Momente Gersfeld bereits passirt. Durch die im Dunkeln Vorübereilenden vielfach beunruhigt, beschleunigte sie ihren Marsch, gelangte übrigens in ziemlicher Ordnung am 5. Morgens nach Brückenau.

Jene Abtheilungen, welche ihren Marsch auf Hettenhausen fortgesetzt hatten, und bei deren Ankunft der Corps-Commandant Kenntniss von dem erwähnten Ereigniss erhielt, wurden sofort auf Brückenau instradirt, wohin auch das Stabsquartier abging. Zwei Escadronen des 2. Cuirassier-Regiments nahmen noch in der Nacht Stellung bei Döllbach und am Morgen wurden sie, sowie die bei Lütter stehende 1. leichte Brigade, gleichfalls nach Brückenau gezogen, so dass nun hier Fürst Taxis zwei seiner Brigaden, die eine intakt, die andere mit nur mehr geringen Abgängen vereinigt hatte.

Am 6. Juli rückte er mit beiden nach Hammelburg ab. Ebendaselbst langten am gleichen Tage auch die beiden reitenden Batterien an, welche in der Nacht vom 4. auf den 5. sich vollzählig in Bischofsheim eingefunden, und mit der ebenfalls dort eingetroffenen ursprünglichen Avantgarde-Escadron die Route über Münnerstadt genommen hatten.

Die in jener Nacht ziemlich zerstreute 2. leichte Brigade ward schon am nächsten Tage grossentheils wieder gesammelt, und alsdann in die Umgegend von Kissingen verlegt; nur einzelne

Versprengte, untermengt mit Cuirassieren kamen, unaufhaltsam fort-
jagend, bis an den Main, ehe sie zu ihren Regimentern zurückgeführt
werden konnten.

In den nächstfolgenden Tagen blieb das Reserve-Cavalerie-Corps
in seiner Stellung zwischen Hammelburg und Kissingen (Stabsquartier
Hammelburg), ohne dass bis zum 9. Juli die gegen Brückenau stehenden Vorposten etwas vom Feinde entdeckt hätten.

Der Feldmarschall hatte, sobald er überzeugt war, dass ihm bei
Kalten-Nordheim das Gros der Preussen gegenüberstehe, dem Commandanten des VIII. Bundes-Armeecorps hievon, sowie über seinen Entschluss auf Neustadt zurückzugehen, Mittheilung gemacht, und ihn, da
unter solchen Umständen die Vereinigung nördlich der Rhön unthunlich
sei, zum Anschluss über Brückenau und Kissingen aufgefordert.

Diese Ordre kam am 5. Juli Nachmittags 5 Uhr nach Eisenbach
in das Corps-Hauptquartier. Fast zur gleichen Zeit lief auch ein
Telegramm des Hauptmanns Triebig dort ein, in welchem der Gers-
felder Katastrophe Erwähnung geschah, und dessen Inhalt der Befürchtung Raum gab, als seien die Preussen bereits über Fulda vorgerückt,
während gleichzeitig eine feindliche Colonne über Tann und Hilders
im Ulsterthal anmarschire. In der folgenden Nacht aber traf den
Prinzen Alexander die Kunde, dass die kaiserliche Nord-Armee bei
Königgrätz eine Niederlage erlitten habe, und zwischen Oesterreich
und Preussen bereits Waffenstillstandsverhandlungen im Gange seien.

Unter solchen Umständen erschien demselben die unmittelbare
Deckung der Mainlinie bei Frankfurt als seine Hauptaufgabe: Er zog
daher, vom 6. Juli beginnend, seine Truppen zurück, und liess dem
Feldmarschall hierüber Meldung erstatten.

Die bayerische Armee hatte indessen ihren Rückmarsch theilweise
noch am 5. Juli Nachmittags angetreten. Unter dem Schutze der bei
Kalten-Nordheim und Oberkatza stehen bleibenden 1. und 4. Division
war die 2. nach Fladungen abgerückt, und hatte 1 Bataillon zur Verbindung mit dem in Hilders stehenden Detachement auf der Hohen
Rhön zurückgelassen; die 3. Infanterie-Division war nach Ostheim, die
Reserve-Artillerie nach Fladungen marschirt. Folgenden Tags, am 6.,
ward das Hauptquartier von Kalten-Sundheim nach Ostheim verlegt,

die 3. Division ging auf Neustadt, die 2. Division und die Reserve-Artillerie wurden in der Richtung auf Mellrichstadt zurückgenommen. Das 7. Regiment etc. traf schon am frühen Morgen dieses Tages in Seiferts ein. Die 4. Division marschirte hinter der 1. vorbei nach Nordheim, letztere endlich folgte als Arrièregarde bis Fladungen nach.

In Ostheim erhielt der Feldmarschall am 7. früh die Meldung über den Rückmarsch des VIII. Corps. Da er denselben nicht billigte, schickte er dem Prinzen Alexander den Befehl, die begonnene Operation einzustellen, und die Verbindung mit den Bayern theils über Schlüchtern theils durch Entsendung einer Brigade nach Gemünden anzustreben.

Als dem Prinzen Alexander am 8. Vormittags diese Ordre zuging, war der Rückmarsch des Corps fast vollendet. Der Prinz verlegte dasselbe nun am 9. Juli in den Rayon Frankfurt, Vilbel, Hanau, Gelnhausen mit dem Stabssitz Bornheim, und schob Vortruppen gegen Schlüchtern.

Diese Stellung wurde während der nächsten Tage im Wesentlichen beibehalten, so dass die vom Feldmarschall gewünschte Annäherung an die bayerische Armee hier nicht zu Stande kam.

Mittlerweile hatte diese ihren Marsch an die Saale folgendermassen fortgesetzt:

Am 7. Juli rückte die 1. Division nach Ostheim und blieb mit der Sicherung gegen Norden betraut, während die Colonne des Obersten von Schleich zum Flankenschutze der Armee nach Bischofsheim gezogen wurde. Die 4. Division kam nach Mellrichstadt, die 2. nach Mittelstreu, die Reserve-Artillerie nach Neuhaus, und das Hauptquartier nach Neustadt, in dessen Umgegend die 3. Division verblieb.

Am folgenden Tage ging die 1. Division unter Zurücklassung einer Arrièregarde zu Mellrichstadt in die Umgegend von Unsleben, Oberst v. Schleich blieb in Bischofsheim. Ferner wurde die 4. Division auf das linke Saaleufer zwischen Herschfeld und Niederlauer verlegt, die 2. rückte nach Neustadt, und die Reserve-Artillerie bezog Marschquartiere um Münnerstadt. Die 3. Division besetzte das Saalethal von Steinach bis einschlüssig Kissingen, kam hiedurch mit dem

Reserve-Cavalerie-Corps, welches wie bereits erwähnt noch zwischen Kissingen und Hammelburg stund, in Berührung, und wurde nun demselben unterstellt.

Generallieutenant v. Zoller entsendete 2 Compagnien des 14. Regiments nach Hammelburg und schob 2 des 11. nach Geroda vor. In diesen Stellungen befanden sich die Truppen noch um 9. Morgens, als im Hauptquartier zu Neustadt die Nachricht über das Vorrücken preussischer Abtheilungen auf Brückenau einlief.

Der Feind war nämlich indess aus seiner Stellung bei Lengsfeld aufgebrochen, und schon am 6. Juli hatte die Division Beyer Fulda besetzt, die Division Göben war bei Marbach, und die Division Manteuffel bei Hünfeld eingetroffen. Am 7. und 8. Juli hatten die Preussen ihren Marsch fortgesetzt, am Abende des letztern mit dem Gros Fulda erreicht, und von da ihre Spitzen theils auf der Frankfurter Strasse, theils gegen Brückenau vorgeschoben. Am 9. dann waren sie weiter über Brückenau vorgerückt.

Gefechte an der Saale.

Als das Obercommando der Westdeutschen Bundes-Armee den Entschluss fasste die bayerischen Heerestheile an die Saale zurückzunehmen, geschah dies in der Intention, dem VIII. Corps die Hand zu reichen. Sollte die Vereinigung nicht rechtzeitig gelingen, so stund es immer noch frei, je nach Umständen entweder offensiv zu verfahren, oder in den zwischen Saale und Main sich bietenden günstigen Positionen den Kampf aufzunehmen.

Beim Eintreffen der vorerwähnten Nachrichten über den Anmarsch der Preussen beschloss daher der Feldmarschall, die 3. Infanterie-Division und das Reserve-Cavalerie-Corps zwischen Hammelburg, Kissingen und Waldaschach zur Vertheidigung der Saale-Uebergänge zu belassen, und die übrigen Theile der Armee zunächst der Kreuzung der Neustadt-Würzburger und Kissingen-Schweinfurter Strasse bei Poppenhausen zu concentriren, woselbst die das linke Wern-Ufer bildenden Höhen eine besonders vortheilhafte Stellung darboten.

General der Cavalerie Fürst Taxis blieb für seine Person in Hammelburg, und übertrug dem Generallieutenant v. Zoller die Leitung der in Kissingen zu treffenden Anordnungen.

In Hammelburg standen bereits die schwere und 1. leichte Cavalerie-Brigade mit zwei reitenden Batterien, dann die 6. Infanterie-Brigade, welche am 9. früh unter Commando des Obersten Schweizer nebst der gezogenen Batterie Lottersberg von Kissingen dorthin abgerückt war, zur Verfügung.

Dem Generallieutenant v. Zoller verblieben sonach die 5. Infanterie- und die 2. leichte Cavalerie-Brigade. Jene hatte sich nunmehr in und um Kissingen concentrirt und war aus der 4. Division durch das 6. Jäger-Bataillon und das 3. des 9. Regiments verstärkt worden. Ausserdem disponirte er noch über das 2. Chevaulegers-Regiment und die 12 pfünder Batterie Schuster, beide seiner Division angehörig, sowie über die aus der Reserve-Artillerie ihm zugewiesene gezogene Batterie Redenbacher.

Was die übrigen Heeresabtheilungen betrifft, so wurden noch am Abende des 9. die 1. und 2. Division um Neustadt, die 4. bei Münnerstadt zusammengezogen, um Tags darauf in die projektirte Stellung bei Poppenhausen zu rücken.

Oberst von Schleich blieb zur Sicherung der über die Hohe Rhön führenden Anmarschlinien in Bischofsheim. Die 4 glatten 12 pfünder, welche er bisher bei sich hatte, wurden durch 2 gezogene Geschütze der Batterie Zeller abgelöst und setzten sich am 10. früh in Marsch, um zu ihrer (2.) Division zurückzukehren.

Mittlerweile waren aber die Vortruppen der Preussen — wenn auch unerheblich — schon mit den bayerischen aneinander gerathen.

Es ist weiter oben angeführt worden, dass 2 Compagnien des 11. Infanterie-Regiments nach Geroda vorpoussirt wurden. Dieselben langten unter Commando des Hauptmanns Reck am Abende des 8. in genanntem Orte an, streiften im Verein mit Abtheilungen des 5. Chevaulegers-Regiments auf der Brückenauer Strasse, und wurden im Laufe der Nacht, ebenso wie die letzteren, nach Waldfenster zurückbeordert.

Am 9. Juli Morgens gegen 8 Uhr zeigten sich feindliche Patrouillen vor Waldfenster, worauf der hier commandirende Generalmajor Graf Pappenheim die beiden Infanterie-Compagnien zu einer Recognoscirung vorgehen liess. Da jedoch der Feind alsbald wieder verschwand, kehrten dieselben nach einigen Stunden zurück.

Nachmittags gegen 1/2 2 Uhr rückten die Preussen abermals vor, und zwar anfänglich wiederum bloss mit kleinen Patrouillen, welche, sobald sie der bayerischen Truppen ansichtig wurden, zurückeilten, um gleich darauf verstärkt neuerdings zu erscheinen. Als der Feind schliesslich mit grösseren Abtheilungen gegen Waldfenster vorging, trat das bayerische Detachement plänkelnd den Rückzug an. Infanterie und Cavalerie, sich wechselseitig aufnehmend, und vom Gegner nur wenig gedrängt, erreichten Kissingen ohne Verluste.

Gefecht bei Kissingen.

Die längs der Saale stehenden Truppen sollten nach der Intention des Obercommandos am 10. Juli dort verbleiben um einen Schirm für die Concentrirungsbewegungen der übrigen Heerestheile zu bilden, und nur im Falle eines überlegenen Angriffs in die Hauptstellung bei Poppenhausen zurückgehen.

Dieser Aufgabe gemäss war also der Charakter der zu liefernden Gefechte ursprünglich der von Arrièregarde-Gefechten.

Die 4. Infanterie-Division war angewiesen, am 10. Juli Morgens unmittelbar auf Poppenhausen abzurücken, die 1. und 2. hingegen sollten vorerst nur bis Münnerstadt gehen, und dort weitere Bestimmungen erwarten. Ferner hatte Feldzeugmeister Prinz Luitpold als Commandant der bei Bamberg neu gebildeten Reserve-Infanterie-Division den Befehl erhalten, vier seiner Bataillone nebst einer gezogenen Batterie im Laufe des genannten Tages per Bahn nach Schweinfurt zu bringen.

Die beträchtliche Ausdehnung der Linie, welche durch die unter dem Oberbefehl des Generals Fürsten Taxis vereinigten Truppen besetzt und vertheidigt werden sollte, sowie die gegenseitige Lage der beiden Hauptpunkte Hammelburg und Kissingen bedingten es, dass — nachdem die Preussen von Brückenau aus in zwei divergirenden Richtungen gegen die Saale vorgingen — auch zwei selbstständige, in ihrem Verlaufe von einander gänzlich unabhängige Gefechte geschlagen wurden.

Am linken Flügel der im einwärtsgebogenen Haken laufenden Frontlinie stunden unter dem unmittelbaren Commando des Fürsten die zur Vertheidigung von Hammelburg bestimmten Abtheilungen mit den äussersten Vorposten in Neuwirthshaus *), Verbindungs-Gliedern in Euerdorf etc. etc., worüber in der späteren Beschreibung des dortigen Gefechtes detaillirte Angaben zu finden sind. Hier soll vorerst das Gefecht bei Kissingen betrachtet werden.

Generallieutenant Freiherr von Zoller hatte die ihm unterstellten Truppen in drei Haupttheile getheilt, deren einer unter Leitung des Generalmajors Grafen Pappenheim den rechten Flügel der Aufstellung bilden und die Linie Friedrichshall-Waldaschach besetzen sollte, während der zweite unter Generalmajor von Ribaupierre als linker

---

*) Dörfchen an der Hammelburg-Brückenauer Strasse.

Flügel mit der Vertheidigung von Kissingen selbst beauftragt war, und der dritte dem Divisionär verfügbar blieb.

Am Abende des 9. Juli waren, mit alleiniger Ausnahme des bei Waldaschach rechts der Saale belassenen 1. Bataillons (Moor) vom 15. Regimente, sämmtliche noch auf dem jenseitigen Ufer stehenden Abtheilungen herübergezogen, und die Saale-Uebergänge zwischen Kissingen und Waldaschach entweder zerstört, oder verbarrikadirt und zur Vertheidigung eingerichtet worden; nur die bei letztgenanntem Orte befindliche steinerne Brücke blieb als Rückzugslinie des erwähnten jenseits stehenden Bataillons dem freien Verkehr erhalten.

Nun zur Detail-Beschreibung der Stellung zwischen Kissingen und Waldaschach am 10. Juli Morgens:

Rechter Flügel unter Generalmajor Graf Pappenheim:

Das Bataillon Moor hatte Waldaschach zur Vertheidigung vorbereitet und mit 3 Compagnien besetzt, während die 3 übrigen auf den Strassen von Premich, Stralsbach und Claushof eine Vorpostenstellung in weitem Umkreis bezogen. 4 Compagnien vom 2. Bataillon (Tausch) des 11. Regiments waren bei Hausen, und zwar 1 Zug hinter der auf der steinernen Brücke errichteten Barrikade, 1 Zug als Soutien des ersteren im Wirthshause; 1 Compagnie stand innerhalb der Umfassung des südlich der Brücke liegenden Klosters, 2 Compagnien kamen als Reserve in das Dorf. Das vom Stabshauptmann von Königsthal commandirte 5. Jägerbataillon in Friedrichshall occupirte nach Zerstörung der beiden gegen den Steinhof führenden hölzernen Brücken die dortigen Salinengebäude mit 2 Compagnien, welche ihre Plänkler bis an den Uferrand vorschoben, und placirte die 4. Compagnie in dem rechts anstossenden Stück der Gradirhäuser, wobei ein Zug hinter den durch kleine Zwischenräume getrennten Pfeilern des gemauerten Grundbaues angestellt wurde, während der andere sich in und hinter einer aus Latten gezimmerten Materialhütte einrichtete. Die 3. Compagnie hatte die Gradirhäuser südlich des Steinhofes zu vertheidigen und deckte mit einem längs des Ufers in Plänkler aufgelösten Halbzuge die ganze Länge derselben und des Badgebäudes. Ein zweiter Halbzug stand als

Unterstützung hinter dem Südende der Gradirhäuser, und der andere Zug blieb einige hundert Schritte hinter diesem Soutien zur Deckung des linken Flügels in Reserve. Vier 12 pfünder der Batterie Schuster waren unter dem Commando des Oberlieutenants Freiherrn von Zu-Rhein 700 – 800 Schritt östlich des Steinhofes auf einer Terrasse des Sinnberges dem Cascadenthal gegenüber aufgefahren, so dass sie das Saalethal und die Brückenauer Strasse bestreichen konnten, und eine halbe Escadron des 2. Chevaulegers-Regiments diente denselben als Bedeckung· Etwas weiter südöstlich waren das 3. Uhlanen- und das 5. Chevaulegers-Regiment aufmarschirt.

Linker Flügel unter Generalmajor von Ribaupierre:

Bei der geringen Anzahl der disponibeln Streitkräfte konnte die auf dem rechten Saale-Ufer gelegene Vorstadt von Kissingen nicht besetzt werden; nur ein Halbzug Infanterie hatte sich jenseits in einem unmittelbar südlich der Brücke gelegenen Hause eingenistet. Im Uebrigen war die Stellung wie folgt:

Längs des linken Saale-Ufers hatten 7 Compagnien Infanterie die äussersten Häuser und Gärten besetzt, und zwar die 3. Schützen-Compagnie des 15. Regiments vom Nordende der Stadt die Hälfte des Raumes bis an die Brücke, (linker Flügel am vorspringenden Hause des Doctors Ehrenburg), die 7. Compagnie von da bis zur Brücke mit einem Zug in dem schräg vis-à-vis vom bayerischen Hof gelegenen Hause Ihl's. Die Barrikade auf der steinernen Brücke, (alle anderen Saale-Uebergänge waren wie gesagt abgetragen oder gänzlich zerstört), wurde durch einen Halbzug der 4. Schützen-Compagnie besetzt gehalten, während der Rest derselben in den hart südlich des Strassendammes gelegenen zum Curgarten gehörigen dichten Anlagen Posto gefast hatte. Links an diese Compagnie das Saale-Ufer entlang bis zum eisernen Stege beim Curgarten reihte sich die 8. In der Hauptstrasse, 100 Schritt hinter der Brücke waren 2 12 pfünder der Batterie Schuster unter Lieutenant Halder aufgepflanzt, ferner die beiden vordersten Häuser rechts und links der Strasse, Maison Heilmann und Logirhaus, mit je einem Halbzug der 5. Compagnie des 15. Regiments besetzt, während der andere Zug derselben mit der 6. Compagnie weiter rückwärts an der nächsten Quergasse stand. Diese Abtheilung war rechts, und vom 3. Bataillon (Weinbach) des 11. Regiments die 9. Compagnie an demselben Strassenkreuze links der Hauptstrasse gedeckt postirt. 1 Compagnie dieses Bataillons, (5. Schützen-), hatte schon in der vorhergehenden Nacht zur Verbindung mit den bei Hammelburg stehenden Truppen nach Euerdorf abrücken müssen; von den übrigen 4 Compagnien kamen die 6. Schützen- und 12. Compagnie als Besatzung in, die 10. und 11. Compagnie als Reserve hinter den Kirchhof. Die beiden von Waldfenster zurückkehrenden Compagnien des wie erwähnt bei Hausen stehenden 2. Bataillons, (7. und 8.), wurden mit den letztgenannten vereinigt.

Die gezogene 6 pfünder Batterie Redenbacher mit der ihr als Bedeckung überwiesenen 3. Escadron des 2. Chevaulegers-Regiments war circa 500 Schritt nordöstlich von Kissingen auf den Ausläufen des Sinnberges Front gegen Garitz aufgefahren. Die noch übrigen 2 Geschütze der 12 pfünder Batterie Schuster wurden unter Oberlieutenant Gössner rechts vorwärts der Batterie Redenbacher zur Bestreichung der Strassen von Garitz und Claushof placirt und denselben ebenfalls eine halbe Escadron Chevaulegers zugetheilt.

Der Commandant des mehrgenannten Chevaulegers-Regiments, Oberstlieutenant Horadam, stand mit den beiden ihm verbliebenen Escadronen (2. und 4.) nordöstlich von Kissingen. Er hatte den Auftrag, sich dem etwa aus der Stadt vorbrechenden Feinde entgegenzuwerfen.

Reserve zur Disposition des Divisionärs:

Dieselbe bildeten das 3. Bataillon (Pöllath) des 15. Regiments vorwärts Winkels links der Chaussée, das 6. Jäger-Bataillon (Guttenberg) und das 3. Bataillon (Dietrich) des 9. Regiments ebenso rechts, ersteres hart an der Strasse, letzteres mehr rückwärts und rechts am Hange des Sinnberges.

Das 3. Bataillon (Leoprechting) des 4. Regiments, welches über Nacht in Grossenbrach gestanden war, hatte sich am frühen Morgen des 10. zu seiner (4.) Division in Marsch gesetzt, musste jedoch unterwegs in Nüdlingen stehen bleiben, um diesen Ort bis zur Ablösung durch andere Truppen besetzt zu halten.

Ein auf dem Stationsberge postirtes Chevaulegers - Piket war mit
der Beobachtung der dortigen Wege und des Thales von Reiterswiesen
beauftragt; überdies mussten um 9 Uhr Vormittags die 5. Schützen-
und 9. Compagnie (vom 3. Bataillon) des 15. Regiments gegen Reiterswiesen selbst abrücken, um dort in der Gegend Stellung zu nehmen,
und gegen etwaige Uebergangsversuche des Feindes in dieser Richtung
auf der Hut zu sein.

Für den Fall des Rückzuges wurde sämmtlichen Abtheilungen das
central hinter der Position Kissingen-Waldaschach gelegene Dorf Nüdlingen als Vereinigungspunkt bezeichnet.

Auf Seite der Preussen war im Laufe des 9. Juli die Division
Göben über Platz und Waldfenster vorgerückt, und hatte ihre Vorhut
bis Albertshausen und gegen den Claushof entsendet. Die Division
Beyer war auf der Hammelburger Strasse mit ihrer Tête bis Geiers-
nest gekommen, während die Division Manteuffel noch rückwärts
Brückenau die Nacht zubrachte.

Am Morgen des 10. Juli setzte Generallieutenant von Göben
seinen Marsch fort und erreichte Garitz mit der Avantgarde um 8 Uhr.

Seine Division zählte 16 Bataillone, 9 Schwadronen und 31 Geschütze in folgender Eintheilung:

Brigade Kummer mit dem 13. und 53. Infanterie-Regimente zu
je 3 Bataillonen,

Brigade Wrangel mit dem 15. 19. und 55. Regiment, gleichfalls
zu je 3 Bataillonen, und 1 Bataillon Lippe-Detmolder,

das Cuirassier-Regiment Nro. 4 mit 4 und das Husaren-Regiment
Nro. 8 mit 5 Schwadronen,

2 glatte und 3 gezogene Batterien.

Die Brigade Kummer, welche 1 Bataillon und 1 Escadron
gegen Aura detachirt hatte, marschirte an der Tête, die Brigade
Wrangel folgte nach.

Die Division Manteuffel, bestehend aus
der Brigade Freyhold mit dem 25. und 36.,
der Brigade Korth mit dem 11. und 59. Infanterie-Regimente
nebst 2 Bataillonen Coburger,
den Dragoner-Regimentern Nro. 5 und 6, dann
2 glatten und 3 gezogenen Batterien,

also im Ganzen 14 Bataillonen, 8 Escadronen und 28 Geschützen, wurde im Laufe des 10. Juli ebenfalls gegen Kissingen in Bewegung gesetzt. Sie traf mit der Avantgarde während des Nachmittags, und mit dem Gros gegen Abend an der Saale ein, so dass nur einzelne Bruchtheile derselben thätigen Antheil am Kampfe nehmen konnten, welcher vielmehr fast ausschliesslich von der Division Göben geführt wurde.

1. Moment. Am frühen Morgen des 10. Juli war von der Kissinger Brücke aus eine circa 12 Mann starke Recognoscirungs-Patrouille entsendet worden, welche sich auf dem Altenburg-Berge gegen Garitz zu etablirte, um das Terrain westwärts zu beobachten. Etwa um 8 Uhr kamen aus Garitz preussische Reiter hervor, welche sich diesem Posten näherten, aber durch dessen Feuer zu wiederholten Malen zurückgejagt wurden.

Dies mochte eine halbe Stunde gedauert haben, als auch Infanterie aus eben genannter Ortschaft debouchirte, plänkelnd gegen den Altenburg-Berg vorging, und sowohl das dort stehende kleine Piket, als auch den zur Seite der Brücke in einem Hause postirten Halbzug hinter die Saale zurückzwang, dann in die Vorstadt von Kissingen nachdrängte, und dieselbe besetzte.

Sobald man dort des Feindes ansichtig ward, (9 Uhr) eröffneten die längs der Saale aufgestellten Compagnien, verstärkt durch die 9. Compagnie des 11. Regiments, welche aus ihrer Reserve-Stellung im Innern der Stadt in erste Linie auf den linken Flügel vorgezogen wurde, um mit einem Zug den eisernen Steg und die dortigen Badecabinete, mit dem anderen die Strecke bis zum südlichen Ende des Curgartens zu vertheidigen, das Feuer, welches die in den Häusern der Vorstadt postirten Preussen lebhaft erwiederten. Nach kaum viertelstündiger Dauer des Gefechtes wurde der an der Brückenbarrikade befindliche Halbzug zurückgenommen und links der Strasse in den Anlagen gedeckt aufgestellt, weil derselbe hinter der mehr gegen das rechte Ufer hin angelegten Barrikade in den beiden Flanken zu sehr gefährdet war.

Um 9½ Uhr konnte man vom Standpunkte der am Hange des Sinnberges aufgefahrenen gezogenen Batterie aus das Vorrücken zweier preussischer Bataillone aus Garitz wahrnehmen, und sofort eröffnete der Commandant dieser Batterie, Hauptmann Redenbacher, auf 2500 Schritt das Feuer gegen dieselben. Schon die ersten Granaten trafen. Die Bataillone lösten sich, allein sie gingen nicht rückwärts, sondern suchten eiligen Laufs in grossen Schwärmen die schützenden Häuser der Kissinger Vorstadt zu gewinnen, welche sie, obschon belästigt durch die Geschosse der feuernden gezogenen Batterie sowie später durch Granatkartätschen aus den beiden Geschützen des Oberlieutenants Gössner, rasch erreichten.

Für wenige Augenblicke schwieg nun der Kanonendonner, nur das Kleingewehrfeuer im Thal dauerte ununterbrochen fort; aber schon um 10 Uhr fuhr eine gezogene preussische 4pfünder Batterie am Hange des Staffelsberges auf und begann mit der gegenüberstehenden bayerischen den Geschützkampf.

Unterdessen hatten die in die Gebäude der Vorstadt eingedrungenen Preussen sich angeschickt in dichten Gruppen gegen die auf der Brücke errichtete Barrikade anzustürmen, und gaben hiedurch den beiden Geschützen des Lieutenants Halder Gelegenheit, erfolgreich in Action zu treten. Einige Kartätschenlagen zwingen sie, von ihrem Vorhaben abzustehen. Sie suchen nun wiederum Schutz in den Häusern, und besetzen insbesondere den seitwärts der Brücke, also nicht in der bisherigen Schusslinie der beiden Geschütze gelegenen bayerischen Hof sehr zahlreich mit Schützen. Halder hingegen bringt seine 12pfünder bis an das Ende der Strasse vor, wendet das feuernde Geschütz halbrechts gegen den bayerischen Hof und zieht das abgefeuerte jedesmal hinter die Ecke zurück, um es in gedeckter Stellung laden zu lassen. Bald ist es ihm gelungen, das genannte Haus zu säubern und den Feind am Sammeln dichterer Haufen zu verhindern.

Das Plänklergefecht wurde innerhalb dieser Zeit mit ziemlicher Heftigkeit, jedoch wegen der beiderseitigen gedeckten Stellung ohne grössere Verluste fortgesetzt, und Alles blieb in der ursprünglichen Position. Nur waren die 2 hinter dem Kirchhofe postirten Compagnien des 2. Bataillons vom 11. Regimente etwas weiter links an der nordwestlichen Ecke der Winterleite auf den Hang gezogen worden.

In Waldaschach ward man nur einer aus 5 Dragonern bestehenden Patrouille (wahrscheinlich ein von der im Anmarsche begriffenen Division

Manteuffel weit vorgeschobener Fühler) ansichtig, welche jedoch rasch wieder verschwand. Dagegen hatte sich auf der Linie Friedrichs-hall-Hausen kurz nach Beginn des Kampfes bei Kissingen gleichfalls das Gefecht engagirt. Generalmajor von Wrangel hatte nämlich 2 Bataillone des 15. Regiments dorthin dirigirt, und die aus einigen Reitern bestehende Vorhut derselben war bald nach 9 Uhr am Saume des Waldes gegenüber von Friedrichshall erschienen. Einige Schüsse der bayerischen Jäger scheuchten sie zurück; allein binnen Kurzem war der Waldrand die Gradirhäuser entlang mit Infanterie-Plänklern besetzt, welche namentlich aus dem Cascadenthal gegen den Fluss vordrängten.

Das 5. Jäger-Bataillon eröffnete nun allseitig sein Feuer, und das 2. Bataillon des 11. Regiments in Hausen, welchem unmittelbar kein Feind gegenüber war, secundirte dasselbe kräftig, indem es den im Wirthshause hinter der Brücke stehenden Reservezug zur Verstärkung vor an die Barrikade zog, und, geschützt durch das als Brustwehr dienende steinerne Brückengeländer, ein flankirendes Feuer unterhielt. Zugleich wurden die bisher im Innern des Ortes postirten beiden Com-pagnien in die südlich des Klosters angrenzenden Gradirhäuser beordert um ebenfalls am Gefechte Theil zu nehmen, und die 4 Geschütze des Oberlieutenants v. Zu-Rhein begannen den Ausgang des Cascaden-thales mit Granatkartätschen zu bewerfen.

So wurden die Preussen genöthigt, unter dem Schutze des Waldes zu verbleiben, welcher hier bis hart an die Saale hinab-reicht. Das Kleingewehrfeuer zwischen den auf beiden Ufern in gedeckten Positionen gegen einander stehenden Tirailleurlinien dauerte fort, aber das Geschützfeuer musste als nunmehr wirkungslos einge-stellt werden.

Wirft man jetzt einen Blick auf die Stellungen der ausser Gefechts-bereich befindlichen Truppen, so hatte sich den erhaltenen Weisungen gemäss die 4. Division früh 5 Uhr von Münnerstadt nach Poppenhausen in Marsch gesetzt, zu gleicher Zeit war die 2. und hinter ihr die 1. Di-vision von Neustadt gegen Münnerstadt aufgebrochen. Die Reserve-Artillerie hatte ihre Quartiere Morgens 8 Uhr verlassen; die gezogene Batterie Girl und die beiden reitenden Batterien Lepel und Helling-rath waren auf der Schweinfurter Chaussée bis an die Einmündung der nach Kissingen führenden Strasse gerückt, der Rest hingegen, bestehend aus den 4 glatten fahrenden Batterien wurde noch weiter südlich bis an den Durchschnitt der von Rannungen nach Euerdorf führenden Strasse geschickt, woselbst sie weitere Befehle gewärtigen sollten.

Diese Anordnungen und Bewegungen waren aus der Intention des Obercommandos hervorgegangen, die Armee bei Poppenhausen zu concentriren und dort die Preussen zu erwarten. Nun hatten aber die indessen weiters eingegangenen Nachrichten gemeldet, dass nicht die gesammte feindliche Macht im Anrücken begriffen sei. Es ward daher, — vorzugsweise, um vor einem schwächeren Corps nicht zurückzugehen, — der Beschluss gefasst, nicht erst bei Poppenhausen zu schlagen, sondern dem Feind gleich an der Saale einen ernstlichen Widerstand entgegen zu setzen. In diesem Sinne wurden am 10. früh die weiteren Verfügungen erlassen.

Die 2. Infanterie-Division, welche 2 Bataillone des 3. Regiments mit 2 Geschützen der 12 pfünder Batterie Kirchhoffer nach Steinach entsendet hatte, war mit ihrem Gros in der Stärke von 7 Bataillonen, 3 Escadronen und 8 Geschützen gegen 8 Uhr vor Münnerstadt eingetroffen. Nach einstündigem Aufenthalte daselbst wurde das 7. Jägerbataillon, das 1. und 2. Bataillon des 12. Regiments, dann 1 Escadron des 4. Chevaulegers-Regiments und die Batterie Zeller mit 6 gezogenen Geschützen über Nüdlingen gegen Kissingen beordert. Der Rest, bestehend aus dem 3. Jäger-Bataillon und 2 Bataillonen des 10. Regiments mit 2 Escadronen des 4. Chevaulegers-Regiments, (von welchen jedoch, wie weiter unten zu ersehen, 1 Zug anderweitig verwendet war), dann zwei Geschützen der Batterie Kirchhoffer, wurde kurz darauf unter Führung des Generalmajors von Hanser über Haard gegen Hausen dirigirt. Nur das 3. Bataillon des 7. Infanterie-Regiments hatte bis zur Ankunft der 1. Division in Münnerstadt zu verbleiben. Der Oberst v. Schleich mit 2 Bataillonen des 7. Regiments, 1 Escadron Chevaulegers und 2 Geschützen der Batterie Zeller befand sich bekanntlich noch in Bischofsheim, die 4 glatten Geschütze aber, welche ihm früher zugetheilt waren und denen das Divisions-Commando 1 Zug Chevaulegers als Bedeckung entgegengeschickt hatte, waren erst im Anmarsche von da, und noch nicht wieder bei der Division eingerückt.

6*

Die 1. Infanterie-Division war, nachdem sie unter Commando des Majors Hebberling das 4. Jäger-Bataillon und 2 glatte Geschütze der Batterie Mussinan als Aufnahmsposten für das ebenerwähnte in Bischofsheim stehende Detachement bei Neustadt zurückgelassen hatte, in der Stärke von 11 Bataillonen, 4 Escadronen, 6 glatten und 8 gezogenen Geschützen nach 10 Uhr Vormittags bei Münnerstadt angelangt, und hatte dort Bereitschaftsstellung bezogen. Gegen Mittag wurde das 3. Bataillon des 8. Regiments mit 4 gezogenen Geschützen der Batterie Hutten zur Verstärkung nach Waldaschach beordert.

Die Reserve-Artillerie war im Laufe des Vormittags an den ihr angewiesenen oben schon bezeichneten Punkten eingetroffen, und die Batterien Girl und Hellingrath hierauf der Colonne des Generalmajors von Hanser auf Hausen nachgesendet worden.

Diese Verfügungen hatten den Zweck, in so lange der Hauptangriffspunkt der Preussen nicht declarirt war, die verschiedenen Anmarschlinien und Fluss-Uebergänge zu beobachten und zu sichern, hinter der Front aber eine gemeinschaftliche Reserve bereit zu halten.

Generallieutenant von Zoller wurde vom Anrücken der oben bezeichneten Verstärkungen in Kenntniss gesetzt und erhielt den Befehl, die Saale sowie insbesondere Kissingen hartnäckig zu behaupten.

Auch die 4. Division, welche mit 9 Bataillonen, 4 Escadronen und 16 Geschützen gegen 10 Uhr bei Pfersdorf angekommen war, dort Bereitschaftsstellung bezogen und 1 Bataillon als Avantgarde nach Oerlenbach vorgeschoben hatte, bekam jetzt eine veränderte Bestimmung. Um nämlich ein Einschieben des Gegners zwischen das bei Hammelburg stehende Corps und jenes bei Kissingen zu verhindern und zugleich den Saale-Uebergang der kürzesten Anmarschlinie auf Schweinfurt zu decken, sollte dieselbe mit ihrem Gros gegen Euerdorf vorrücken und gleichzeitig stark gegen Kissingen detachiren.

Der Feldmarschall, welcher sein Hauptquartier schon am frühen Morgen von Neustadt nach Münnerstadt verlegt hatte, ritt um 9½ Uhr mit einem Theil seines Stabes nach Kissingen, während der Generalstabs-Souschef Generalmajor von Schintling mit den Canzleien in Münnerstadt zu verbleiben hatte.

2. Moment. Die Spitze der zur Unterstützung gegen Kissingen dirigirten Abtheilungen der 2. Infanterie-Division, bestehend aus 1 Escadron des 4. Chevaulegers-Regiments unter Rittmeister Freiherrn von Egloffstein nebst 2 gezogenen Geschützen, war im Galop vorausgeeilt und traf schon um 10 Uhr in Winkels ein. Die beiden Geschütze nahmen alsbald nördlich dieser Ortschaft am oberen Hang des Sinnberges Position, und betheiligten sich am Kampfe gegen die am Staffelsberg aufgefahrene preussische Artillerie, die Escadron marschirte in einer au der Strasse gelegenen Mulde auf. Eine halbe Stunde später langte das 7. Jäger-Bataillon au und nahm gedeckte Stellung neben der Escadron. Nach einer weiteren Viertelstunde kamen im Trab auch die übrigen Geschütze der Batterie Zeller herbei, um ein paar hundert Schritte links der bereits feuernden gleichfalls in Action zu treten; die Schussdistanz betrug jedoch über 4000 Schritt. Auch der Divisionär selbst, Generallieutenant von Feder, war inzwischen angekommen.

Der Feind hatte bald nach 10 Uhr durch Eintreffen der Brigade Wrangel Verstärkung erhalten, und es gewann mehr und mehr den Anschein, als werde sein Hauptstoss gegen Kissingen gerichtet sein. Diese Vermuthung wurde noch bestätigt durch eine Meldung von den gegen Reiterswiesen entsendeten Compagnien des 15. Regiments, welche vom östlichen Fusse der Bodenlaube aus Recognoscirungs-Patrouillen auf die Ruine und den Finstererberg ausgeschickt hatten; denn letztere konnten dort deutlich wahrnehmen, dass zahlreiche feindliche Infanterie-Massen hinter Garitz aufmarschirt stunden, während Cavalerie und Artillerie sich gegen die Saale bewegten.

Es wurden daher die in Reserve gestellten Bataillone jetzt näher herangezogen. Das 6. Jäger-Bataillon erhielt vorläufig eine schussfreie Stellung hinter dem Kirchhof angewiesen, wohin ihm gegen 11 Uhr das 3. Bataillon des 9. Regiments folgte.

In der Feuerlinie waren inzwischen die 4. Schützen- und die 7. Compagnie des 15. Regiments, welche sich gänzlich verschossen hatten, durch die 6. Compagnie des nämlichen und die 11. des 11. Regiments an der Brücke abgelöst und gleichfalls hinter den Kirchhof beordert worden. Der noch disponible Zug der 5. Compagnie des 15. Regiments wurde zur Besetzung des Saale-Ufers uud der Häuser vorgezogen. Die Reserve-Stellung in der Stadt bei der ersten Querstrasse hatten die 3

noch beim Kirchhofe placirten Compagnien des 11. Regiments zu übernehmen, von denen die 6. Schützen-Compagnie rechts, die 12. Compagnie links der Hauptstrasse, und die 10. in den Curgarten hinter den
Arkadenbau gestellt wurde.

Gegen die Batterie Redenbacher war seit Kurzem eine zweite
gezogene Batterie aufgefahren, und die nun an Zahl überlegenen und
mit gedeckt aufgestellten Protzen äusserst günstig placirten feindlichen
Geschütze nahmen die bayerische Batterie, deren Wägen auf dem ansteigenden Hange jedes Schutzes entbehrten, dergestalt unter ihr Feuer,
dass dieselbe sich eine andere Position suchen musste. Sie fand eine
solche auf 1200 Schritt weiter rückwärts, und setzte dort ihre Action
fort. Sowohl die ihr als Bedeckung zugetheilte Escadron, als auch die
beiden 12 pfünder unter Oberlieutenant Gössner, welch' letztere nicht
nur dem Feuer gedeckt stehender Plänkler, sondern auch jenem der
zuletzt aufgefahrenen Batterie ausgesetzt waren ohne dasselbe erwiedern
zu können, weil sich die Entfernung für das glatte Rohr zu gross erwies, folgten nach, und die beiden Geschütze fanden rechts rückwärts
der Batterie Redenbacher in einer Mulde geschützte Stellung.

Unmittelbar nach der Ankunft des 3. Bataillons vom 9. Regiment
hinter dem Kirchhofe wurde das 6. Jäger-Bataillon zur Verstärkung des
linken Flügels vorgeholt. Die 4. Compagnie kam auf den Curplatz;
die übrigen 3 wurden, da bereits Abtheilungen der Brigade Wrangel
von Garitz sich südöstlich ausdehnend fast bis an den Fluss herabgerückt
waren, auf dem Stationsberge längs des Waldsaumes so aufgestellt, dass
sie theils hinter dem südlichen Häuserstreifen von Kissingen, theils
über denselben hinaus gegen die Arnshauser Strasse standen; der rechte
Flügel derselben aber ward kurze Zeit darauf durch 1½ Compagnien
(6. Schützen- und 1 Zug der 5. Schützen-) vom 3. Bataillon des 9. Regiments verstärkt.

Gegen 11½ Uhr wurde auch das 7. Jäger-Bataillon und das mit
4 Compagnien noch bei Winkels stehende 3. Bataillon des 15. Regiments nach Kissingen beordert, ersteres um ebenfalls auf den Stationsberg zu rücken, dieses um links des Kirchhofes auf dem Zimmerplatze
Reserve-Stellung zu beziehen. Von dort aus schob letzteres die 6. Schützen-
Compagnie am Hange des Stationsberges etwas vor, und betheiligte sich
durch dieselbe sogleich an der Beschiessung des jenseitigen Ufers.

Die Batterie Redenbacher hatte auch in ihrer zweiten Position nicht lange ausharren können. Nachdem sie noch um einige hundert Schritte, bis an den Westeingang von Winkels, zurückgefahren war, woselbst sie endlich den erforderlichen Schutz für ihre Protzen fand, trat sie nun in einer Stellung dicht nördlich der Münnerstädter Strasse wiederholt in Thätigkeit, während einige Zeit später die weiter rückwärts postirte Batterie Zeller in gleiche Höhe mit ihr vorgezogen wurde. Die Bedeckung der Batterie Redenbacher stellte sich etwas rückwärts derselben auf.

Gegen 12 Uhr schien der Angriff des Feindes zu erlahmen: Seine Geschütze verstummten und räumten den Platz, auch das Infanteriefeuer im Thal begann nachzulassen, und Generallieutenant von Zoller, welcher nicht nur auf die Ankunft von Verstärkungen der 2. Division, sondern auch auf ein theilweises Eingreifen der Division Hartmann rechnete, hatte wohl Grund, an einen günstigen Umschwung im Stande des Gefechtes zu glauben. Allein bei Absendung der 2. Division war man wie gesagt noch nicht im Klaren gewesen, welchen Punkt die Preussen vornehmlich angreifen würden, hatte daher die verschiedenen Flussübergangs-Stellen berücksichtigt, für Kissingen nur 3 Bataillone, 1 Escadron und 6 Geschütze bestimmt, und von diesen wiederum das 1. Bataillon des 12. Regiments als Besatzung in Winkels zurückgelassen, sowie das 2. nach Reiterswiesen detachirt, um die linke Flanke zu decken. Die 4. Division aber hatte den Befehl zu ihrer Vorwärtsbewegung erst kurz vor 12 Uhr erhalten. Die ganze wirkliche Verstärkung also, welche den bei Kissingen gegen einen mehr als zweifach überlegenen Gegner fechtenden Truppen zu Theil wurde, bestand im 7. Jäger-Bataillon, der Escadron Egloffstein, und der Batterie Zeller, von welcher aber bekanntlich 2 Geschütze nach Bischofsheim entsendet waren.

In der Feuerlinie waren nach und nach wieder neue Ablösungen nothwendig geworden. Die 6., bald auch die 8. Compagnie des 15. Regiments hatten ihre Munition nahezu verbraucht. Sie wurden durch die 11. und 12. des 9. Regiments ersetzt, und zu den bereits hinter dem Kirchhof aufgestellten 2 Compagnien ihres Bataillons (Brückner) zurückbeordert. Vom 3. Bataillon des 15. wurde die 11. Compagnie zur Verstärkung der im nördlichen Vertheidigungs-Rayon stehenden 3. Schützen-Compagnie dieses Regiments vorgezogen, und eine der

beiden an der Winterleite stehenden Compagnien vom 11. Regiment,
(die 8.), kam als Soutien der an der Brücke und in den Anlagen fechtenden Plänkler hinter das Curhaus.

In zweiter Linie stunden daher gegen 1 Uhr ausser Gefecht nur
mehr:

2 ½ Compagnien vom 3. Bataillon des 9. Regiments als Besatzung
des Kirchhofs,

2 Compagnien vom 3. Bataillon des 15. Regiments auf dem Zimmerplatze,

die 3 bis jetzt zurückgenommenen Compagnien vom 2. Bataillon
ebendieses Regiments*), welche jedoch ihre Munition noch nicht hatten
erneuern können, hinter dem Kirchhofe, endlich

die 7. Compagnie des 11. Regiments am Hange der Winterleite.

Inzwischen aber hatte der Gegner eine neue Bewegung eingeleitet.
Unter dem Schutze des Waldes zogen sich nämlich die gegen den
Altenburg-Berg dirigirten Truppen an den Südostfuss des Hanges, wo
etwas oberhalb der Lindesmühle bei einem gegen Westen ausspringenden
Bogen des Flusses ein Steg über die Saale führt, dessen Belag abge-
tragen war. Hier wollten die Preussen den Uebergang versuchen.

Um Mittag hatten sie ihre Vorbereitungen beendigt, die stehen
gebliebenen Tragbalken des Steges wurden rasch mit Tischplatten, Bret-
tern u. s. w., welche man aus der nahe gelegenen Villa Vay herbeigeholt hatte, überdeckt, und die Ueberschreitung begonnen.

Die am Curgarten feuernden Compagnien haben zwar dieses Unternehmen augenblicklich wahrgenommen und die ihnen zunächst stehenden
Soutiens eilen nach dem bedrohten Stadttheile; die 4. Compagnie des
6. Jäger-Bataillons besetzt die Häuser am Saale-Ufer links vom Curgarten und die 10. Compagnie des 11. Regiments wirft sich in einen
Garten am südlichen Eingange der Stadt, auch die Jäger am Stationsberge im Verein mit den auf ihrem rechten Flügel stehenden Schützen
des 9. Regiments suchen, wenn gleich auf sehr grosse Entfernung, den
Feind an seinem Vorhaben zu verhindern; — allein trotzdem setzt
dieser, secundirt durch gleichzeitiges heftiges Feuer seiner am Ufer
stehenden Plänkler, den Uebergang ununterbrochen fort, und schreitet,

---

*) 4. Schützen-, 6. und 7.

sobald er sich diesseits des Flusses etwas gesammelt hat, zum Angriffe gegen die Südseite der Stadt und gegen den Stationsberg.

Die 10. Compagnie des 11. Regiments muss sich bald aus dem Garten, in welchem sie zu sehr exponirt ist, in die nächsten Gebäude zurückziehen, die Preussen hingegen, deren im Ganzen 2 ½ Bataillone, nämlich je 1 des 15. und 55. Regiments nebst 2 Compagnien Lippe-Detmolder den Fluss passirt haben, dringen unter dem Schutze starker Plänklerschwärme vor, und eine Abtheilung, welche längs des dicht bewachsenen Saale-Ufers bis an den Südeingang von Kissingen gelangt ist, setzt sich rasch in einem von den Bayern nicht besetzten Hause fest. Die hier stehende 10., verstärkt durch die rasch herbei geeilte 12. Compagnie des 11. Regiments leistet zwar den hartnäckigsten Widerstand; allein von der grossen Ueberzahl immer mehr gedrängt, vielfach umgangen und abgeschnitten, müssen diese Abtheilungen endlich den Platz räumen und ziehen sich nach sehr grossen Verlusten auf die am Hange des Stationsberges stehende 6. Schützen-Compagnie des 15. Regiments zurück. Auch die 4. Compagnie des 6. Jäger-Bataillons kann sich nun nicht lange mehr halten, und als die hinter der Apotheke bereit stehende 6. Schützen-Compagnie des 11. Regiments zur Unterstützung an der Rückseite des Curgartens vorgehen will, wird sie mit furchtbarem Feuer empfangen. Sie sucht die Gebäude an der Ostseite der Strasse zu gewinnen; allein auch diese sind schon vom Gegner besetzt, so dass die Compagnie, von allen Seiten mit feindlichen Geschossen überschüttet, sich durch die Häuser und Gärten den Weg in's Freie bahnen muss, wobei sie fast gänzlich aufgerieben und versprengt wird.

Hiemit war aber auch die letzte Reserve im Innern der Stadt ausgegeben. Lieutenant Halder hatte sich, indem er fortwährend die Brücke bestrich, einige hundert Schritt weit in der Hauptstrasse zurückgezogen, um nicht Gefahr zu laufen, von den im südlichen Theile der Stadt vordringenden Preussen im Rücken gefasst und abgeschnitten zu werden; als aber gegen ½1 Uhr die feindlichen Batterien wiederholt aufgefahren waren und nun auch die Brücke und die Stadt bewarfen, verliess er Kissingen und suchte zwischen Stationsberg und Winterleite Stellung zu gewinnen, um den über die Brücke und in den Strassen vordringenden Gegner neuerdings beschiessen zu können.

Der Curgarten, in Front und Flanke mit Uebermacht angegriffen und heftigst unter Feuer genommen, ist nicht länger mehr zu behaupten. Die 9. Compagnie des 11. Regiments sammelt sich daher am Cursaal, und zieht sich, vom Feind auf 50 Schritte gefolgt, gegen den nördlichen Stadttheil zurück. An der Colonnade schliesst sich ihr die wegen Munitionsmangels abgelöste und eben erst im Zurückgehen begriffene 8. Compagnie des 15. Regiments an, und beide vereint erreichen auf Umwegen durch die noch vom Kampfe freien Strassen den Kirchhof. Gleich hinter ihnen folgt auch die 12. Compagnie des 9. Regiments, welcher die in die Arkaden des Curhauses eingedrungenen Preussen unaufhörlich feuernd bis gegen den Strassendamm auf dem Fusse nach rücken. Die hierselbst fechtende 11. Compagnie des 9. Regiments versucht nun mit 1 Zuge Front gegen das Curhaus zu nehmen, während der andere sein Feuer über die Saale fortsetzt; allein die Uebermacht ist zu gross, und auch diese Compagnie muss, um nicht abgeschnitten zu werden, weichen, und durch die nördlichen Strassen die Rückseite der Stadt zu gewinnen suchen.

Jetzt aber begann der Feind auch am eisernen Steg und über die Barrikade auf der Hauptbrücke die Saale zu passiren. Zwei bayerische Compagnien hielten noch die nördlich des Strassendammes gelegenen Häuser besetzt und feuerten unausgesetzt fort; allein der ganze südliche Theil der Stadt war schon im unbestrittenen Besitze des Gegners, so dass Generalmajor von Ribaupierre, welcher in der Absicht die etwa noch nicht zurückgenommenen Theile seiner Truppen herbeizuholen, vom Kirchhof aus vorgeritten war, plötzlich an der Hauptstrasse auf eine geschlossene preussische Abtheilung stiess, und von ihr auf 25 Schritt mit einer Salve begrüsst wurde. Es war höchste Zeit, wenn die beiden Compagnien noch aus der Stadt kommen wollten. Der einen (11. des 11. Regiments) gelang es, durch ein Seitengässchen ohne besonderen Verlust den Kirchhof zu erreichen; die andere aber, (5. des 15. Regiments), welche die beiden Eckhäuser an der Brücke besetzt hatte, vermochte nicht mehr die in den oberen Stockwerken placirten Leute an sich zu ziehen. Nur ein Theil derselben schlug sich durch.

Nunmehr befanden sich die an den nördlichsten Häusern fechtenden Compagnien (3. Schützen- und 11. des 15. Regiments) noch allein in Kissingen. Sie bemerkten den Abzug der übrigen nicht früher, als bis sie plötzlich mit Ungestüm in ihrer linken Flanke und im Rücken angefallen wurden, und waren also förmlich abgeschnitten. Ein grosser Theil derselben wurde in den Häusern und auf dem Rückzuge gefangen; Wenige nur entkamen aus der Stadt.

Es war jetzt ½2 Uhr. Der Gegner hatte nach Wegräumung der Barrikade auf der Brücke grössere Abtheilungen über den Fluss gezogen, und sich allmählig in der Stadt ausgebreitet. Zu dieser Zeit war auch der Kampf auf dem Stationsberge entschieden. Die von der Lindesmühle dorthin vorgegangenen Preussen hatten den Widerstand des am Waldsaum in dichter Kette postirten 6. Jäger-Bataillons dadurch zu brechen gesucht, dass die successive eintreffenden Verstärkungen über die Bodenlaube in die linke Flanke der Bayern geführt wurden.

Mittlerweile war auf bayerischer Seite das 7. Jäger-Bataillon, über die Winterleite vorrückend, am Stationsberge angelangt. Zwei Compagnien desselben wurden als Plänkler vorgezogen, und eröffneten, sobald ihr rechter Flügel, an die 6. Schützen-Compagnie des 15. Regiments sich anschliessend, den sogenannten Stationsweg überschritten hatte, ein lebhaftes Feuer. Die beiden anderen Compagnien blieben als Reserve geschlossen an der Winterleite zurück.

Kurz nach Beginn dieses Feuers fiel der Commandant des Bataillons Major Philipp Graf Ysenburg. In der Absicht, den etwas vorgeschobenen rechten Flügel persönlich zu dirigiren, hatte er eben die Plänklerkette erreicht, als eine feindliche Kugel ihn in die Stirn traf.

Der linke Flügel dieser Tirailleurs alignirte sich allmählig mit dem bereits engagirten rechten, und gelangte so über den Rücken des Stationsberges theilweise in den Wald, konnte sich jedoch vorläufig am Gefechte nicht betheiligen, weil er in zweiter Linie, nämlich hinter den an der Lisière aufgestellten Abtheilungen des 6. Jäger-Bataillons und des 9. Infanterie-Regiments stund.

Auf die linken Flanken dieser beiden Linien stiess nun die von der Bodenlaube aus unternommene umfassende Umgehung der Preussen. Die nächststehenden Soutiens wurden zwar sofort ausgedehnt und schlossen sich im Haken an die zwei Hauptlinien an, aber ihrem Feuer gelang es nur eine kurze Zeit hindurch, den Feind aufzuhalten; er verstärkte sich rasch, und zugleich bewarf eine 12 pfünder Batterie, welche an der Villa Vay gegenüber der Hauptfront aufgefahren war, den Waldsaum mit Granaten. Die Jäger leisteten wohl tapferen Widerstand; allein wie erwähnt, war schon die ganze südliche Hälfte von Kissingen in den Händen der Preussen, und der Gegner drängte immer heftiger, besonders von der Seite gegen den Waldrand vor. Das 6. Jäger-Bataillon begann daher endlich die Südwestspitze des Waldes zu räumen. Gegen 1 Uhr befanden sich alle Abtheilungen desselben im Rückzug, und wurden von der auf dem linken Flügel stehenden 2. Compagnie des 7. Jäger-Bataillons aufgenommen. Aber auch dieses Bataillon kann das Vordringen des Feindes nicht lange verhindern, sondern muss, fortwährend in Front und Flanke angegriffen, den Stationsberg verlassen und sich auf die Winterleite zurückziehen.

Um ½2 Uhr war Kissingen sowohl als der Stationsberg den Bayern entrissen, einzig und allein der Kirchhof befand sich noch in ihren Händen. Hinter ihm sammelten sich die aus der Stadt Zurückweichenden und ergänzten nun auch ihre Munition aus den eben von Winkels beigeschafften Vorräthen.

Schon bald nach Mittag, als der um den Uebergang geführte hartnäckige Kampf und die hiebei von den Preussen entwickelten Kräfte es unzweifelhaft erscheinen liessen, dass ihr Hauptstoss auf Kissingen gerichtet sei, hatte das Obercommando beschlossen, die bei Münnerstadt in Reserve belassene 1. Division herbeizurufen. Allein bei der grossen Entfernung mussten bis zum Eintreffen derselben mehrere Stunden verstreichen.

Zur selben Zeit wie bei Kissingen war auch bei Friedrichshall und Hausen das gegnerische Feuer schwächer geworden, und erlosch für einige Augenblicke gänzlich, nachdem kurz vorher der dort commandirende Generalmajor Graf Pappenheim, blessirt durch einen Schuss in's Kinn, seine Function dem Obersten Freiherrn von Brück des 3. Uhlanen-Regiments hatte übertragen müssen.

Aber schon nach halbstündiger Pause begann der Kampf mit erneuter Stärke. An der Claushofer Strasse fuhren jetzt 2 Geschütze auf, um die auf der linksseitigen Uferhöhe postirte bayerische Cavalerie und Artillerie zu beschiessen. Der durch dieses Feuer sehr gefährdete Reserve-Zug der 3. Compagnie des 5. Jäger-Bataillons wurde desshalb vom Hang in die Gradirhäuser gezogen, die längs der Saale ausgedehnten, der feindlichen Plänklerwirkung übermässig ausgesetzten Jäger in das

Badgebäude zurückgenommen, und dann auf die beiden Geschütze ein heftiges Infanteriefeuer concentrirt, welchem es gelang, dieselben zum Abfahren zu bringen.

Die Cavalerie-Brigade hatte sich, ihre Stellungen mehrfach wechselnd, etwas weiter rückwärts postirt. 2 Schwadronen des 5. Chevaulegers- Regiments waren an die Münnerstädter Strasse gezogen worden, da- gegen hatten sich die 2 disponibeln Escadronen des 2. der Brigade angeschlossen.

Bald nach 12 Uhr traf auf dem zwischen Haard und Hausen hin- laufenden Höhenzuge auch der Generalmajor von Hauser mit dem früher bezeichneten Theile seiner Brigade nebst der ihm zugewiesenen Cavalerie, 6 reitenden, 2 fahrenden 12 pfündern, und 8 gezogenen Ge- schützen ein. 2 Compagnien des 3. Jäger-Bataillons (Höggenstaller) wurden in die rechte Flanke gegen Grossenbrach entsendet um die Ver- bindung mit den in Waldaschach und Steinach stehenden Abtheilungen herzustellen; die beiden andern verstärkten den Posten in Hausen, und zwar die eine, indem sie sich rechts und links an die verrammelte Brücke stellte, die andere, indem sie am südlichen Dorfausgange eine zunächst der Gradirhäuser erbaute Barrikade besetzte. Auf einer vor- springenden Kuppe des Höhenzuges, „am Hundsbrunnen," fuhr die ge- zogene Batterie Girl auf, ohne jedoch vorerst wirken zu können, und in die Waldparcellen zu beiden Seiten wurde rechts die 1. Schützen- Compagnie des 10. Regiments, links ein der genannten Batterie als Particularbedeckung zugetheilter Zug desselben Regiments gelegt.

Gegen 1 Uhr erhielt Generalmajor von Hauser die Weisung, nach Hausen zur Unterstützung vorzurücken, worauf er zuerst die reitende Batterie Hellingrath, begleitet von 1½ Escadronen *) in dieser Richtung in Bewegung setzte, dann die beiden Bataillone des 10. Regiments folgen liess **). Es blieb jedoch nur der erste Theil dieser Colonne wirklich in Hausen, und ward dort in der Art verwendet,

---

*) Ausser dem gegen Bischofsheim entsendeten Zug war nämlich ein zweiter bei den verschiedenen Infanterie - Abtheilungen zum Ordonnanzdienste vertheilt.

**) Die beiden fahrenden 12 pfünder (Oberlieutenant Graf Thürheim) blieben vorläufig bei Haard stehen.

dass 2 Geschütze hinter der steinernen Brücke Posto fassten und eine halbe Escadron zu deren Bedeckung links rückwärts, geschützt durch die Gradirhäuser, Stellung nahm. 4 Geschütze wurden am nämlichen Wege rückwärts zunächst des Ostendes der Ortschaft placirt, von wo aus sie den Saalegrund eine Strecke weit abwärts, sowie die gegenüberliegende Waldblösse beherrschten, und die noch übrige Escadron stellte sich auf 300 Schritte rechts rückwärts als Geschützbedeckung auf.

Die beiden Bataillone des 10. Regiments aber erhielten eine andere Bestimmung, da der Brigadier, im Begriff auf Hausen vorzugehen, die dringende Aufforderung des Generallieutenants v. Zoller empfangen hatte, ihn in Kissingen zu unterstützen, und sich sofort entschloss, dieselben persönlich dorthin zu führen.

Die nach Waldaschach beorderte Verstärkung war um diese Zeit noch nicht daselbst eingetroffen; allein auch der Gegner hatte sich dort nur mit einzelnen Dragoner-Patrouillen blicken lassen, welche jederzeit augenblicklich wieder verschwanden. Steinach war inzwischen bayerischerseits von 2 Bataillonen des 3. Regiments mit 2 Geschützen besetzt worden, ohne dass dieselben etwas vom Feinde wahrnahmen.

3. Moment. Bei Kissingen war das Kleingewehrfeuer nach Wegnahme der Stadt schwächer geworden. Die Preussen liessen eine Zeit lang von ihrem Nachdrängen ab, bis sie noch mehr geschlossene Abtheilungen auf das linke Saale-Ufer gebracht hatten. Ihr Artilleriefeuer über die Stadt aber dauerte mit gleicher Heftigkeit fort, und wurde von den bei Winkels stehenden 14 gezogenen Geschützen, wovon 8 unter Hauptmann Redenbacher sich noch in ihrer alten Position befanden, während die Batterie Zeller gegen 1 Uhr sogar über diese hinausgerückt war, auf's Lebhafteste erwiedert.

Der Kirchhof, dessen Eingänge mit Grabsteinen verrammelt und dessen Umfassungsmauern in aller Eile zur Infanterie-Vertheidigung eingerichtet waren, wurde von der 9. und 10. sowie einem Zuge der 5. Schützen-Compagnie des 9. Regiments besetzt gehalten. Hinter demselben befanden sich die übrigen dem Generalmajor von Ribaupierre unterstellten Truppen nunmehr folgendermassen vertheilt:

Nördlich der Münnerstädter Strasse das 2. Bataillon des 15. Regiments mit nur 4 Compagnien, weil die 3. Schützen- und 5. Compagnie fast gänzlich aufgerieben waren und deren sehr geringe Reste ihr Bataillon erst am Abende wieder erreichten; südlich derselben das 3. Bataillon des 11. Regiments, wovon die 9. und 11., sowie die ihm zugetheilte 8. Compagnie weniger gelitten hatten, während die 10. und 12. ausserordentlich gelichtet und von der 6. Schützen-Compagnie nur einige Mann zurückgekommen waren. Weiter rückwärts an der nämlichen Strasse hatten sich die 11. und 12. Compagnie des 9. Regiments aufgestellt.

Links zunächst des Kirchhofes als Soutien der dortigen Besatzung standen 3 Compagnien vom 3. Bataillon des 15. Regiments *), wovon die 6. Schützen-Compagnie noch etwas am Hange hinaufreichte. An letztere anschliessend folgten auf der Winterleite die 1. und 2. Compagnie des 7. Jäger-Bataillons, theilweise untermengt mit Schützen vom 3. Bataillon des 9. Regiments und mit Jägern des 6. Bataillons, welche sich auf dieselben zurückgezogen hatten. Endlich war auch die 4. Compagnie des letztgenannten Bataillons, nachdem sie Kissingen geräumt, dorthin gegangen, um sich ihrer Abtheilung wiederum anzuschliessen.

Hinter der Infanterie stand links der Strasse etwas vorwärts von Winkels die mehrerwähnte Escadron des 4. Chevaulegers-Regiments, und hinter ihr dicht am Westende dieses Dorfes jene Division des 5. Chevaulegers-Regiments, welche vom Gros der 2. leichten Brigade getrennt und gegen die Münnerstädter Strasse entsendet worden war.

Winkels selbst war mit dem 1. Bataillon (Hugenpoet) des 12. Regiments besetzt, nämlich 1. Schützen-, 1. und 2. Compagnie an der Lisière, die übrigen Compagnien links und rückwärts der Ortschaft in Reserve.

Die beiden am Morgen nach Reiterswiesen detachirten Compagnien hatten sich gegen Winkels zurückgezogen, und nun zum Schutze der dortigen linken Flanke auf den südlich gelegenen bewaldeten Höhen Posto gefasst.

Das 2. Bataillon (Kohlermann) des 12. Regiments, welches gleich nach seiner Ankunft in Winkels zu einer Recognoscirung gegen

---

*) Von der 11. Compagnie war fast Nichts übrig geblieben, und zwei andere sind bekanntlich schon früher gegen Reiterswiesen detachirt worden.

Arnshausen beordert worden, hatte seinen Weg östlich um die Winterleite genommen. Als es gegen 1 Uhr vor Reiterswiesen aus dem Walde debouchiren wollte, bekam es von der Bodenlaube her Feuer, nahm an diesem Walde Stellung, und schickte Patrouillen gegen das genannte Dorf.

Die Preussen hatten schon bald nach 1 Uhr begonnen den Kirchhof zu beschiessen, und ihr Feuer wurde von der Besatzung desselben unter kräftiger Mitwirkung der 6. Schützen-Compagnie des 15. Regiments lebhaft erwiedert. Als aber der Stationsberg und die Stadt vollständig in den Händen des Gegners waren, als dieser sich unter dem Schutze der Häuser gesammelt und die erforderlichen Verstärkungen und Reserven vom jenseitigen Ufer herbeigeholt hatte, da begann dessen Angriff heftiger zu werden, und schien für den nächsten Moment der alleinige Zweck zu sein, auf welchen alle seine Kräfte sich concentrirten.

Er sammelte sich in immer grösseren Massen an der Ostseite von Kissingen, das Feuer gegen den Kirchhof wurde immer bedeutender, und auch vom Stationsberg herab drängten die feindlichen Plänkler gewaltig, so dass das 3. Bataillon des 15. Regiments gezwungen ward, sich im Haken rückwärts zu biegen.

Generallieutenant von Zoller wollte zwar dem Vorbrechen der Preussen dadurch Einhalt thun, dass er die bereitstehende Escadron des 4. Chevaulegers-Regiments zur Attake beorderte; allein diese stiess auf einen Hohlweg den zu überschreiten für Cavalerie unmöglich war, und musste unter dem heftigsten Feuer kehren und zurückreiten.

Die bayerischen Compagnien im Kirchhofe leisten hartnäckigen Widerstand; allein schon ist der Feind zur Seite desselben vorgedrungen, die rückwärts befindlichen Abtheilungen aber sind zu wenig zahlreich und zu erschöpft, um einen erfolgreichen Gegenstoss zu führen, — um 2 Uhr muss sich die Besatzung zur Räumung entschliessen.

Die Mauern des erhöht liegenden Kirchhofs sind nach drei Seiten hin sehr hoch, nur gegen Süden, also längs der Münnerstädter Strasse, nicht. Der dortige Ausgang sollte zum Rückzug dienen.

Unter heftigem Feuern der Besatzung wird die Verrammelung desselben rasch entfernt, die an den Mauern angestellten Plänkler sammeln sich in einem dichten Haufen, und unter Hurrah brechen sie mit gefälltem Bajonet aus dem Thor, und bahnen sich — wenn auch mit schweren Verlusten — durch die vorgedrungenen feindlichen Tirailleurs den Weg zu den rückwärts stehenden Truppen.

Mit dem Kirchhofe hatten die Preussen sämmtliche Ausgänge der Stadt in ihre Gewalt bekommen, und konnten daher ungehindert debouchiren. Generallieutenant von Göben zog jetzt auch die Brigade Wrangel in erste Linie vor und liess dieselbe rechts der Strasse sich entwickeln, um über die Hänge der Winterleite gegen die bayerische linke Flanke zu wirken; die Brigade Kummer hingegen sollte längs der Strasse und nördlich derselben frontal vorgehen.

Vor dieser entschiedenen Uebermacht mussten die stark gelichteten bayerischen Bataillone nun den Rückzug gegen Winkels antreten, der zwar gleich im Beginne auf Befehl des Feldmarschalls eingestellt, allein nach einem fruchtlosen Versuche, wieder vorzurücken, von Neuem angeordnet, und in nachstehender Weise ausgeführt wurde:

Die Compagnien des 9. und die Colonne des 11. Regiments machen den Anfang und gehen jene an der Hauptstrasse, diese südlich derselben zurück. Ihnen folgt Generalmajor von Ribaupierre mit 2 Colonnen des 15. Regiments, welche sich durch Plänklerschwärme decken. Die Batterien Zeller und Redenbacher richten ihre Geschütze gegen die feindliche Artillerie und wo thunlich auch gegen die Infanterie. Die am Hange der Winterleite stehenden Jäger trachten durch ein wohlgenährtes Plänklerfeuer zur Verzögerung des Vordringens des Gegners nach Kräften beizutragen, und Schritt für Schritt setzt der General seinen Rückmarsch längs der Strasse fort. Eine zu seiner Unterstützung versuchte nochmalige Attake der Escadron Egloffstein aber misslingt; — noch ehe dieselbe an den Feind kömmt, erhält sie Schnellfeuer, so dass sie weichen muss.

Unterdessen haben sich preussische Plänkler nördlich der Chaussée auch gegen den Sinnberg und die Batterie Zeller dirigirt, die in ihrer vorgeschobenen Stellung äusserst isolirt ist. Sofort werden desshalb die nächsten an der Lisière von Winkels postirten Compagnien (beide Schützen-, 1. und 2.) des 12. Regiments in die am Sinnberg liegenden Weinberge vorgeholt.

Auch die von ihrem missglückten Angriffsversuche zurückkommende Escadron (die beiden Schwadronen des 5. Chevaulegers-Regiments waren

7

schon früher hinter Winkels zurückgenommen worden) wendet sich jetzt nach dieser Seite, um die lästigen Tirailleurs zu vertreiben. Im Schwarm jagt sie ·den Hang des Sinnberges hinab und setzt über eine Hecke, die ihr im Wege liegt, — da erhält sie plötzlich Rückenfeuer. Ein Trupp der feindlichen Plänkler, welcher hinter der Hecke Deckung gegen die angreifenden Reiter gesucht, ist von diesen nicht bemerkt und übersprungen worden, hat sich aber jetzt erhoben und feuert auf dieselben. Rasch wendet die Escadron und haut ein. Die Plänkler suchen Schutz in einem Hohlwege, werden aber dorthin verfolgt, und ein Theil niedergemacht oder gefangen. Der Rest eilt zurück.

Der Escadron war eine der Compagnien des 12. Regiments (die 1.) gefolgt und hatte dieselbe jetzt erreicht. Da aber die Preussen ihr Vorgehen auf der ganzen Linie fortsetzten, musste sie binnen Kurzem auf die drei übrigen bereits in den Weinbergen postirten Compagnien ihres Bataillons zurückgehen. *) Die Escadron zog sich nunmehr hinter Winkels.

Auch die an der Chaussée fechtenden Compagnien des 15. Regiments hatten vor dem unter verstärktem Gewehr- und Geschützfeuer immer heftiger werdenden Drängen des Feindes weiter zurückweichen müssen. Da ward nahe vor Winkels Generallieutenant Zoller getödtet. Es war ihm kurz vorher ein Pferd unter dem Leib erschossen worden und er hatte jenes einer Chevaulegers-Ordonnanz bestiegen, als ihn in unmittelbarer Nähe des Feldmarschalls eine Granate niederwarf. Gleich darauf wurde Generallieutenant von der Tann durch einen Prellschuss am Halse verwundet, stellte jedoch seine Function nur auf einige Augenblicke ein. An Stelle des gefallenen Divisionärs übernahm Generalmajor von Ribaupierre das Commando.

Die beiden gezogenen Batterien, namentlich jene des Hauptmanns Zeller waren nun in ihren Stellungen zu sehr exponirt, als dass man sie länger dort belassen konnte. Im Zurückfahren werden an einem Geschütz der Batterie Zeller 4 Pferde auf einmal niedergeschmettert; doch die kleine aus 18 Schützen des 7. Regiments bestehende Particularbedeckung wirft sich dem nachdrängenden Feinde entgegen, und es gelingt ihr, denselben so lange aufzuhalten, bis die Stränge

---

*) Nur die 3. und 4. Compagnie waren an der Südseite von Winkels verblieben.

durchhauen und das Geschütz wieder flott gemacht ist. Die beiden Batterien erreichen glücklich die Strasse, und gehen vereinigt mit den dort stehenden Escadronen auf Nüdlingen zurück. Auch ·Lieutenant Halder, der sich bei seiner Ankunft auf der Winterleite bereits im Bereiche des am Stationsberg engagirten Waldgefechtes sah, hatte seinen Rückzug unmittelbar fortsetzen müssen und denselben auf Waldwegen gegen Nüdlingen genommen.. Oberlieutenant Gössner hingegen, der seit Vormittags in der damals bezeichneten Stellung verblieben war, zog, als er die der Batterie Zeller folgenden feindlichen Plänkler nun gegen seine linke Flanke vorrücken sah, in nördlicher Richtung ab und vereinigte sich mit der Halbbatterie unter Oberlieutenant v. Zu-Rhein.

Das Gefecht hatte sich bereits bis dicht an Winkels herangezogen. Nun beschloss der Feldmarschall, alle disponibeln Kräfte zu vereinigen, und schickte daher auch an die gegen Euerdorf marschirende 4. Division den Befehl, sofort auf das Gefechtsfeld zu eilen.

Vor Winkels aber — es war jetzt $\frac{1}{2}$3 Uhr vorüber — suchte Generalmajor von Ribaupierre sich nochmals zu setzen.

Nördlich der Chaussée stand das 2. Bataillon des 15. Regiments, verstärkt durch 2 frische Compagnien, (5. Schützen- und 9. des 3. Bataillons, welche über die Winterleite von Reiterswiesen herangekommen waren) im Anschluss an die in den Weinbergen stehenden Compagnien des 12. Regiments. Südlich, mit der Rückseite an Winkels sich anlehnend, fochten 3 Compagnien vom 3. Bataillon des 15., unterstützt zu ihrer Linken durch die hier belassenen Abtheilungen des 12. Regiments und durch die auf dem bewaldeten Rücken der Winterleite plänkelnden Jäger. Allein auf der Höhe hatten die Preussen gleichfalls mehr Boden gewonnen, und beschossen die zunächst der Ortschaft befindlichen Compagnien nun auch in der Flanke. Winkels ist unmöglich mehr zu halten, der Rückzug muss über den steilen, quer über die Strasse laufenden Höhenzug fortgesetzt werden.

Das 3. Bataillon des 9. Regiments mit Ausnahme jener 1 $\frac{1}{2}$ Schützen-Compagnien, welche noch auf den südlichen Hängen kämpften, und das 3. Bataillon des 11. Regiments, dem sich nun auch dessen 7. Compagnie angeschlossen hatte, gingen voraus auf Nüdlingen zurück. Längs der Chaussée folgten die beiden an der Westseite von Winkels stehenden

Compagnien vom 3. Bataillon des 15. Regiments nebst der 6. Schützen-Compagnie, welche dieselben cotoyirte, während die beiden anderen Compagnien mit dem 2. Bataillon dieses Regiments sich über die Höhe des Sinnberges zurückzogen. Das 1. Bataillon des 12. Regiments hatte sich an der Strasse gesammelt, um auf derselben zu bleiben, nur die 1. Compagnie war aus den Weinbergen in nordöstlicher Richtung über den Sinnberg-Wald gegangen. Plänklerhaufen deckten feuernd den Rückzug.

Auf der Winterleite waren die Preussen gleichfalls Herr geworden. Auch die beiden ursprünglich in Reserve gestandenen Compagnien des 7. Jäger-Bataillons, (3. und 4.), welche ebendort in die Feuerlinie ein-traten, konnten nur einen momentan günstigen Erfolg erzielen; als der Feind Winkels erreichte, mussten sie schleunigst zurück. Das letzt-genannte Bataillon zog sich über den Nordhang der Winterleite östlich an Winkels vorüber auf die Hauptstrasse, nur 1 Zug führte seinen Rückzug auf den Höhen aus. Die 1 ½ Compagnien des 9. Regiments waren mit Ausnahme eines kleinen Theiles gleichfalls oben geblieben, und das 6. Jäger-Bataillon nahm seinen Weg über den Oster- und Schlegelsberg gegen die Chaussée.

Wenngleich dieser letzte Stoss die taktische Ordnung der zum grössten Theil seit 8 Uhr Morgens ohne Ablösung im Kampfe stehenden Truppen allmählig gelöst und ihre Widerstandskraft gebrochen hatte, wenngleich dieselben beim Ersteigen des steilen zwischen Winkels und Nüdlingen liegenden Kammes noch manchen schweren Verlust erlitten, so machten die meisten Abtheilungen, oben angelangt, doch noch ein-mal Front gegen den Feind. Allein das unverminderte Feuer, das dieser nachschickte, liess die erschöpfte Mannschaft nicht mehr eigentlich zum Stehen kommen. Der Rückzug auf Nüdlingen musste fortgesetzt werden.

Während sich die eben beschriebenen Ereignisse abwickelten, hatte das Gefecht auch bei Friedrichshall und Hausen eine andere Physio-gnomie angenommen.

Bei dem seit frühem Morgen fast unausgesetzt im Feuer stehenden 5. Jäger-Bataillon trat schon gegen ½ 2 Uhr stellenweise ein sehr fühl-barer Mangel an Munition ein, wesshalb die 3. Compagnie aus dem Badgebäude zurückgenommen und näher an die anderen herangezogen wurde. Sie stellte ihre Plänkler theils hinter die Gradirhäuser, theils hinter das Oeconomiegebäude der Salineninspection. Die Unterstützungs-Abtheilung kam in den Hof des letzteren, und der Reserve-Zug rückwärts auf die Strasse. Das Plänklerfeuer dauerte noch immer fort und nahm auf preussischer Seite sogar an Heftigkeit zu.

Inzwischen hatte Generalmajor von Hanser das 1. Bataillon (Bredaur) des 10. Regiments durch Hausen geführt und wollte seinen Marsch auf der Strasse über Friedrichshall gegen Kissingen fortsetzen. Seine Colonne hatte, schon während sie sich hinter den Gradirhäusern bewegte, einzelne verlorene Kugeln des Gegners erhalten; als sie aber gegen 2 Uhr, den Steinhof erreichend, die Lücke zwischen diesem und Friedrichshall passiren wollte, kam sie den Preussen in Sicht, und nun wurde ihre Spitze mit einem Hagel von Geschossen überschüttet. Die erste Compagnie *) setzte sich in Laufschritt und durcheilte die kritische Stelle ohne erhebliche Verluste; allein die nachkommenden Abtheilungen geriethen in's Stocken, und begannen von den nächsten Deckungen aus zwischen und neben den hier postirten Jägern das feindliche Feuer zu erwiedern Nun musste die bereits jenseits der Lücke angekommene Compagnie gleichfalls halten, und nahm an den dort befindlichen Wirthschaftsgebäuden Stellung. Der am Steinhof verbliebene Rest des Bataillons placirte sich derart, dass die 2. Schützen-Compagnie an den Baulichkeiten zunächst der abgebrochenen Brücke, die anderen 3 Compagnien theils an den Salinengebäuden und den vorliegenden Häusern und Bäumen, theils an der Strasse und dem bewachsenen Hange stunden.

Das 3. Bataillon (Mühlbaur) dieses Regiments war aus Hausen debouchirend dem 1. gefolgt, und sah sich, als es in die Nähe des Steinhofs gelangte, natürlich in seinem Marsche aufgehalten. Der Bataillons-Commandant wollte nun, um das ihm bezeichnete Ziel Kissingen zu erreichen, und gleichzeitig Deckung gegen die längs der Saale angestellten preussischen Plänkler zu finden, von der Strasse abbiegen und über die östlich ansteigende Vorterrasse des Sinnberges weiter ziehen. Die Hecken an der Strasse und die steile, mit hohem Getreide bewachsene Höhe sind aber nur in geöffneter Ordnung zu passiren. Die Compagnien suchen daher einzeln die letztere zu gewinnen. Kaum sind sie jedoch auf dem Hange, der nur Hindernisse und wenig Schutz bietet,

---

*) Die 1. Schützen-Compagnie war noch nicht wieder beim Bataillon eingerückt.

den feindlichen Tirailleurs sichtbar geworden, als diese ein heftiges Feuer gegen sie richten; gleichzeitig ist eine der Division Manteuffel angehörige und ihrem Gros vorausgeeilte Batterie gegenüber von Hausen am Salzberg aufgefahren und wirft einige Granaten in das Bataillon. Durch diese Beschiessung auf schwierig zu durchschreitendem Boden gerathen die Compagnien einigermassen in Unordnung, das Bataillon sammelt sich jedoch wieder, nachdem es die Terrasse erreicht hat, und tritt eben den Weitermarsch gegen Kissingen an, als es von der Räumung dieser Stadt Kunde, und den Befehl erhält, sich jetzt direct auf Nüdlingen zurückzuziehen. Es rückt nun über den Nordhang des Sinnberges neben die in Colonnenlinie entwickelte Cavalerie - Brigade und macht dort Halt, um den eben von Friedrichshall heraufrückenden Abtheilungen erforderlichen Falles als Repli zu dienen; die 5. Schützen-Compagnie geht zur Deckung der linken Flanke in den Wald, in welchem sich Gewehrfeuer vernehmen lässt.

In Friedrichshall war das Plänklergefecht noch eine Weile fortgeführt worden, dann jedoch mussten die Jäger, die sich nun gänzlich verschossen hatten, zurückgenommen, und die 5 Compagnien vom 1. Bataillon des 10. Regiments sollten allein in der Feuerlinie belassen werden. Um die nämliche Zeit traf aber auch die Weisung ein, Friedrichshall gänzlich zu räumen und gegen Nüdlingen zurückzugehen. Dieser Befehl wurde dem noch fechtenden Bataillon sofort mitgetheilt, und daher kam es, dass dieses fast gleichzeitig mit dem 5. Jäger-Bataillon aus seiner Stellung auf die Höhe rückte. Die 3. Jäger-Compagnie, die einzige des letzeren, welche noch einigen Vorrath von Munition besass, hatte schon unten in der Saline versucht, der während des Rückzugs hart bedrängten 1. und 2. Compagnie zu Hülfe zu kommen, vermochte aber nicht sich durch den vollgepfropften Ort durchzuwinden. Nun zog sie sich in einer Schlucht hinter dem Oeconomiegebäude, an deren Eingang in diesem Augenblicke der General-stabs-Hauptmann Schlagintweit fiel, rasch auf den Hang, dehnte sich oben aus und ging zur Deckung des Rückzugs der Uebrigen wieder eine Strecke gegen den Steinhof vor.

. Die Preussen begnügten sich, den Abziehenden ein lebhaftes Feuer nachzuschicken. Eine Infanterie-Abtheilung, welche mittelst eines Kahnes, sowie eines aus Leitern etc. etc. rasch hergestellten Steges das linke

Ufer gewann, rückte nicht nach, sondern blieb zunächst der Saale stehen.

Nachdem sämmtliche bayerische Compagnien den Höhenrücken erreicht hatten, stellte der Gegner sein Feuer ein, und erst jetzt folgte die 3. Jäger-Compagnie langsam in tiraillirender Ordnung nach. Mittlerweile war auch die 1. Schützen-Compagnie des 10. Regiments wieder zu ihrem Bataillon gestossen.

Die von Friedrichshall zurückgegangenen Truppen sammelten sich auf der Höhe nahe der 2. leichten Brigade, und hier trafen die beiden Bataillone des 10. Regiments wieder zusammen. (3 Uhr Nachmittags.) Die Halbbatterie Zu-Rhein, nunmehr vereinigt mit den herangekommenen beiden Geschützen des Oberlieutenants Gössner, hatte sich gleichfalls dorthin gezogen.

Indessen ward der Rückzug von hier bald weiter fortgesetzt; denn nicht nur stand man auf der nördlichen Vorterrasse des Sinnberges gänzlich ungedeckt im Bereiche der feindlichen Granaten, sondern es befand sich auch Winkels bereits in den Händen der Preussen, und die zur Deckung der linken Flanke in den Sinnbergwald detachirte Compagnie (5. Schützen-) des 10. Regiments war an der Südlisière schon mit dem Feinde engagirt. Der Sinnberg ward somit völlig verlassen. Ueber dessen Hänge marschirten die Bataillone, Geschütze und Escadronen in's Thal des Nüdlinger Baches hinab, und zogen sich dann, zum Theil ausbiegend, auf Nüdlingen.

Die eben genannte Compagnie unter Hauptmann von Lacher hatte den Rückzug dieser sämmtlichen Abtheilungen gedeckt, indem sie im Holze gegen den aus Süden vordringenden Feind Front machte und denselben durch ein gutgeleitetes Waldgefecht aufhielt. Erst als die Colonnen einen ziemlichen Vorsprung gewonnen, begann dieser Compagnie-Führer seinem Bataillon zu folgen, indem er sich langsam und fortwährend feuernd gegen den östlichen Hang des Sinnberges zog. Dort wurde er von der 6. Schützen-Compagnie seines Bataillons, welche links von ihm in's Gefecht eingriff, verstärkt, und der Gegner erfuhr nun einen erneuten zähen Widerstand. Hauptmann von Lacher mit den beiden Compagnien hielt ihn noch eine Weile in Schach, und zog sich, als er den Rückzug der übrigen Abtheilungen für gesichert halten durfte, auch auf Nüdlingen zurück, woselbst ihn die 12. Compagnie aufnahm.

In Hausen war der Stand der Dinge bis gegen 2 Uhr unverändert geblieben. Direct stund kein Feind entgegen, und die Besatzung betheiligte sich nach wie vor je nach Thunlichkeit an dem bei Friedrichshall engagirten Plänklergefechte. Die Truppen hatten auch ihre Stellung nicht geändert, nur die Batterie Girl, welche bis jetzt ebenso wenig in's Gefecht hatte eingreifen können als die im Dorfe und zunächst desselben postirte Batterie Hellingrath, theilte sich, indem sie 4 Geschütze beorderte, bei der Götzenmühle den Nüdlinger-Bach zu überschreiten und jenseits desselben auf den Ausläufen östlich zwischen Friedrichshall und Hausen eine Position zu suchen.

Um ³/₄2 Uhr traf in Hausen, als das 3. Bataillon des 10. Regiments auf seinem Marsche saaleabwärts eben durchpassirt war, der Befehl des Generallieutenants v. Zoller ein, dass die Ortschaft wegen des Verlustes von Kissingen gleichfalls zu räumen, und der Rückzug nach Nüdlingen anzutreten sei. Die an der Dorflisière stehenden Infanterie-Abtheilungen wurden also zurückgenommen und der Abmarsch sofort begonnen. Voraus gingen die 2 an der Brücke postirten 12 pfünder, um sich am Dorfausgange mit den 4 übrigen Geschützen der reitenden Batterie Hellingrath zu vereinigen, welche nun, gefolgt von den 1½ Escadronen und den beiden Compagnien des 3. Jäger-Bataillons, den Weg gegen Haard einschlägt, während das 2. Bataillon des 11. Regiments im Thale längs des Nüdlinger-Baches abzieht. Die 4 detachirten Geschütze der Batterie Girl sind in diesem Momente schon nahe bis an die Götzenmühle gelangt; der Rest der Batterie ist noch auf der Höhe am Hundsbrunnen, und wenig hinter ihr erscheint eben von Haard her das 3. Bataillon (Böhe) des 7. Regiments, welchem sich die dort verbliebenen 2 12 pfünder der Batterie Kirchhoffer angeschlossen haben. Da fällt plötzlich ein Kanonenschuss, und eine Granate schlägt dicht neben der kaum 50 Schritt von Hausen entfernten Batterie Hellingrath in den Boden; die nächsten Geschosse treffen die Cavaleriebedeckung und einen Vorrathswagen der Jäger. (2¼ Uhr.) Zu gleicher Zeit mit dem Abmarsch der Besatzung von Hausen war nämlich die früher erwähnte preussische gezogene 4 pfünder Batterie (später noch verstärkt durch eine gezogene

6 pfünder Batterie), verdeckt am Waldsaume des Salzberges aufgefahren, und hatte ihr Feuer begonnen. An ihrer Seite zeigte sich bald auch Infanterie, (zur Avantgarde der Division Manteuffel gehörig), von der eine Abtheilung gegen Kleinbrach vorgeschoben ward.

Hauptmann v. Hellingrath liess seine Geschütze abprotzen wo sie eben standen, und erwiederte das Feuer; nur 2 Geschütze waren circa 200 Schritt weiter rückwärts aufgefahren, ohne in Action zu treten. Die Chevaulegers nahmen einige hundert Schritt entfernt an der Strasse Stellung. Die beiden Jäger-Compagnien setzten ihren Marsch, von der Haarder Strasse abbiegend, über das Götzenhölzchen, das Bataillon des 11. Regiments im Thale des Nüdlinger-Baches fort, das 3. Bataillon des 7. Regiments endlich und die beiden 12 pfünder Geschütze der Batterie Kirchhoffer gingen eine kleine Strecke weit zurück, um gedeckte Aufnahmsposition zu nehmen.

Die Halbbatterie an der Götzenmühle unter Commando des Ober-lieutenants Wurm hat kaum den Kanonendonner vernommen, als sie wendet und so weit auf die Höhe zurückeilt, bis sie den Feind sieht und sich am Gefechte zu betheiligen vermag. Sie eröffnet ihr Feuer bald nach der Batterie Hellingrath, und kurz darauf tritt auch die andere gezogene Halbbatterie unter Hauptmann Girl in Thätigkeit.

Nun entspinnt sich eine lebhafte Kanonade über die Saale. Die Batterie Hellingrath hat bald die Distanz gefunden und beschiesst die feindlichen Geschütze, sowie das mit Infanterie besetzte Buschwerk des jenseitigen Abhangs. Girl's Halbbatterien, deren getrennte Auf-stellung die Beobachtung der Geschosse und somit die Correctur erschwert, feuern mit Granaten und beschiessen zugleich die gegen Kleinbrach hinabeilende Infanterie mit Granatkartätschen. Die preussi-schen Geschütze richten ihr Feuer auf Alles, was in ihrem Gesichtsfelde liegt, so auch auf die aus Friedrichshall abziehenden Truppen-Abtheil-ungen und die auf der Höhe stehende 2. leichte Cavalerie-Brigade.

Dieses gegenseitige Geschützfeuer dauerte etwa bis 3 Uhr fort, Hausen war längst geräumt, der Rückzug der Truppen gedeckt, nur die Batterien Girl und Hellingrath noch auf dem Kampfplatze. Als sich aber nun auf 500 Schritt von letzterer an den Gradirhäusern preussische Plänkler zeigten, — es waren jene, welche bei Friedrichs-hall die Saale überschritten hatten —, liess Hauptmann v. Hellingrath aufprotzen und fuhr auf dem Haarder Wege ab. Jetzt geht auch Oberlieutenant Wurm aus seiner vorgeschobenen Stellung auf die andere Halbbatterie zurück, und kurz nachdem die 8 Geschütze, welche als die letzten den Rückzug der schon entfernten Truppen decken, wieder vereinigt sind, setzt sich Hauptmann Girl in Marsch, um, verfolgt vom feindlichen Feuer, hinter der Kuppe des Hundsbrunnens das Haarder Strässchen zu gewinnen, wobei er jedoch an einer Stelle seine Fahrzeuge nur durch wechselseitigen Vorspann vom Flecke zu bringen vermag.

Das 3. Bataillon des 7. Regiments hatte inzwischen am Rücken des Hundsbrunnens gedeckte Position genommen. Es schob nun kleinere Abtheilungen auch gegen den Nüdlinger-Bach vor, und liess die Artillerie an sich vorüberziehen. Ein Gleiches thaten die beiden Jäger - Compagnien, welche vom Götzenhölzchen aus wieder gegen den Haarder Weg eingebogen hatten. Sie marschirten neben dem genannten Bataillon auf, und zogen dort ihre beiden anderen von Grossenbrach zurückgerufenen Compagnien an sich.

Steinach war noch mit dem 3. Infanterie-Regimente und 2 Geschützen besetzt, welche bisher des Feindes nicht ansichtig geworden. Hingegen hatte das 1. Bataillon des 15. Regiments Mittags den Befehl erhalten, Waldaschach, das in seiner isolirten Lage nur sehr schwer gehalten werden konnte, zu räumen. Dasselbe ging demnach ebenfalls hinter die Saale, verrammelte die steinerne Brücke, und besetzte sie mit der 4. Compagnie. Die 1. Schützen - Compagnie wurde nach Grossenbrach detachirt, und entsendete ihrerseits eine Abtheilung weiter südwärts an die zerstörte gegen Kleinbrach führende Brücke. Der Rest des Bataillons nahm auf der hinter der Waldaschacher - Brücke steil und hart am Ufer ansteigenden Höhe (Altenburg *) Position.

4. Moment. Die aus Winkels geworfenen Bataillone hatten, wie früher erwähnt, nach einem kurzen Halt auf dem östlich dieses Dorfes befindlichen Höhenkamm ihren Rückzug fortgesetzt. Vor Nüdlingen

---

*) Nicht zu verwechseln mit dem Altenburgberge zwischen Kissingen und Garitz, noch mit dem zwischen Haard und Nüdlingen sich erhebenden Altenberge.

jedoch, wo zum Theil fast gleichzeitig erst die von Hausen, bald auch die von Friedrichshall Abziehenden eintrafen, kam das Gefecht abermals zum Stehen. Plänkler des 7. Jäger-Bataillons, des 3. Bataillons vom 15. und des 2. vom 11. Regimente setzten sich am dortigen Wassergraben fest, das Feuer der schwach nachdrängenden preussischen Tirailleurs erwiedernd. Südlich der Strasse am Westfusse des Calvarienberges stunden die 4 glatten Geschütze der Batterie Kirchhoffer, welche mittlerweile von Bischofsheim angelangt waren, und links hievon das 1. Bataillon des 12. Regiments. Die übrigen Abtheilungen waren im Begriff hinter Nüdlingen zurückzugehen, und Generalmajor von Ribaupierre, der seiner Brigade dorthin folgte, übergab jetzt das Commando über die fechtende Linie an den Generalmajor Schumacher.

Bei dem lebhaften feindlichen Feuer aus dem gegenüber befindlichen Walde waren aber die am Wassergraben stehenden Plänkler bald gezwungen, Deckung an der nahe liegenden Dorflisière zu suchen. (Etwa 3¼ Uhr.) Das 1. Bataillon des 12. Regiments zog vor demselben über den Calvarienberg gegen den Schlossberg, woselbst auch das 3. Bataillon des 4. Infanterie-Regiments, das seit Morgens in Nüdlingen gestanden, Stellung genommen hatte, und die 4 Geschütze wählten eine neue Aufstellung am hochgelegenen Kirchhofe. Das gerade herankommende 2. Bataillon vom 12. Regiment, welches eben jetzt beim Ersteigen des Calvarienberges seine ersten Schüsse mit den am Schlegelsberge vorgehenden Preussen gewechselt hatte, fasste links der Halbbatterie Kirchhoffer Posto, indem es sich durch seine beiden am Westrande der Höhe ausgedehnten Schützen-Compagnien deckte *).

In dieser Stellung wurde dem Feinde nun längerer Widerstand entgegengesetzt, und als den Plänklern am Westeingange des Dorfes die Munition auszugehen anfing, ward neue vorgebracht und unter die Fechtenden vertheilt. Gegen 4 Uhr traf von Friedrichshall her auch das 10. Regiment ein und liess 2 Compagnien als Besatzung im Kirch-

---

*) Dasselbe hatte, aus der raschen Annäherung des Feuers gegen Winkels den Gang des Gefechtes entnehmend, seine Position bei Reiterswiesen etwas nach 2 Uhr geräumt, und begonnen, auf Winkels zuzumarschiren. Erst als es zurückweichenden Abtheilungen begegnet, war es östlich ausgebogen und direct auf Nüdlingen gegangen.

hofe zurück, während der Rest seinen Rückmarsch hinter die Ortschaft
fortsetzte.

Inzwischen hatten die Preussen 2 Batterien auf der Höhe des
Sinnberges aufgefahren und das Feuergefecht fortgeführt, ohne jedoch
hier weiter nachzudringen. Nur ihr äusserster rechter Flügel blieb
noch im Vorrücken und dirigirte sich auf die bayerische linke Flanke
gegen den Calvarienberg.

Hauptmann Kirchhoffer, welcher seit dem Erscheinen der beiden
Batterien seine Stellung am Friedhofe etwas eng fand, detachirte nach
einiger Zeit zwei seiner Geschütze unter Oberlieutenant von Buonaccorsi
auf den Calvarienberg, dort eine neue Position zu nehmen. Um diese
Zeit war aber auch eine aus ihrer Reserve-Stellung an der Strassengabel
herbeigerufene reitende Batterie auf dem Gefechtsfelde angelangt, und
in der Stärke von 8 Geschützen (einschlüssig zweier zugetheilter) etwa
700 Schritt östlich von Nödlingen aufgefahren. Irrthümlicher Weise
wurden in dieser Batterie die am Calvarienberge stehenden Truppen für
Feinde gehalten und auf dieselben zu feuern begonnen *). Oberlieutenant v. Buonaccorsi hatte kurz vorher die Höhe erreicht, und wollte
am äussersten linken Flügel gegen den hier andrängenden Feind in
Action treten, während die Infanterie sich eben anschickte, einen Gegenstoss zu führen, als von rückwärts die erste Granate in die Colonne des
12. Regiments schlug. Man erkannte zwar bald den Irrthum und
stellte das Feuer ein, allein das Bataillon war bereits in Unordnung
gerathen und theils auf den Osthang, theils auf den Nordhang des
Calvarienberges zurückgewichen. Auch die Plänkler folgten nach, da
der Gegner, diesen Moment benützend, seinen Angriff verstärkte.

Von den Geschützen Buonaccorsi's war das eine noch nicht
abgeprotzt, dieses fuhr also rasch ab; am andern aber wurden während
des Aufprotzens 5 Pferde auf einmal, zum Theil tödtlich verwundet.
Die Thiere rasten davon, dem Feinde entgegen. Nach einigen 100
Schritten stürzten sie über einander, — das Geschütz war verloren.

Dem Commandanten des Bataillons, Major Kohlermann, war es
zwar bald gelungen, am Osthange der Höhe einen Theil seiner Mann-

---

*) Bei den complicirten Gefechtsverhältnissen war dieser Irrthum der eben
erst auf dem Gefechtsfelde eintreffenden Batterie ein sehr nahe liegender.

schaft wieder zu sammeln und vorzuführen; allein oben wurde er mit einem solchen Feuer empfangen, — er selbst ward dabei verwundet, — dass seine Leute abermals in's Schwanken geriethen, und nur eine kleine Schaar, die Lieutenants Keller und Müller mit circa 18 Mann, bis in die Nähe des Geschützes vorzudringen vermochte Die Preussen wichen zwar etwas zurück, unterhielten aber aus nächster Nähe ein so intensives Schnellfeuer, dass auch die schwache bayerische Abtheilung nur auf 25 Schritte an das streitige Objekt herankommen konnte und hinter einem dort befindlichen Holzstosse Schutz suchen musste.

Inzwischen hatte der gegen den Kirchhof zurückgewichene Theil des Bataillons sich gleichfalls gesammelt und die Höhe erstiegen. Lieutenant Müller drang nun mit 7 Mann sogar bis an das Geschütz vor; allein seine Kräfte waren zu gering, um dasselbe schnell fortzubringen, und das feindliche Feuer zu verheerend, als dass man sich länger denn einige Augenblicke dort hätte aufhalten können. Er musste von seinen Bemühungen abstehen, und sogar das Bataillon sah sich genöthigt, auf weitere Angriffsversuche zu verzichten. Es räumte die Höhe, um sich theils an die Chaussée, theils über den Schlossberg etwas rückwärts zu ziehen.

Nüdlingen ward nun gleichfalls verlassen. Hauptmann Kirchhoffer vereinigte sich hinter dem Dorfe mit dem noch übrig gebliebenen Geschütze Buonaccorsi's und zog sich auf der Münnerstädter Strasse zurück. Die am Westeingang stehenden Plänkler nahmen ihren Weg theils durch die Ortschaft, theils zu beiden Seiten derselben. In der Nähe der Batterie Lepel wurde neuerdings Stellung genommen; die 5. Schützen- und 9. Compagnie des 15. Regiments postirten sich rechts, die 3 übrigen anwesenden Compagnien dieses (3.) Bataillons links der Strasse, unter ihnen Abtheilungen des 7. Jäger-Bataillons, während der Rest, vom langen ununterbrochenen Kampfe erschöpft, den Rückzug fortsetzte. Der Feind behielt zwar den Calvarienberg besetzt, und warf auch schwache Abtheilungen nach Nüdlingen, drängte aber jetzt nirgends mehr ernstlich.

In Nüdlingen war unterdessen auch die Batterie Schuster sehr nahe daran gewesen, zwei ihrer Geschütze einzubüssen. Diese Batterie, deren getrennt in Verwendung gekommene Theile zufällig vor dem Orte zusammen getroffen waren, hatte ihren Marsch hinter den Escadronen des 5. Chevaulegers - Regiments und den Batterien Redenbacher und Zeller fortgesetzt. Durch die enge Gasse des Dorfes, in welchem auch die von Winkels und Friedrichshall herführenden Rückzugswege sich vereinigen, drängten sich aber gleichzeitig auch andere Abtheilungen, und hiebei wurde das letzte Geschütz, dem Zuge des Lieutenants Halder angehörig, auf die Seite gedrückt, und rutschte über eine gemauerte Böschung hinab. Alle Versuche dieses Offiziers, seine Kanone wieder heraufzubringen, waren in dem argen Gedränge fruchtlos, er musste sie liegen lassen. Der Batterie folgend gewahrte er am letzten Hause des Dorfes nun auch sein anderes Geschütz ohne Protze und umgestürzt im Strassengraben. Er eilte fort, holte Bespannung und kehrte mit einer Abtheilung Freiwilliger, die sich ihm anschlossen, in die Ortschaft zurück. Es gelang ihm auch, das eine seiner beiden Geschütze, nämlich das zuerst verlorene, welches weiter innen im Dorfe lag, flott zu machen. Er brachte es zur Batterie, und wollte alsdann zurückkehren, um auch das andere zu holen; aber ehe er ein zweites mal dorthin gelangen konnte, war Nüdlingen geräumt und das Geschütz von anderer Seite bereits aus dem mittlerweile durch den Feind besetzten Dorfe herausgeholt worden.

Es hatte nämlich ein der Batterie Lepel angehöriger Offizier, Lieutenant Freiherr von Riedheim, von dem Zurückbleiben desselben Kenntniss erhalten. Er, sowie der in der Plänklerlinie hinter dem Dorfe stehende Oberlieutenant Freiherr von Bibra des 12. Regiments beschliessen, an den Eingang des Ortes vorzugehen. Beide dringen mit etwa 12 Mann unter feindlichem Gewehrfeuer dorthin vor und recognosciren das Geschütz. Während nun Lieutenant v. Riedheim Mannschaft und Pferde von seiner Batterie herbeiholt, stürmen die Oberlieutenants Slevogt und v. Bibra — ersterer mit einer Abtheilung des 7. Jäger-Bataillons gleichfalls in der Plänklerkette stehend — an der Spitze von ungefähr 30 Jägern und einigen Soldaten des 12. Regiments mit lautem Hurrah gegen das Dorf, und ziehen das Geschütz aus dem Graben. Auch Fahrkanoniere mit Pferden der soeben eingetroffenen Batterie Mussinan waren noch hinzu gekommen, und nach wenigen Augenblicken hatten sie das Geschütz im Galop zurückgeführt.

Indessen war nämlich die herbeigerufene 1. Division in der Nähe des Kampfplatzes angelangt. Kurz nach 1 Uhr hatte General-

major Stephan den Befehl erhalten in der Richtung gegen Kissingen
vorzurücken und sofort war er unter Zurücklassung des 2. Bataillons
vom 8. Regimente, also nunmehr in der Stärke von 9 Bataillonen,
4 Escadronen, 6 glatten und 4 gezogenen Geschützen aus dem Bivouak
bei Münnerstadt aufgebrochen. Von der Abzweigung der nach Kissingen
führenden Strasse an sah sich derselbe aber durch die zurückgehenden
Abtheilungen und Fahrzeuge sehr in seinem Marsch gehindert, so dass
die Spitze seiner Division erst gegen 4 Uhr die Nordecke des Schlossbergs, das ist jene Stelle erreichte, wo das Strassendefilé in die Thal-
erweiterung gegen Nüdlingen ausmündet.

Das Obercommando war schon in den letztbeschriebenen Gefechts-
stadien besorgt gewesen, diesen Punkt festzuhalten, und hiedurch den
anrückenden Verstärkungen das Debouchiren zu ermöglichen. Theile
der zurückgehenden Truppen waren schon früher, wie erwähnt, dorthin
dirigirt worden, und hatten da Stellung genommen. Jetzt wurden
auch die zwei zuerst eintreffenden Bataillone der 1. Division bestimmt,
zu beiden Seiten der Chaussée den Ausgang des Defilés zu besetzen.
Das 2. Bataillon des 2. Regiments postirte sich rechts, das 3. links
zunächst der Ruine Hunberg. Die vorauseilende Divisions - Artillerie
nahm hier gleichfalls Stellung, und zwar die 4 gezogenen Geschütze
der Batterie Hutten an der Ruine, die 6 glatten der Batterie Mussinan hingegen links der Batterie Lepel, zu deren Seite auch die
neuerdings vorbeorderte Batterie Schuster auffuhr.

Unter dem Schutze dieser Truppen bewerkstelligte in der Folge
der Rest der Division seinen Aufmarsch unmittelbar ausserhalb des
Defilés à cheval der Strasse.

Was die Ereignisse auf den übrigen Punkten des Gefechtsfeldes
betrifft, so hatten die Batterien Girl und Hellingrath nach ihrer
Ankunft in Haard mit den beiden Escadronen des 4. Chevaulegers-
Regiments den nächsten Weg von da nach Nüdlingen eingeschlagen.
Da aber um diese Zeit der Sinnberg bereits in den Händen der
Preussen war, so wendeten dieselben auf halbem Wege wieder gegen
Haard, und folgten nun der Strasse nach Burghausen, um auf Umwegen
den ihnen bezeichneten Rückzugspunkt zu erreichen. Die eine Escadron
unter Rittmeister Faulhaber trennte sich jedoch noch vor dem letzt-
genannten Orte, und wählte einen hinter dem Altenberg vorüberführen-

den kürzern, wenn auch schlechtern Weg nach Nüdlingen. Die andere Escadron und die beiden Batterien wurden später nicht mehr auf den Kampfplatz vorgezogen, sondern an der Einmündung des Burghauser-Weges in die Schweinfurter-Chaussée in den Bivouak gelegt.

Zwischen 3 ½ und 4 Uhr waren auch das 3. Jäger- und bald nach ihm das 3. Bataillon des 7. Regiments aus ihrer Stellung am Hundsbrunnen zurückgegangen. Wenn auch ihnen gegenüber kein directer Gegner, so hatten sie doch den ungünstigen Gang des Gefechtes um Nüdlingen wahrgenommen. Bei Haard ward von Neuem Posto gefasst, indem dieses die Lisière der Ortschaft, jenes nebst den 2 12 pfündern der Batterie Kirchhoffer die östlich gelegenen Höhen besetzte. Später, als Nüdlingen selbst von den Bayern geräumt wurde, zogen sich diese beiden Bataillone mit den Geschützen hinter Burghausen, um die Einmündung des Haarder Wegs in die Schweinfurter Strasse zu decken.

Bei dem Posten von Waldaschach waren die von Münnerstadt abgeschickten 4 gezogenen Geschütze der 1. Division zwischen 3 und 4 Uhr eingetroffen und dort am Hange des Altenburg-Berges dergestalt placirt worden, dass sie die Fluss-Uebergänge von Waldaschach und Kleinbrach bestreichen konnten. Um ihre Wirkung nicht zu beeinträchtigen, wurde die an der Saale-Brücke stehende Compagnie zum Gros des Bataillons zurückgenommen. Bald nach den Geschützen erschien auch das 3. Bataillon (Reichert) des 8. Infanterie-Regiments. Dasselbe hatte den Weg auf Waldaschach über Bocklet eingeschlagen, passirte, als es die Brücke bei letzterem Orte zerstört fand, den Fluss mittelst einiger Balken, und liess eine Compagnie zur Vertheidigung des dortigen Uebergangs zurück, während der Rest seinen Marsch nach Waldaschach auf dem rechten Ufer fortsetzte. Als es nun, dort angelangt, von der veränderten Stellung des Bataillons Moor Kenntniss erhielt, überschritt es Mann für Mann die verrammelte Steinbrücke, und etablirte sich weiter rückwärts auf dem Altenburg-Berge, um jenem als Reserve zu dienen. Der Feind hatte sich gegenüber dieser Position noch nicht blicken lassen.

In Steinach, Neustadt und Münnerstadt war noch Alles unverändert wie Mittags.

Was die 4. Division betrifft, welche bekanntlich auch auf das Gefechtsfeld gerufen war, so hatte dieselbe um 2 Uhr Nachmittags die ihr anbefohlene Bewegung gegen Euerdorf und Aura begonnen, indem der Generalmajor Cella mit 3 Bataillonen der 8. Brigade, 1 Escadron Chevaulegers und ½ 12 pfünder Batterie nach Ramsthal aufbrach, und der Rest der zwischen Rottershausen und Pfersdorf bivouakirenden Division sich allmählig gegen Oerlenbach zog. Zugleich hatte man das 8. Jäger-Bataillon, welchem später das 6. Chevaulegers-Regiment bis an den Eingang des Waldes folgte, gegen Kissingen entsendet.

Während dieser Bewegung trafen aber Meldungen ein, dass nicht nur Euerdorf vom Feind besetzt sei, sondern auch aus der Richtung von Kissingen feindliche Infanterie anrücke. Generallieutenant von Hartmann hielt es daher für geboten, den Vormarsch auf Euerdorf einzustellen, und sich zur Deckung der Schweinfurter Strasse an dem Kreuzungspunkte bei Oerlenbach zu concentriren, um so mehr, als er aus der Richtung des Kanonendonners den ungünstigen Verlauf des Gefechtes entnehmen konnte. Nur das 8. Jäger-Bataillon sollte in seiner vorgeschobenen Stellung verbleiben.

Noch ehe diese neue Bewegung vollendet war — die auf der Ramsthaler Strasse vorgegangene Avantgarde erhielt den Befehl zur Umkehr erst um 5 Uhr — traf den Divisionär (gegen ½ 5 Uhr Nachmittags) die Ordre des Feldmarschalls, mit allen disponibeln Truppen auf den Kampfplatz zu eilen. Wenige Minuten später kam aber aus Münnerstadt eine vom Generalstabs-Souschef gleichfalls im Namen des Höchstcommandirenden ertheilte Weisung an, welche das Festhalten bei Poppenhausen verlangte.

Abgesehen nun von der Collision dieser Befehle war bei der vorgerückten Tageszeit und in Anbetracht der grossen Entfernung vom Gefechtsfelde sowie der beträchtlichen Strecke, auf welche die Division selbst vertheilt war, ein rechtzeitiges, erfolgreiches Eingreifen derselben nicht mehr zu hoffen. Generallieutenant von Hartmann beschloss daher, seine durch die Hin- und Hermärsche ohnedies ermüdeten Truppen derart Stellung nehmen zu lassen, dass die 7. Brigade die Höhen östlich der Wern bei Poppenhausen besetzte, die 8. aber zwischen Pfersdorf und Ebenhausen längs der Chaussée zu stehen kam, von wo aus in die letztgenannte Ortschaft und nach Oerlenbach

8

— 114 —

Detachements gelegt wurden. Dem Obercommando liess er über diese
Verfügungen sofort Meldung erstatten.

5. Moment. Bei Nüdlingen waren ungefähr eine halbe Stunde
nach dem Eintreffen der Batterie Hutten die preussischen Batterien
zurückgezogen worden, worauf auch die bayerischen Geschütze schwiegen,
und nur das Gewehrfeuer noch hier und dort, wenn auch schwach,
fortdauerte. Generalmajor von Wrangel, welcher mit der Wegnahme
von Winkels und den einschliessenden Höhen den Gefechtszweck erreicht
glauben mochte, schien überhaupt die Absicht zu haben, den Kampf
jetzt abzubrechen. Er sammelte das Gros seiner Brigade bei Winkels
und beorderte das 2. Bataillon des 55. Regiments, auf der vorliegenden
Höhenkette Vorposten zu beziehen, während Nüdlingen, der Calvarienberg etc. etc. noch von den vorgedrungenen Tirailleur-Abtheilungen
besetzt bleiben sollten.

Auf der Ostseite dieses Dorfes vollzog indess die Division Stephan
ihren Aufmarsch.

Es ist bereits erwähnt, wie sich die beiden Batterien placirten.
Die Brigade Welsch, welche mit 3 Bataillonen die Spitze gebildet
hatte *), stund, wie gleichfalls schon angeführt, mit dem 2. Bataillon
(Duntze) des 2. Regiments zur Rechten der Batterie Lepel, und zwar
in Compagnie-Colonnen mit Plänklern vor der Front und in der rechten
Flanke, dahinter das 1. Bataillon (Lachemair) des 8. Regiments —
in der nämlichen Gefechtsform — als zweites Treffen. Das 3. Bataillon
(Murmann) des 2. Regiments hatte an dem Angelpunkte des Debouchés,
nämlich an der Ruine Stellung genommen; die beiden Schützen-Compagnien waren auf die Kuppe, die 9. auf den nördlichen Abhang des
Schlossberges als Plänkler vorgeschoben worden, die 12. Compagnie
hatte die Bedeckung der gezogenen Geschütze übernommen, und die
10. mit der 11. waren in Reserve am östlichen Hange geblieben. Das
1. Bataillon des 12. Regiments, welches vorher hier gestanden, ging
nun zurück, um sich an der rückwärtigen Strassenbiegung zu sammeln,

---

*) Die übrigen 8 waren bekanntlich in Münnerstadt, Neustadt und bei
Waldaschach.

und die Plänkler des 2. Regiments übernahmen das Feuer gegen die Ortschaft. Ausserdem waren um diese Zeit noch in ihrer Stellung auf dem Hange des Schlossbergs verblieben: 1 Compagnie vom 2. Bataillon des 12. Regiments, die hier postirten Compagnien vom 3. Bataillon des 15., und das 3. Bataillon des 4. Regiments.

Hinter den genannten 3 Bataillonen der 2. Brigade war Generalmajor von Steinle nachgerückt und unter dem Schutze der noch im Feuer stehenden Plänkler des 7. Jäger-Bataillons und des 15. Regiments debouchirt. Am Fusse des Schlossberges, etwas links rückwärts der Batterie Mussinan marschirte in Compagnie-Colonnen das 2. Bataillon (Dörmühl) und hinter diesem in Bataillons-Colonne das 3. (Tann) des Leib-Regiments, in dritter Linie endlich, gleichfalls in Colonne, das 2. und 3. Bataillon (Ysenburg und Schultheiss) des 1. Regiments auf. Das 2. Jäger-Bataillon (Treuberg) hatte links vom 3. Bataillon des 2. Regiments die Höhen besetzt und 2 Compagnien an deren westlichen Rand vorgeschoben; das 1. Bataillon des 2. Regiments und das 3. Chevaulegers-Regiment blieben in Reserve.

Unterdessen hatte der Nachlass des Feuers, sowie die Meldung der eben mit dem geretteten Geschütze aus Nüdlingen zurückkehrenden Abtheilung die Schwäche des im Orte stehenden Feindes beurkundet. Es wird nun beschlossen, die Offensive zu ergreifen und vorerst das Dorf wieder in Besitz zu nehmen. Nach einer kurzen Beschiessung durch Artillerie, während gerade die letzten Bataillone im Begriffe sind, ihren Aufmarsch zu bewerkstelligen, beginnt der Vormarsch.

Die 4 an der Strasse stehenden Bataillone der 1. Brigade gehen direct, die Bataillone Duntze und Lachemair in der rechten, und das Bataillon Treuberg in der linken Seite auf Nüdlingen vor. Das 2. Bataillon des Leib-Regiments gelangt zuerst an das Dorf, und zwingt die Preussen, dasselbe zu verlassen. Das 3. Bataillon ist dem vorangehenden auf dem Fusse gefolgt, rückt mit der einen Hälfte in den Ort nach und entsendet die andere auf den Calvarienberg, gleichzeitig wird die oben zur Stelle befindliche Bedeckung des Divisionärs, 1 Zug des 3. Chevaulegers-Regiments, links um das Dorf an den jenseitigen Ausgang beordert, um dem Feinde in den Rücken zu fallen. Derselbe hat jedoch, als die Reiter dort eintreffen, Nüdlingen schon verlassen, und, während letztere den nassen Graben im Thalgrunde über-

8*

schreiten, den Wald erreicht. Von dort aus aber schickt er ihnen ein so heftiges Feuer entgegen, dass sie wieder zurückkehren müssen.

Das 2. Bataillon des Leib-Regiments besetzt nun mit einigen Compagnien die äussersten Häuser von Nüdlingen sowie den vorliegenden Graben, und nimmt mit diesen das vom Sinn- und Schlegelsberge her beginnende feindliche Feuer auf, während der Rest geschlossen in der Ortschaft als Reserve bleibt. Auch das 3. Bataillon des Regiments, dessen einer Theil rechts der Strasse längs des nassen Grabens Posto gefasst, und dessen anderer den Höhenrand des Calvarienberges besetzt hat, nimmt Antheil an dem nun sich entspinnenden Plänkler-Gefechte.

Was die Art und Weise anlangt, in welcher die übrigen Abtheilungen der Division der Bewegung des Centrums folgten, so hatten sich vom 3. Bataillon des 2 Regiments die beiden Schützen-Compagnien nebst der 9. und 12. vom Schlossberge über die Einsenkung auf den Calvarienberg gezogen und dort neben und zwischen den Abtheilungen des Leib-Regiments Stellung genommen; die beiden Reserve-Compagnien rückten auf dem Hange des Schlossberges nach, doch ohne diesen zu verlassen. Die beiden vordersten Compagnien des 2. Jäger-Bataillons gingen im Süden des Dorfs über den Calvarienberg vor, das in Reserve gehaltene Halbbataillon folgte später auf denselben nach.

Das 2. Bataillon des 1. Regiments marschirte bis vor Nüdlingen auf der Strasse, bog dann rechts ab, durchzog, (die 3. Schützen-Compagnie voraus, um nach rechts mit dem 2. Bataillon des 2., nach links mit dem Leib-Regimente in Verbindung zu kommen), den nördlichen Theil der Ortschaft, und setzte ausserhalb, nachdem es sich in Compagnie-Colonnen formirt hatte, den Vormarsch gegen den Sinnberg fort. Zu seiner Rechten und ungefähr in gleicher Höhe war auch das 2. Bataillon des 2. Regiments vorgerückt, und nur dessen 5. Compagnie, welche die Deckung der rechten Flanke zu besorgen hatte, sowie die mit der Durchsuchung des nördlichen Dorfrandes beauftragte 3. Schützen-Compagnie etwas zurückgeblieben.

Das 3. Bataillon des 1. Regiments hatte, als der Angriff begann, erst seinen Aufmarsch ausführen müssen, und konnte daher nur mit vergrössertem Abstande dem vorausmarschirenden 2. folgen. Letzteres wurde, unmittelbar nachdem es aus Nüdlingen debouchirt war, namentlich vom Schlegelsberg her heftig beschossen, und zog daher links an der Hainmühle vorüber rasch nach der nordöstlichen Waldecke des Sinnberges; seine vorauseilenden beiden Schützen-Compagnien säuberten die dort schwach besetzte Lisière und drängten in's Innere nach, während sich das Bataillon am Waldrande gegen das Feuer gedeckt fand. Kurz darauf erreichte auch das 2. Bataillon des 2. Regiments, welches seinen Vormarsch durch einen schützenden Hohlweg ausgeführt hatte, und durch diese Ausbiegung etwas zurückgeblieben war, zur Rechten jener Waldecke das Gehölz. Das 3. Bataillon des 1. Regiments kam gleichfalls nach einer kleinen Weile an den Waldsaum heran, dieses etwas links jener Ecke. Das 1. Bataillon des 8. und das 1. des 2. Regiments hingegen waren hinter Nüdlingen zurückbehalten, und an der Strasse weiter rückwärts in Reserve gestellt worden.

Die Artillerie hatte inzwischen ebenfalls ihre Position verändert. Nach der Räumung Nüdlingens durch die Preussen war die Batterie Mussinan bis an den Kirchhof vorgefahren und dort in Action getreten, die Batterie Lepel hatte sich nordwärts des Dorfes hinter dem 2. Bataillon des 2. Regiments eine flankirende Position gesucht, und die Batterie Schuster nebst den 4 gezogenen Geschützen Huttens eine Reservestellung bezogen.

Aus dem 3. Chevaulegers-Regimente war schon während der Wiederbesetzung Nüdlingens die 1. Escadron vorgeholt worden, das Terrain links des Dorfes zu durchstreifen, jedoch, nachdem sie dasselbe frei vom Feind befunden hatte, zu ihrem Regimente zurückgegangen; 1 Zug derselben aber, in die rechte Seite der Ortschaft detachirt, war am Südwestabfall des bewaldeten Altenbergs auf einige feindliche Infanteristen gestossen, hatte dieselben vertrieben, und nahm nun am Hange nordwestlich von Nüdlingen Stellung.

Nach dem Vormarsche der Division sammelten sich die bis zuletzt im Gefechte gestandenen Abtheilungen, das 3. Bataillon des 15. Regiments und das 7. Jäger-Bataillon, um auf Münnerstadt zurückzugehen. Früher schon waren das 3. Bataillon des 9., die beiden Bataillone des 11., das 2. des 15. Regiments und das 5. Jäger-Bataillon, dann die 2. leichte Cavalerie-Brigade, das 2. Chevaulegers-Regiment, und die Batterien Redenbacher, Zeller und Kirchhoffer, nachdem einzelne Theile hinter dem Schlossberg einen kurzen Halt gemacht, andere den

Marsch ohne Unterbrechung fortgesetzt hatten, bis an die Strassengabel gelangt, von wo aus Generalmajor von Ribaupierre mit dem 5. Jäger-Bataillon, dem 11. Infanterie- und dem 2. Chevaulegers-Regimente gegen Poppenhausen und Schweinfurt, die übrigen aber nach Münnerstadt zogen. Das 6. Jäger-Bataillon, die beiden Bataillone des 10. und das 2. des 12. Regiments nebst der Escadron Egloffstein, welchen sich später auch das 1. Bataillon des 12. Regiments und die von Haard herankommende Escadron unter Rittmeister Faulhaber anschlossen, hatten hinter der Ruine am Schlossberge gehalten, und waren dort in Reserve stehen geblieben. Das 3. Bataillon des 4. Regiments rückte jetzt auf Grund des am Morgen erhaltenen Befehles in der Richtung gegen Poppenhausen ab, um die 4. Division wieder zu erreichen.

Gegen die angreifende 1. Division stunden am Anfange preussischerseits nur das zum Beziehen der Vorposten bestimmte 2. Bataillon des 55. Regiments und das 19. Regiment auf den Höhen, welch letzteres bei der Wiederaufnahme des Gefechtes eben im Begriffe gewesen, sich an der Chaussée zu sammeln. Als das Feuer immer heftiger wurde, hatte Generalmajor von Wrangel, die Fechtenden zu verstärken, ein Bataillon des 55. Regiments und eine 12 pfünder Batterie von Winkels vorbeordert.

Beim erneuten Beginn des Gefechtes hatten sich nur schwache Kräfte der Preussen an der Waldlisière des Sinnberges, stärkere jedoch an der Chaussée und am Holzrande des Schlegelsberges gezeigt. Während also der bayerische rechte Flügel geringern Widerstand gefunden und vorausdringend zum Theil schon im Sinnberg-Walde Fuss gewonnen hatte, standen am Calvarienberg, am Dorf-Ausgang und im Thalgrunde von Nüdlingen die Plänkler noch weiter rückwärts, ein wohlgenährtes Feuergefecht mit dem am gegenüberliegenden Waldsaum des Schlegelsberges postirten Feinde unterhaltend.

Es sollte nun nach ¼6 Uhr auch vom Calvarienberg aus weiter vorgerückt werden. Zwar erschien am Sattel zwischen Schlegels- und Sinnberg, einige hundert Schritt südlich der Chaussée, da wo die alte Landstrasse den Höhenpunkt erreicht, die zur Unterstützung vorbeordert preussische Batterie; allein deren Schussfeld war in dortiger Position sehr beschränkt. Sie konnte wohl das Dorf, den Calvarienberg und auch den Schlossberg bewerfen, der Thalgrund jedoch war ihrem Feuer grösstentheils entzogen. Unbehindert rücken daher die 3 auf dem Calvarienberge postirten Compagnien vom 3. Bataillon des Leib-Regiments über den Westhang des Berges, an dessen mit Bäumen bewachsenem Fuss sie gedeckte Stellung finden. Die 6. Schützen- und 9. Compagnie des 2. Regiments gehen links davon gleichfalls vor und placiren sich, erstere am nassen Graben im Grunde, letztere hinter ihr gedeckt am Hange ; die beiden übrigen vereinigen sich rückwärts mit der Reserve des Bataillons am Schlossberge.

Die zwei vorausgegangenen Jäger - Compagnien zogen sich über den südwestlichen Abfall des Calvarienberges in den Thalgrund, nahmen dort am äussersten linken Flügel hinter Erderhöhungen etc. Stellung, und traten mit den auf den gegenüber liegenden waldigen Höhen postirten Plänklern in ein lebhaftes Feuergefecht.

Die Batterie Mussinan hatte in dem Masse, in welchem die Infanterie vorrückte, ihr Feuer auf eine immer kleiner werdende Fläche beschränken müssen, und fuhr nun, da durch eine Fortsetzung desselben die eigene Infanterie gefährdet erschien, auf den Calvarienberg, woselbst sie gegen die feindliche Batterie und gegen die am Waldsaume des Schlegelsberges etc. postirten Plänkler auf circa 1200 Schritte wirken konnte. Die beiden später nachgekommenen Compagnien des 2. Jäger-Bataillons wurden neben ihr als Bedeckung postirt.

Inzwischen hatte aber auch der rechte Flügel der Division von Neuem Terrain gewonnen. Der dort commandirende Generalmajor von Steinle hatte nämlich die feindliche linke Flanke im Walde des Sinnbergs angreifen lassen, um durch Besetzung des dortigen Höhenkammes das Vordringen in der Front zu erleichtern. Hiezu hatten die beiden Schützen-Compagnien vom 2. Bataillon des 1. Regiments, welche zuerst an der Nordostecke des Waldes den Feind von der Lisière vertrieben, und ihm in's Innere des Gehölzes nachgefolgt waren, ihre Vorrückung ohne Unterbrechung fortgesetzt. In langgedehnter Kette drängten sie dem Gegner nach, die waldige steile Höhe hinan, alsbald verstärkt durch die zu ihrer Rechten nachgeschickte 6. Compagnie.

Gleich darauf folgte diesen 3 Compagnien das eben herankommende ganze 2. Bataillon*) des 2. Regiments nach. Eng zusammengehalten,

---

*) Auch die zurückgelassene 3. Schützen- und 5. Compagnie stiessen wieder zum Bataillon.

dichtgeschaarte Tirailleurs voraus, schob es sich zwischen die Schützen-Compagnien und die 6. des 1. Regiments ein.

Vereint dringen nun diese 1½ Bataillone bis tief auf den Kamm. Ihre lange Linie streift dort mit der Linken die Chaussée, während sie sich nach rechts weit über die im Haken gebogene Höhe ausdehnt, und vorschwenkend die feindliche Flanke umfasst.

Das verbleibende Halbbataillon des 1. Regiments rückte ausser dem Walde längs dessen Nordsaumes vor, und nahm dann jenseits eines tiefen schluchtartigen Einrisses Stellung.

Voraus an der Lisière in den angrenzenden Feldern war dessen 5. Compagnie gegangen, hatte mehrfach einzelne Plänkler des Feindes aufgestöbert und ohne Mühe vertrieben, und postirte zuletzt beim Halten der kleinen Colonne ihre Tirailleurs im Norden des Waldes, Front gegen Friedrichshall.

Im Walde selbst hatten die auf die Höhe dringenden Plänkler auf der äussersten Rechten nur geringen Widerstand gefunden, stärkern jedoch an der Chaussée. Zunächst der Strasse nämlich schneidet auf der Höhe die Bewaldung plötzlich ab, und als nun die Schützen des 1. Regiments über den Rand des Gehölzes vorschreiten wollen, werden sie mit so heftigem Feuer empfangen, dass sie wieder eine Strecke weit in's Innere des Waldes zurückweichen müssen. Doch nur einen Moment: Denn gerade treffen neue Verstärkungen ein.

Das inzwischen nachgekommene 3. Bataillon des 1. Regiments hatte ebenfalls 2½ Compagnien in's Holz geschickt, und diesen Direction gegen die Chaussée gegeben. Mit ihrer Hülfe nun wird die kaum verlorene westliche Lisière rasch wieder gewonnen, und der Gegner zum Weichen gezwungen. Die Compagnien des 3. Bataillons setzen sich à cheval der Strasse am Saume fest, und zwar die 5. Schützen- und halbe 10. rechts, die 6. Schützen-Compagnie links derselben, während sich die Tirailleurs des 2. Bataillons weiter nach rechts zusammenschieben. Der Rest des 3. Bataillons vom 1. Regimente zieht sich gleich seinem halben 2. Bataillon über den nördlichen Berghang längs des Waldsaumes bis jenseits der Schlucht vor, um sich dort mit jenem zu vereinen.

Nun vermag auch noch links der Chaussée eine neue Staffel auf die Höhe zu dringen. Die 3 im Thalgrunde von Nödlingen postirten

Compagnien des 3. Bataillons vom Leib-Regimente (6. Schützen-, 9. und 10.) setzen sich in der Richtung auf die preussische Batterie in Bewegung. Im Laufe überschreiten sie den etwa 600 Schritte breiten offenen Grund, nehmen den Waldsaum, gewinnen allmälig den Hang und die Höhe, und setzen sich trotz heftigen Widerstandes am Waldrande fest, der durch die schräg vorliegende, von der alten Strasse durchzogene Lichtung gebildet wird.

Die preussische Batterie musste eiligst abfahren. ($^{1}/_{2}$ 7 Uhr.)

Diese Compagnien des Leib-Regiments schlossen sich zur Linken der Plänkler des 1. Regiments in zurückgebogenem Haken an, und verbanden sich so mit den weiter rückwärts vor Nödlingen stehenden Abtheilungen. Denn gegen Süden hatte sich die Stellung, wie sie weiter oben beschrieben worden, nur wenig verändert. Die 6. Compagnie des Leib-Regiments stund, das feindliche Feuer erwiedernd, noch am Dorfeingange, und hielt durch die zu ihrer Rechten gegen den Hang vorgezogene 4. Schützen-Compagnie Verbindung mit den Plänklern auf der Höhe. Links von Nödlingen am nassen Graben und am Westabfalle des Calvarienberges war die 3. Schützen- nebst 3 Compagnien vom 3. Bataillon des Leib-Regiments und den beiden früher bezeichneten des 2. noch immer im Feuer gegen den jenseitigen Waldsaum, der Rest vom 2. Bataillon des ersteren stund als Reserve in der Ortschaft. Nur auf dem äussersten linken Flügel war eine weitere Angriffsbewegung erfolgt. Die beiden dort befindlichen Compagnien des 2. Jäger-Bataillons hatten den Feind durch ihr heftiges Feuer aus einem vorspringenden Eck des gegenüber liegenden Waldes vertrieben, überschritten dann plötzlich den Thalgrund, drangen auf der äussersten Rechten des Gegners in das Gehölz, und erstiegen mit vorgezogenem linken Flügel zwischen Schlegels- und Osterberg die Höhe. Zwar drängt der Feind gegen ihre linke Flanke und zwingt sie momentan zurück, allein sie gehen ein zweites Mal vor, behaupten sich jetzt, und setzen das Feuergefecht fort.

Nachdem die erwähnte Batterie verschwunden war und die bayerische Infanterie sich auf den jenseitigen Höhen mehr ausgebreitet hatte, stellte die Batterie Mussinan ihr Feuer ein und postirte sich gedeckt hinter der Kuppe. Im selben Momente trafen aus der Reserve die 4 gezogenen Geschütze Huttens auf dem Calvarienberge ein und schickten den Preussen noch einige Granaten über den Schlegelsberg nach, um dann ebenfalls zu schweigen. Die Batterie Lepel, welche, als eben die Bataillone des 1. Regiments in den Sinnberg-Wald einzudringen begannen, nordwestlich von Nüdlingen eine neue Position hatte wählen wollen, war hieran durch eine am „Hundsbrunnen" auftauchende feindliche Infanterie-Abtheilung verhindert worden. Schon hatte sie einzelne Schüsse bekommen, und, da zu ihrem Schutze keine Infanterie in der Nähe war, hinter Nüdlingen zurückgehen müssen. Die Preussen machten aber hier weiter keinen ernsten Versuch. Einige Plänkler zwar drangen bis auf den Altenberg vor und feuerten von dort in die Batterie; allein ein paar Granatkartätschen hielten sie auf, und als ihnen nun die 10. und 11. Compagnie des 2. Regiments vom Schlossberg aus entgegen geschickt wurden, zogen sie sich bald wieder zurück. Auch das 3. Bataillon des 10. wurde hieher beordert und hielt nun nebst einer Compagnie des 2. Regiments den Altenberg besetzt. Der Rest des 10. blieb vorläufig am Fusse der Ruine; die beiden Bataillone des 12. wurden bald darauf bis dicht an Nüdlingen herangezogen, um sich dort in Reserve zu postiren. Die Batterie Schuster hingegen war nach Münnerstadt abgerückt.

Indessen war das Vorrücken mit dem Erkämpfen des westlichen Höhenkammes in's Stocken gerathen. Die beiden Jäger-Compagnien am linken Flügel standen völlig isolirt; im Centrum bildete der im Besitze des Feindes gebliebene Schlegelsberg eine beträchtliche Lücke, welche hemmend auf weitere Erfolge der an der alten Strasse postirten Compagnien des Leib-Regiments wirkte; am äussersten rechten Flügel endlich waren die weit vorgedrungenen flankirenden Abtheilungen in dem waldigen Terrain ziemlich zerstreut, und überdies zeigten sich in den nördlichen ausgedehnten Hügeln und Feldern ringsum weit überflügelnde feindliche Trupps, die zwar, vorerst nur schwach, bloss belästigen und beunruhigen, hinter denen aber (bei Friedrichshall *) auch starke feindliche Colonnen sichtbar sind.

Allerdings wurden die jetzt versuchten Gegenangriffe der durch das Füsilier-Bataillon des 55. Regiments verstärkten Preussen an der Chaussée, auf den Waldhöhen des Sinnberges, überall zurückgewiesen;

---

*) Theile der gegen Abend ankommenden Division Manteuffel waren auf Friedrichshall, Hausen und Waldaschach dirigirt worden.

auch die 5. Compagnie des 1. Regiments zwang die aus der Richtung von Friedrichshall und Hausen vordrängenden Plänkler zum Weichen; allein Fortschritte wurden bayerischerseits nicht mehr gemacht. Das Gefecht war damit einfach zum Stehen gekommen, und spann sich nun mit geringen Schwankungen ohne besondere Entscheidung eine Weile fort.

Uebrigens behauptete man die errungenen Vortheile, und hoffte, gemeinschaftlich mit der 4. Division, auf deren Eintreffen man noch immer rechnete, die begonnene Offensive fortsetzen und dann einen entscheidenden Erfolg herbeiführen zu können.

Das Detachement bei Waldaschach, welchem der früher ertheilte allgemeine Rückzugsbefehl nicht zugegangen war, hatte gegen 5 Uhr gleichfalls den Abmarsch aus seiner Stellung angetreten. Nachdem der Commandant desselben, Major von Moor, schon früher den ungünstigen Gang des Kissinger Gefechtes wahrgenommen hatte, sah er um jene Zeit am linken Saale-Ufer oberhalb Hausen feindliche Colonnen erscheinen, welche gegen Haard Abtheilungen vorschoben. Der directe Verbindungsweg nach Nüdlingen war damit verlegt. Die einzige für Geschütz brauchbare Strasse, welche ihm zu Gebote stund, führte auf dem rechten Flussufer über Waldaschach und Steinach nach Neustadt. Er beschloss also, da es ungewiss, wie lange dieselbe noch frei, unverweilt abzuziehen. Das 1. Bataillon des 15. Regiments und die halbe Batterie sollten diesen Weg einschlagen, das 3. Bataillon des 8. aber sich auf Waldwegen über Bocklet nach der Münnerstädter Strasse dirigiren. Eine Compagnie des 15. Regiments wurde vorausgeschickt, um die Verrammelung an der steinernen Brücke zu beseitigen, und Fühler in der Richtung gegen Stralsbach auszustossen. Da aber diese alsbald auch hier das Anrücken feindlicher Abtheilungen entdeckten, so beschleunigte der Major seinen Marsch, und suchte rasch über Waldaschach den obenbezeichneten Weg zu erreichen, wobei seine Queue bereits von den preussischen Vortruppen beschossen wurde.

Bei der Eile des Abmarsches war es nicht möglich gewesen, die gegen Kleinbrach entsendete 1. Schützen-Compagnie unter Hauptmann von Sauer noch zu erwarten. Als diese ihrem Bataillon folgend Waldaschach erreichte, fand sie die Avantgarde des Feindes schon bis in die Mitte der Ortschaft vorgedrungen und in den dortigen Häusern postirt, um ihr den Weg zu verlegen. Die bayerische Compagnie machte zwar einen Versuch, sich durch die Dorfgasse durchzuschlagen, allein der Feind war zu stark; sie sah sich bald gezwungen, nach rechts ausbrechend, durch die Scheuuen und Gärten das Freie zu gewinnen. Abgedrängt von ihrem Bataillon und von der Steinacher Strasse, sowie verfolgt von feindlichen Kugeln gelangte sie nach grossem Verluste bei Bocklet an die Saale, welche sie dort auf Balken überschritt, um jenseits beim 3. Bataillon des 8. Regiments Aufnahme zu finden. Major v. Moor mit den 4 gezogenen Geschützen hatte seinen Marsch, ohne das Gefecht seiner 1. Schützen-Compagnie zu bemerken, (welche er vielmehr dem auf Bocklet zurückziehenden Bataillon folgend auf dem linken Saale-Ufer vermuthete), bis Steinach fortgesetzt. Dort vereinigte er sich mit dem 3. Infanterie-Regimente, und obendaselbst vermochte er auch die fragliche Compagnie wieder an sich zu ziehen. Das in Steinach stehende Commando, mit diesem Zuwachse eine Stärke von 3 Bataillonen und 6 Geschützen erreichend, verblieb dort bis zum Einbruche der Nacht, ohne etwas Anderes vom Feinde zu erblicken, als einige Reiter.

Vom 3. Bataillon des 8. Regiments hatte nur die Arrièregarde an der steinernen Brücke bei Waldaschach einige Schüsse mit dem Gegner gewechselt. Dieses Bataillon zog auf einem schlechten Holz- wege durch den Wald, nahm vor Bocklet die mehrgenannte eben herbei- kommende Compagnie des 15. Regiments auf, und ging dann nach Niederlauer zurück.

6. Moment. Nachdem sich das Gefecht auf den Höhen zwischen Nüdlingen und Winkels in der oben beschriebenen Weise etwa eine Stunde lang fortgesponnen hatte, liess plötzlich Generalmajor von Wrangel den Wald des Sinnberges, besonders aber die Lisière an der Chaussée mit Granatkartätschen und Gewehrfeuer förmlich überschütten.

Dies war die Einleitung eines Gegenstosses, den der Feind mit allen verfügbaren Truppen ausführen wollte.

Gegen ½8 Uhr begann der Angriff. Das 2. Bataillon des 55. Re- giments, verstärkt durch Lippe-Detmolder, ging über den Schlossberg, ein Bataillon des 19. über den Sinnberg, alles Uebrige an der Chaussée vor. Der Hauptstoss der Preussen traf an der alten Strasse die wenigen Compagnien vom 3. Bataillon des Leib-Regiments, welche fast keine

Patronen mehr hatten, und daher auch die ersten waren, die weichen mussten. Vom Schlegelsberg und von der Chaussée aus angegriffen, werden sie bald vom Saume ihres Waldabschnittes, vom Höhenkamm zurück, und über den Hang hinabgetrieben. Ehe sie den Wald völlig verlassen, suchen sie sich am rückwärtigen Rande nochmals zu setzen, doch umsonst. Sie werden geworfen, und ziehen sich, verfolgt vom feindlichen Feuer, über den Grund bis nach Nüdlingen. Unmittelbar nach ihnen werden ebenso die zunächst stehenden, nun in der linken Flanke blossgestellten Plänkler-Compagnien vom 3. Bataillon des 1. Regiments in's Dorf hinabgedrängt.

Die beiden Jäger-Compagnien auf dem linken Flügel sahen sich gleichfalls gezwungen die Höhe zu verlassen, und nahmen wieder ihre frühere Stellung im Thalgrunde ein.

Etwas länger behauptete sich der rechte Flügel auf dem Sinnberg. Der feindliche Angriff richtet sich hier auf die Flanke der ausgedehnten Tirailleurlinie, und stösst zuerst auf die in der äussersten Rechten stehenden schwachen Abtheilungen des 1. Regiments, die er zum Weichen zwingt, dann aber bald auf das eng concentrirt gehaltene 2. Bataillon des 2. Dieses wehrt den Stoss ab, und geht seinerseits zum Angriff über. Was vom 1. Regimente zur Hand, schliesst sich an. Der Feind wird rasch zum Zurückgehen genöthigt, und ein Stück weit verfolgt.

Die Preussen machten nun zwar auf diesem Punkte keinen Versuch von Neuem vorzudringen, so dass das Feuer hier fast völlig verstummte; allein da der Gegner südlich des Sinnberges sich der Höhen bemächtiget hatte und sonach der bayerische rechte Flügel auf dem dicht bewaldeten Berge gänzlich isolirt stand, da ferner jetzt stärkere feindliche Abtheilungen im Thale des Nüdlinger Baches beobachtet wurden, welche, wenn auch noch von ferne, den Rücken bedrohten, musste es bedenklich erscheinen, die ermüdeten Truppen in einem so wenig übersichtlichen Terrain von der Nacht überraschen zu lassen. General v. Steinle befahl daher (er hatte in diesem Momente noch nicht von der weiter unten zu erwähnenden gleichen Intention des Obercommandos unterrichtet werden können), kurz nach 8 Uhr die Räumung der Höhe und den Abzug auf Nüdlingen. Die Deckung dieser Bewegung ward dem am Waldsaume haltenden Reste des 2. Bataillons vom 1. Regimente übertragen und hiezu dessen 7. und 8. Compagnie auf den Berg gezogen, um dort die Arrièregarde zu bilden, während die 5. zum Schutze in den Feldern nördlich des Holzes verblieb. Hinter diesem Schirm ziehen sich die übrigen Abtheilungen der beiden Regimenter gegen die Nordostecke des Waldes zurück. Unbelästigt folgt die Arrièregarde langsam nach. Von jener Ecke an sollen die noch disponiblen Compagnien vom 3. Bataillon des I. Regiments die weitere Deckung übernehmen; sie machen dort Halt, lassen alle übrigen durchziehen, und folgen zuletzt.

Beim Ueberschreiten des freien Grundes zwischen dem Walde und dem Dorfe kommen die Bataillone, wenn auch nördlich etwas ausbiegend, unter das Feuer jener feindlichen Plänkler, welche zur Seite weiter südlich am Waldrande postirt sind. Hiebei wird das Pferd des Generalmajors v. Steinle verwundet, und er selbst bedeutend verletzt, ohne jedoch das Commando abzugeben. Im letzten Momente, beim Verlassen des Waldes fallen auch noch direct von dem Sinnberge zahlreiche Schüsse, auf welche die den Schluss bildende 9. Compagnie des letztgenannten Bataillons antwortet.

Während des letztbeschriebenen allgemeinen Angriffs der Preussen war aber dem Feldmarschall auch die Meldung zugekommen, dass und warum die 4. Division nicht mehr auf dem Kampfplatze erscheinen werde. Schon hatte der Rückschlag und der Wiederverlust der westlichen Höhen begonnen, und es stund nicht mehr in Aussicht, mit den disponiblen Truppen noch einen wesentlichen Erfolg zu erringen. Zudem mussten die Bewegungen des Gegners auf Haard und gegen den Altenberg, wenn auch bisher mehr demonstrativer Natur, ernste Besorgnisse für Rücken und Flanke erwecken. In dem rings von Höhen beherrschten Becken von Nüdlingen die Nacht über zu bleiben, konnte nicht rathsam erscheinen.

Prinz Carl befahl daher, den Kampf jetzt abzubrechen, und das Dorf zu räumen, um in der Nähe der Strassengabel an der Schweinfurter Chaussée Bivouak zu beziehen.

Die 1. Division sollte sich hiezu allmählig vom Feinde los machen, und den Abmarsch beginnen, die noch anwesenden 4 Bataillone der 2. Division aber währenddessen hinter Nüdlingen stehen bleiben, und erst wenn jene vollständig durchgezogen, selbst nachfolgen.

Generalmajor S t e p h a n erhielt diese Ordre bald nachdem die
Compagnien des Leib-Regiments von den Höhen herab wieder nach
Nüdlingen zurückgeworfen waren. (Der Sinnberg war noch eine kleine
Weile in seinen Händen.)

Er beschloss, die beiden Bataillone seiner Reserve, welche kurz
vorher dicht an's Dorf herabbeordert worden, nun zur Ablösung der
fechtenden Bataillone zu verwenden, letztere aber hinter dem Orte zu
sammeln.

Das 1. Bataillon des 8. Regiments musste hiezu am östlichen
Eingange desselben als Reserve verbleiben; das halbe 1. Bataillon des
2. dagegen, (1., 2. und 3. Compagnie) wurde an den westlichen Ausgang vorgeschickt, die dort stehenden Compagnien des Leib-Regiments
abzulösen, während die andere Hälfte auf den Altenberg dirigirt ward,
um dessen Sicherung von der bisherigen Besatzung zu übernehmen.
Auch die Batterie M u s s i n a n nahm, und zwar an der Nordseite Nüdlingens, Position; doch räumte sie dieselbe, ohne nochmal in Action
getreten zu sein. bald wieder, da es schon dämmerte, und der Feind
nirgends den Waldsaum überschritt. Die 3 Compagnien des 2. Regiments
dagegen, welche am Westausgange des Dorfes standen, sowie die Compagnien des 2. Jäger-Bataillons, welche sich am Westfusse des Calvarienberges näher an den Ort herangezogen hatten, führten das
Feuergefecht gegen die am jenseitigen Walde stehenden preussischen
Plänkler noch eine Weile lebhaft fort.

Indessen verliessen die übrigen Abtheilungen das Dorf, den Cal-
varien- und Schlossberg, um sich rückwärts mit der Division zu vereinigen.

Bald kam auch General v. Steinle mit seinen Bataillonen vom
Sinnberg heran. So wie diese letzteren, schon in tiefer Dämmerung,
Nüdlingen erreicht hatten, ward das Gewehrfeuer immer schwächer,
und verstummte endlich ganz. Das lange Gefecht des Tages war
damit zu Ende.

' Auch auf dem Altenberg war es fast zur selben Zeit ruhig geworden. Die 3 dorthin entsendeten Compagnien vom 1. Bataillon des
2. Regiments hatten bei ihrer Ankunft *) eine Anzahl feindlicher Plänkler

---

*) Es wurden um diese Zeit das Bataillon des 10. und die Compagnie vom
3. Bataillon des 2. Regiments weggezogen.

in den Weinbergen des Südwestabhanges getroffen, sie aber bald
vertrieben, und, als es bereits ganz dunkel geworden, auf der Kuppe
Stellung genommen. Dort reichten sie 2 andern Compagnien, einer
des 1. und einer des 8. Regiments, welche über den Südosthang vorgeschickt worden, die Hand. Nach Einbruch der Nacht traf hier noch
die andere Hälfte des Bataillons aus Nüdlingen ein Unbelästigt blieb
nun der Berg noch geraume Zeit besetzt

Indessen hatte gegen 9 Uhr die 1. Division ihren Abmarsch
begonnen *), die 2. dagegen, um denselben zu decken, zu den Bataillonen des 12. auch die beiden des 10. Regiments dicht an Nüdlingen
herangezogen, und beim Einbruch der Nacht die 2. Schützen-Compagnie
des letzteren an den westlichen Ausgang zur Ablösung der Compagnien
des 12. Regiments **) vorgeschickt. Gleichzeitig war auch das am
Calvarienberge wieder vereinigte 2. Jäger-Bataillon nach dem Erlöschen
des Feuers auf den Schlossberg zurückgegangen, um nach dieser Seite
hin die Deckung zu besorgen. Das 1. Bataillon des 8. Regiments
war dazu bestimmt, zum Schutze der lagernden Truppen den Eingang
in's Walddefilé am Fusse der Ruine Hunberg zu bewachen, und dort
Vorpostenstellung gegen Nüdlingen zu nehmen.

Die übrigen Abtheilungen der Division Stephan bezogen den
Bivouak an der Schweinfurter Chaussée. Als dann deren letzte Bestandtheile abmarschirt waren, verliessen auch die Bataillone der Division
Feder ihre Stellung bei Nüdlingen, wo sie unterdessen unangefochten
gestanden, und rückten durch die Vorposten der 1. gegen Münnerstadt.

Bald darauf folgte das 2. Jäger-Bataillon vom Schlossberge, und
etwa um 11 Uhr endlich als die letzten die auf dem Altenberge
stehenden 8 Compagnien nach, um sich im Bivouak mit ihrer Division
zu vereinigen. Das Bataillon des 8. Regiments dagegen verblieb
während der Nacht in seiner Vorpostenstellung.

Die im Bivouak versammelten Truppen der 1. Division lagerten
unmittelbar nördlich der mehrgenannten Strassengabel. Gleich hinter
derselben, noch näher gegen Münnerstadt, nahmen die Bataillone der

---

*) Vor ihr waren schon das 6. Jäger-Bataillon und die beiden Escadronen des
4. Chevaulegers-Regiments gegen Münnerstadt abgerückt.
**) Diese suchten nun ihr anderes Halbbataillon am Altenberge auf.

2. Division Platz, und fanden an der Einmündung des Burghauser Weges auch das 3. Jäger-Bataillon, das 3. Bataillon des 7., 3 Escadronen des 4. Chevaulegers-Regiments, dann die Batterien Zeller, Kirchhoffer, Girl und Hellingrath im Lager. Die Jäger und das 7. Regiment hatten zu beiden Seiten der Strasse Vorposten gegen Burghausen ausgestellt.

Im Bivouak dicht hinter Münnerstadt lagen: Das 3. Bataillon des 9., das 2. und 3. Bataillon des 15. Regiments, das 6. Jäger-Bataillon, die 2. leichte Cavalerie-Brigade, und die Batterien Schuster und Redenbacher. In der Stadt selbst war das Hauptquartier mit dem 2. Bataillon des 8. Regiments, und gegen Mitternacht traf von Niederlauer her auch das 3. Bataillon des letzteren dort ein.

Das Detachement in Neustadt (4. Jäger-Bataillon etc. etc.) hatte gegen Mitternacht den Befehl zum Aufbruche erhalten und erreichte den Lagerplatz seiner Division am frühesten Morgen.

Die 3 in Steinach stehenden Bataillone nebst den 6 Geschützen hatten auf die Nachrichten über den Verlauf des Gefechtes die bezeichnete Ortschaft Abends 10 Uhr verlassen, waren gegen 2 Uhr Morgens nach Neustadt gelangt, und setzten nach kurzer Rast den Marsch zur Wiedervereinigung mit ihren Divisionen fort. Oberst von Schleich mit seinem Detachement*) hatte den Tag über durch zahlreiche Patrouillen, welche mehrfach auf den Feind stiessen, gegen das Damersfeld, über Gersfeld und in nördlicher Richtung zu eclairiren gesucht, war erst Abends ½8 Uhr, nachdem er den Rückzug von Kissingen**) in Erfahrung gebracht, aus Bischofsheim abgerückt, marschirte über Neustadt, und schloss sich folgenden Tages bei Massbach seiner Division wieder an.

Die 4. Infanterie-Division brachte die Nacht in ihrer Stellung zwischen Oerlenbach und Poppenhausen zu, und wurde durch die mehrerwähnten an der Schweinfurter Strasse stehenden 4 Batterien der

---

*) Dasselbe bestand, wie man sich erinnert, aus 2 Bataillonen des 7. Regiments, 1 Escadron Chevaulegers und 2 gezogenen Geschützen.

**) Vom Observatorium auf dem Kreuzberg aus konnten die Vorgänge bei Kissingen theilweise beobachtet werden.

Reserve-Artillerie, welche noch Abends zu diesem Zwecke Marschbefehl erhielten, verstärkt.

Generalmajor v. Ribaupierre war mit dem 2. Chevaulegers-Regimente im Bivouak der 4. Division bei Poppenhausen verblieben, während das 5. Jäger-Bataillon und die beiden Bataillone des 11. Infanterie-Regiments, ihren Marsch auf Schweinfurt fortsetzend, Nachts 12 Uhr dort eintrafen.

Ebenso war im Laufe des 10. bei Schweinfurt der Feldzeugmeister Prinz Luitpold mit den dahin beorderten 4 Bataillonen und der gezogenen Batterie der Reserve-Infanterie-Division per Bahn von Bamberg angelangt.

Der Verlust der Bayern betrug:

1 General, 8 Offiziere *), 92 Mann, 33 Pferde todt,

37 Offiziere **), 554 Mann, 66 Pferde verwundet,

---

*) Generallieutenant Freiherr von Zoller; Major Graf Ysenburg-Philippseich vom 7. Jäger-Bataillon; die Hauptleute Schlagintweit vom Generalquartiermeister-Stab, v. Mayrhofer vom Leib-Regiment (in Function noch als Oberlieutenant des 15.). Thoma vom 9., Bruckmaier vom 10., Freiherr v. Reitzenstein vom 12.; die Unterlieutenants Weichselberger vom 11. und Frisch vom 15. Infanterie-Regiment.

**) Der Generalstabs-Chef Generallieutenant Freiherr von der Tann; Generalmajor Graf zu Pappenheim; die Majore Heilmann vom Generalquartiermeister-Stab und Kohlermann vom 12. Infanterie-Regiment; die Hauptleute Henle vom Leib-, Freiherr von Griessenbeck (tödtlich) und de Taillez vom 1., Binder vom 2., Warnberg (tödtlich) vom 11., Bemmel, Werndla (tödtlich) und Freiherr v. Zündt (tödtlich) vom 15. Infanterie-Regiment, Heinrich Freiherr von Harold vom 2., Edgar Freiherr von Harold vom 5. und Geiger vom 7. Jäger-Bataillon; die Oberlieutenants Graf von Tauffkirchen-Lichtenau und Nachtigall vom Leib-Regiment, Oscar Nusch vom 1., Peller von Schoppershof vom 2., Wilhelm Meier vom 10., Löblein (tödtlich), Küffner, Freiherr von Bibra und Maiholzer vom 12., Moosmair vom 15. Infanterie-Regiment, Reinhard vom 7. Jäger-Bataillon, Platner (tödtlich) vom 2., Freiherr von Rotberg vom 4. Chevaulegers- und Freiherr von Schacky vom 3. Uhlanen-Regiment; die Unterlieutenants Bomhard vom Leib-Regiment, Ludwig Meier vom 1., Carl Freiherr von Reichlin-Meldegg und Theophil Freiherr von Reichlin-Meldegg vom 2., Seehann vom 10., Schmidt und Schuster vom 15. Infanterie-Regiment, Spruner von Mertz vom 2. Chevaulegers-Regiment.

6 Offiziere*), 559 Mann, 8 Pferde vermisst und gefangen,
im Ganzen 52 Offiziere, 1205 Mann, 107 Pferde, und 1 Geschütz.

Gefecht bei Hammelburg.

Die unter dem General der Cavalerie Fürsten Taxis bei Hammelburg stehenden Truppen waren am Abende des 9. Juli wie folgt dislocirt: Das Gros der Infanterie nebst der Batterie Lottersberg bivouakirte unter Commando des functionirenden Brigadiers Obersten Schweizer nördlich von Unter-Erthal zunächst der Brückenauer Landstrasse, mit Vorposten auf der Linie Schwärzelbach-Neuwirthshaus-Frankenbronn. Von der schweren Brigade waren 2 Escadronen zum Sicherungsdienste verwendet, der Rest nebst dem 1. Uhlanen-Regimente lagerte theils neben der Infanterie, theils stund er in Quartieren in Dibbach und Unter-Erthal. In Hammelburg selbst war nur 1 Bataillon verblieben, und zunächst der Stadt an der Saalebrücke bivouakirte die reitende Batterie Massenbach. Der Commandant der 1. leichten Brigade hatte sein Stabsquartier in Euerdorf, das 2. Uhlanen-Regiment und die gleichfalls ihm unterstellte Batterie La Roche befanden sich in Quartieren auf der Linie Wittershausen-Euerdorf und von da zurück bis Fuchsstadt. Endlich war 1 Compagnie des 14. Regiments nach Euerdorf detachirt, hatte die dortige Saale-Brücke und jene bei Aura mit je einem Halbzuge besetzt, und erhielt Nachts 1 Uhr Verstärkung durch die wie früher erwähnt von Kissingen gleichfalls dorthin beorderte 5. Schützen-Compagnie des 11. Regiments.

Dem Fürsten war schon am Abend des 9. Juli Nachricht über das Anrücken der Preussen gegen Weissenbach und Geiersnest zugegangen. Da nun in der Nacht die Meldung eintraf, die Ortschaften Hassenbach, Poppenroth, Schlimpfhof und Albertshausen seien von starken feindlichen Abtheilungen besetzt, während anderseits aus der Richtung von Brückenau bis zum Morgen keinerlei Annäherung

---

*) Die Oberlieutenants Lindner vom 11. und Schoberth vom 15.; die Unterlieutenants Höfel vom 9., Keyser vom 11., Burkhardt und Pfeffer vom 15. Infanterie-Regiment.

9*

des Feindes mehr wahrgenommen wurde, so vermuthete der Corps-Commandant einen Stoss gegen seine rechte Flanke, und beschloss, sich mehr bei Hammelburg zu concentriren.

Die Batterie Lottersberg war schon Nachts 1 Uhr aus ihrem Bivouak nördlich von Unter-Erthal abberufen und mit einem ihr als Particular-Bedeckung zugewiesenen Zuge der 4. Schützen-Compagnie des 14. Regiments hinter die Thulba gezogen worden, um eine die Brückenauer Strasse und die Erthaler Brücke bestreichende Position zu beziehen. Ihr folgte gegen 4 Uhr das 1. Bataillon *) (Sebus) des 6. Regiments zur Besetzung der Höhen gegenüber von Ober- und Unter-Erthal.

Das 1. und 2. Cuirassier-Regiment rückten mit Tagesanbruch nach Dibbach, wurden jedoch um 8 Uhr Morgens zurückgenommen, und gegen Wernfeld und Karsbach instradirt. Das 3. Cuirassier-Regiment blieb in Dibbach mit der Bestimmung, im Falle eines Gefechtes gegen die Brückenauer Strasse zu demonstriren.

Zwischen 5 und 6 Uhr wurde der Graslerberg durch die 2. Schützen- und 1 Zug der 4. Compagnie vom vorgenannten Bataillon besetzt, während der Rest desselben auf den beiden in südwestlicher Richtung streichenden Ausläufern dieser Höhe Stellung nahm. Unmittelbar darauf trat auch das 3. Bataillon (Ball) des 6. Regiments**) den Rückmarsch an, um vor Hammelburg eine Bereitschafts-stellung an dem Dibbacher Strässchen zu beziehen. Das 2. Bataillon (Dichtel) des 14. Regiments, über Fuchsstadt nach Westheim und Langendorf zur Besetzung dieser Ortschaften und des Höhenzugs längs der Saale bis an den Fehrberg hin beordert, langte um 9 Uhr dort an, fand die 4 Geschütze der Batterie La Roche bereits südlich der Fuchsstadter Mühle in einer das Feuer- und Saalethal dominirenden Position, und trat später unter die Befehle des Generalmajors Herzog

---

*) Dasselbe hatte nach dem Gefechte von Rossdorf die 4. Infanterie-Division verlassen, und war am frühen Morgen des 6. Juli zu Ostheim wieder in den Verband seiner Brigade eingetreten.

**) Dieses hatte am Abend des 4. Juli Tann geräumt, und war am 5., über Hilders marschirend, in Mellrichstadt wieder bei seiner Division eingerückt.

Ludwig, welcher gegen 11 Uhr mit dem 2. Uhlanen-Regimente gleichfalls dort eintraf. Nur die beiden Compagnien des 11. und 14. Regiments hatte er zur Deckung des Saale-Uebergangs bei Trimberg zurückgelassen. Ein Zug vom 2. Bataillon des 14. Regiments wurde zum Schutze der linken Flanke der Geschützaufstellung an der Fuchsstadter Mühle postirt. Das Uhlanen-Regiment nahm eine gedeckte Aufstellung rück- und seitwärts der Batterie bei Fuchsstadt.

Das 1. Jäger-Bataillon, welches über Nacht bei Neuwirthshaus auf Vorposten gestanden, hatte sich indessen auch gegen Hammelburg in Bewegung gesetzt, passirte zwischen 7 und 8 Uhr die Thulba, und lagerte hinter der Unter-Erthaler Mühle an der Strasse. Die aus der Batterie Lottersberg demselben zugetheilten beiden Geschütze unter Oberlieutenant Tauscheck fuhren einige hundert Schritte weiter zurück, um dort Posto zu fassen; eine Escadron des 3. Cuirassier-Regiments hingegen, welche bis jetzt gleichfalls bei den Vorposten verwendet war, rückte in Dibbach ein.

Ferner hatte der Artillerie-Commandant des Corps, Major Freiherr von Horn, den Befehl erhalten, die ihm verfügbaren Geschütze in einer die Zugänge von Hammelburg sowie das Saalethal beherrschenden Position auffahren zu lassen. Da rechts der Saale kein hiezu geeigneter Platz vorhanden war, zog er die Batterie Massenbach und den Rest der Batterie Lottersberg auf das jenseitige Ufer, placirte die erstere beim Franziskaner-Kloster unterhalb des Saalecker Schlosses, dann 4 gezogene Geschütze auf der vom Saalecker Berge gegen die Stadt Hammelburg vorspringenden Terrasse, und die beiden andern 600 Schritte weiter südlich auf der Hundsfelder Strasse am Eingang des Steinthales.

Die sämmtlichen Trains waren am frühen Morgen nach Hundsfeld geschafft worden.

Seit dem Rückmarsche des 1. Jäger-Bataillons hatte das nunmehr allein auf dem rechten Ufer der Thulba verbliebene 1. Uhlanen-Regiment den Sicherungsdienst in dieser Richtung übernommen. Vom Dorfe Thulba aus waren am Morgen starke Recognoscirungs-Patrouillen auf beiden Ufern des Baches nach Ober-Thulba vorpoussirt worden. Dieselben hatten die genannte Ortschaft von den Preussen unbesetzt gefunden, und nur am Saume des vorliegenden Waldes einzelne aus

Infanterie und Cavalerie gemischte feindliche Abtheilungen zu Gesicht bekommen, welche jedoch alsbald in der Richtung gegen Kissingen verschwanden.

Dieses Ergebniss im Zusammenhalte mit den von den Vorposten des 1. Jäger-Bataillons eingeholten, bereits früher erwähnten Erkundigungen liess annehmen, dass in der nächsten Zeit weder aus nördlicher noch aus nordöstlicher Richtung ein Angriff erfolgen werde. Es erging daher zwischen 9 und 10 Uhr an das Bataillon Sebus der Befehl, seine vorgeschobene Stellung zu räumen und nach Hammelburg abzurücken, um dort zu menagiren. Später sollte es zur Ablösung des 1. Jäger-Bataillons an die Unter-Erthaler Mühle vorgehen.

Um 10 Uhr ertheilte auch Oberst Korb, der Commandant des 1. Uhlanen-Regiments den Befehl, zum Abfüttern nach Fuchsstadt zurückzugehen. Die 2. Division (Kiliani) trat sofort den Marsch dorthin an; die 1. hingegen unter dem Oberstlieutenant Graf Ysenburg stund noch bei Thulba und musste, ehe sie den angeordneten Rückmarsch begann, erst ihre in nordöstlicher Richtung ausgestellten Vorposten einziehen. Als dieselbe dann, über Ober- und Unter-Erthal rückend, kurz vor 11 Uhr die Thulba-Brücke passirt hatte und eben in die Nähe der lagernden Jäger gekommen war, fielen plötzlich Granaten in und neben die Colonne. Die Truppe hatte keine Ahnung von der Nähe des Feindes gehabt, kam also etwas auseinander und eilte in erhöhter Gangart auf der Strasse rückwärts; sie formirte sich jedoch wieder noch ehe sie Hammelburg erreicht hatte, und marschirte am nordwestlichen Ausgange der Stadt auf.

Hinter den Uhlanen wurde ein bei Unter-Erthal vorbereiteter Verhau geschlossen. Allein die Jäger, welche zu dessen Besetzung bestimmt waren, auf's Aeusserste erschöpft durch die Anstrengungen der letzten Zeit und durch den Sicherheitsdienst in verwichener Nacht, — hatten gerastet. Sie geriethen durch die plötzliche, unerwartete Beschiessung in Unordnung, welche durch die zurückreitenden Uhlanen nur noch vermehrt wurde, und konnten sich erst in Hammelburg wieder formiren. In der Folge wurde die eine Hälfte dieses Bataillons gegen Fuchsstadt, die andere auf Arnstein zurückgenommen.

1. Moment. Die preussische Division Beyer war am Morgen des 10. Juli in der Stärke von 13 Bataillonen, 5 Escadronen, und 5 Batterien von Geiersnest gegen Hammelburg aufgebrochen. Gegen 11 Uhr war deren Avantgarde unter dem Generalmajor von Schachtmeyer am Büchelberge eingetroffen, hatte die hinter der Erthaler Brücke lagernden Jäger entdeckt, und gegen dieselben durch eine neben der Strasse auffahrende gezogene 4 pfünder Batterie das Feuer eröffnet. Uebrigens müssen die äussersten Spitzen der Preussen um diese Zeit schon sehr nahe an Unter-Erthal gewesen sein.

Die zwei Geschütze des Oberlieutenants Tauscheck traten zwar bald nach Eröffnung des feindlichen Feuers gegen die erwähnte Batterie in Action; allein schon durch die zweite in ihrer Nähe einschlagende Granate ward der commandirende Offizier tödtlich verwundet; beide Geschütze protzten auf und fuhren, da die ihnen zunächst stehenden Truppen zurückgegangen waren, gleichfalls nach Hammelburg. Sie konnten jedoch den Anschluss an ihre jenseits des Flusses befindliche Batterie während des Gefechtes nicht mehr gewinnen.

Die 2. Division des 1. Uhlanen-Regiments, welche schon nahe vor Fuchsstadt angelangt war, ritt bei Beginn des Gefechtes alsbald wieder auf Hammelburg, und schloss sich am Nordwestende der Stadt der dort stehenden ersten an. Das Regiment wurde aber nach einiger Zeit, um es nicht länger zwecklos dem feindlichen Feuer auszusetzen, neuerdings nach Fuchsstadt beordert, sich dort mit dem 2. Uhlanen-Regimente zu vereinigen.

Inzwischen hatte Oberst Schweizer die Infanterie-Bataillone in Hammelburg formiren lassen, und das 1. des 6. Regiments vorgeschickt. Mit einer Compagnie als Plänkler an der Tête, einem Zuge rechts und 2 ½ Compagnien links der Strasse ging dasselbe gegen Erthal, und binnen Kurzem folgte auf dessen linkem Flügel das 3. Bataillon, seine rechte Flanke durch den angeschwollenen Canal, die linke durch den steilen Abfall der Dibbacher Strasse deckend, in Colonne, mit einer starken Tirailleurkette vor sich. Diese Bataillone erhielten im Anfange nur schwaches Plänklerfeuer; sobald sie aber den durch den südlichen Ausläufer des Graslerberges gebildeten Höhenrand erreichten, stiessen sie auf die 3 Bataillone des preussischen 39. Regiments, das, als Avantgarde der Division Beyer vorausgeeilt, mit einer gezogenen Batterie die Thulba überschritten und diesseits Stellung genommen hatte. Nun begann ein lebhaftes Gefecht, in welches auch die Batterie Lottersberg vom Saalecker Berg her eingriff; allein die Preussen verstärkten sich alsbald durch 2 weitere Batterien, und zwangen hiedurch die bayerischen Bataillone zum Weichen.

Mittlerweile hatte das 3. Cuirassier-Regiment unter Oberst von Mayer seiner Instruction gemäss Dibbach verlassen und nördlich der Saale am Strässchen auf dem gegen Unter-Eschenbach hinziehenden Hange Stellung genommen, um wenn möglich gegen die Flanke des Feindes zu operiren; ohne jede Aussicht auf actives Eingreifen war es aber dort in so bedenklichem Grade dem feindlichen Geschütz- und Gewehrfeuer preisgegeben, dass es, als vollends gegen 12 Uhr auch auf dem Sturmiusberge feindliche Plänkler sichtbar wurden, nach Dibbach zurückging. Später wurde es durch Generalmajor von Rummel beordert, gegen Wernfeld abzuziehen.

2. Moment. Von dem zu Hammelburg in Reserve befindlichen 1. Bataillon (Täuffenbach) des 14. Regiments waren schon Morgens ½9 Uhr die 2. Schützen- und 2. Compagnie auf dem Ofenthaler-Berge, ferner die 4. Compagnie in einem am Abhang nahe der Stadt gegen Norden hinziehenden Hohlwege, „am Rebbachthal," postirt, und die 3. nebst einem Zug der 4. Schützen-Compagnie *) stund am nordwestlichen Eingange der Stadt. Ihr, sowie der 4. Compagnie ward unter der persönlichen Leitung des Majors v. Täuffenbach die Vertheidigung derselben übertragen, während sich die 1. Schützen-Compagnie seit Morgens an der Fuchsstadter Brücke, und die 1. wie bekannt bei Trimberg befand.

Das 3. Bataillon des 6. Regiments zog sich allmählig gegen Hammelburg zurück und nahm in Linie hinter dem Thulba-Canal Stellung, um dem auf der Strasse vordringenden Feind ein verstärktes Feuer

---

*) Derselbe hatte am Morgen die Bedeckung der Batterie Lottersberg gebildet, wurde dann zu den damals auf dem Graslerberg stehenden Compagnien des 6. Regiments beordert, und schliesslich dem 1. Bataillon des 14. Regiments zugetheilt.

entgegen zu schicken, gab aber dieselbe, da der westliche Eingang bereits verbarrikadirt wurde, bald wieder auf, und postirte sich als Reserve im Innern der Stadt.

Das Bataillon Sebus war gleichfalls gegen diese retirirt, und besetzte jetzt mit der 2. Schützen-, 4., und einem Zug der 3. Compagnie die nördlich an Hammelburg heranreichenden Ausläufer des Ofenthaler-Berges, so dass dieselben mit den weiter rechts placirten Compagnien des 14. Regiments in Verbindung traten. Der andere Zug der 3. Compagnie nistete sich am Ausgange der Stadt in den Hecken an der Strasse ein, und der Rest des Bataillons besetzte die äussersten Häuser und Gärten. (1 Uhr.)

In dieser Stellung dauerte das Gefecht eine geraume Zeit fort. Die Preussen hatten gegen Mittag die Höhen westlich des Rehbachs mit Plänklern des 20. und 32. Regiments besetzt, welche gegen die auf dem Ofenthaler-Berge stehenden Compagnien zu feuern begannen; jeder Versuch des Feindes aber, noch weiter vorzudringen, blieb vor der Hand vergeblich. Wo immer Plänklerschwärme über die Höhe zu gehen suchen, werden sie durch die bayerischen Schützen verscheucht, und wenn der Feind in Colonne vorbrechen will, dann sind es die 11 in der Nähe von Saaleck aufgefahrenen Geschütze, welche ihn rasch wieder zurückweichen machen.

Erst als zur Eroberung des Ofenthaler-Berges zwei Regimenter gegen die rechte Flanke der bayerischen Stellung beordert wurden, und nachdem die durch noch zwei Batterien verstärkte feindliche Artillerie aus einer Position am Hange des Seebergs ihr Feuer gegen die Stadt gerichtet hatte, so dass dieselbe binnen einer Stunde an sieben Stellen in Flammen stund, wurde der Rückzug angeordnet.

3. Moment. Etwas nach 3 Uhr begann die Räumung des Ofenthaler-Berges, indem die vom Niederthor bis zum Heroldsberg sich ausdehnende Tiraillenrlinie über den steilen Hang herabgenommen wurde, um sich am Oberthor hinter dem zu ihrer Aufnahme dorthin gezogenen 3. Bataillon des 6. Regiments zu sammeln. Die Preussen (20. Regiment) drangen rasch auf den Höhenkamm nach, besetzten denselben mit dichten Schützenketten, und eröffneten nun ein sehr heftiges aber

erfolgloses Feuer, das von den Plänklern des letztgenannten Bataillons erwiedert wurde.

Den Majoren von Täuffenbach und Sebus war es gelungen, sich am Eingange der Stadt so lange zu behaupten, bis die vom Ofenthaler - Berge herabkommenden Plänkler hinter dem sie aufnehmenden Bataillon in Sicherheit waren. Als aber jetzt jene Position vom Gegner eingenommen wurde, und dieser sein Feuer theilweise auch gegen die in Hammelburg stehenden Compagnien richtete, so dass dieselben in Front und Flanke gleich heftig beschossen waren, musste auch hier der Rückzug angetreten werden. Der rechte Flügel unter Major Sebus zog sich gegen Fuchsstadt, Major von Täuffenbach hingegen, gedeckt durch einen Zug unter Oberlieutenant von Cammerloher, passirte die brennende Stadt, und nahm seinen Weg über die von der preussischen Artillerie bestrichene steinerne Saale-Brücke.

Ein dort vorbereiteter Verhau konnte wegen der unmittelbar jenseits der Brücke postirten Plänkler nicht mehr vorgelegt werden, allein das präcise Feuer der bayerischen Geschütze setzte dem Nachdrängen des Feindes ein Ziel. Nun befahl auch der Commandant der Artillerie, Major von Horn, den Rückzug, welcher unter dem Schutze der beiden auf halber Bergeshöhe aufgefahrenen und gegen die Saale-Brücke feuernden gezogenen Geschütze den Saalecker Weg entlang nach der Arnsteiner Strasse hin ausgeführt wurde. Die Infanterie unter Major von Täuffenbach retirirte im Thal auf Pfaffenhausen, woselbst sie sich abermals festsetzte, ohne jedoch hier angegriffen zu werden. Später folgte sie der Artillerie gegen Arnstein nach.

Das 3. Bataillon des 6. Regiments war in seiner Aufnahmsstellung verblieben bis die letzten Abtheilungen aus Hammelburg zurück waren, dann zog es sich, verfolgt durch einen Hagel von Geschossen, welchen die Preussen vom Heroldsberg herüberschickten, gegen die Fuchsstadter Brücke und auf das linke Ufer der Saale. Die Brücke wurde unter dem Schutz der 1. Schützen-Compagnie des 14. Regiments durch eine Abtheilung des 6. zerstört, und hierauf setzten sich die bei Fuchsstadt versammelten Truppen über Hundsfeld und Büchold gleichfalls gegen Arnstein in Bewegung. Die Brigade des Herzogs Ludwig mit der ihr beigegebenen Infanterie und Artillerie bildete den Schluss der Colonne.

Die Verluste der bayerischen Truppen betrugen:

10 Mann, 13 Pferde todt,
4 Offiziere,*) 64 Mann, 12 Pferde verwundet,
22 Mann, 11 Pferde vermisst und gefangen,
im Ganzen 4 Offiziere, 96 Mann, 36 Pferde.

---

*) Die Oberlieutenants Röttinger vom 6. Infanterie-, Wieser vom 3. Cui-
rassier-, Tauscheck (tödtlich) vom 2. Artillerie-Regiment, dann Unterlieutenant Steiner vom 6. Infanterie-Regiment.

Bewegungen der bayerischen Armee
vom 11. mit 23. Juli.

Nach dem Gefechte bei Kissingen traf Prinz Carl alle Verfügungen
zu einer möglichst raschen Concentrirung des bayerischen Heeres bei
Schweinfurt. Die Aufstellung aber, welche die preussische Main-Armee
in der Nacht vom 10. auf den 11. genommen hatte, befand sich in so
unmittelbarer Nähe der Münnerstadt-Schweinfurter Strasse, (und überdies in fast paralleler Richtung mit derselben), dass es nicht räthlich
schien, mit dem Gros auf dieser Strasse zu marschiren. Es wurde daher
nur ein kleiner Theil der 1. Division, nämlich das 2. Jäger-Bataillon
nebst 1 Escadron Chevaulegers zum Flankenschutze hieher instradirt,
alle übrigen zwischen Münnerstadt und der Strassengabel campirenden
Abtheilungen sollten ihren Weg über Poppenlauer, Massbach und Bal-
lingshausen mit einer Seiten-Colonne über Raunungen nehmen. Generallieutenant von Hartmann ward noch vor Mitternacht befehligt, zum
Schutze der zurückgehenden Divisionen eine gegen Kissingen hin auf-
klärende Stellung zu nehmen, und gleichzeitig erhielt der Feldzeugmeister Prinz Luitpold die Ordre, sich mit dem bei Schweinfurt
stehenden Theile der Reserve-Infanterie-Division an die 4. anzuschliessen
und dort den Oberbefehl zu übernehmen.

Am 11. Juli früh 5 Uhr hatten die so vereinigten Truppen folgende
Stellung inne:

Bei Oerlenbach befand sich Generalmajor Cella mit 3 Bataillonen,
dem 6. Chevaulegers-Regiment und 1 Batterie,

auf der Höhe zwischen Poppenhausen und Hain östlich der Strasse das Gros der 4. Division mit sämmtlichen übrigen Batterien, jene der Reserve-Infanterie-Division eingerechnet,

nördlich von Maibach die 4 Bataillone der letztgenannten Division.

Am Morgen des gleichen Tages begann in oben angedeuteter Weise der Abmarsch des an der Münnerstädter Strasse bivouakirenden Gros. Generallieutenant von der Tann hatte zur Deckung dieses Rückzugs 4 Bataillone, 1 Escadron und 1 gezogene Batterie unter Generalmajor von Hanser in eine Arrièregarde-Stellung vor Münnerstadt eingewiesen. Um $^1/_2$ 10 Uhr bezog diese Brigade eine zweite südöstlich der Stadt gelegene Position, und um 1 Uhr folgte sie den vorausgehenden Colonnen gegen Poppenlauer nach.

Alle Meldungen stimmten darin überein, dass die Preussen sich gegen die Schweinfurter Strasse vorbewegten, und liessen noch für den Nachmittag einen ernstlichen Angriff erwarten. Erfolgte gleichzeitig, wie vorauszusehen, ein Stoss in der Richtung gegen Rannungen, so traf dieser auf die langgestreckte Flanke der gegen Schweinfurt ziehenden Divisionen, und konnte leicht ein Abdrängen derselben von ihrer Rückzugslinie zur Folge haben.

Es ward daher beschlossen, dieselben über Hassfurt hinter den Main, und erst von da nach Schweinfurt zu dirigiren. Diese veränderte Marschrichtung wurde indess nicht von allen Abtheilungen eingeschlagen; 2 Bataillone des 8. Regiments, welche auf der Seitenstrasse über Rannungen marschirten, und die 1. Brigade *), welche die Spitze der Division Stephan bildete, konnten nicht mehr rechtzeitig in Kenntniss gesetzt werden, und gingen bis Schweinfurt.

Der Rest dieser Division rückte bis Aidhausen und Kerbfeld, und besetzte Hassfurt mit 1 Bataillon.

Die 2. Division, welche unterwegs durch das Eintreffen der Detachements von Bischofsheim und Steinach complet gesammelt war, marschirte nach Massbach und bezog dort den Bivouak **).

Die 2. leichte Cavalerie-Brigade, das 6. Jäger-Bataillon und der grössere Theil der zur 3. Division gehörigen Abtheilungen gingen auf

---

*) Oberst Freiherr von Pranckh statt Generalmajor von Steinle.

**) Ihr hatte sich auch die Batterie Girl angeschlossen.

Schweinfurt; die der Reserve-Artillerie entnommenen Batterien L e p e l, Hellingrath und Redenbacher jedoch, und mit ihnen auch die Batterie Schuster, marschirten über Stadt-Lauringen nach Hassfurt, in Begleitung des 3. Bataillons vom 9. Regiment, welch letzteres die folgende Nacht in Hofheim verblieb.

Die bei Poppenhausen stehenden Truppen hatten sich am Vormittage des 11., nachdem schon früh Morgens die Meldung vom Anmarsche der Preussen an sie gelangt war, mehr gegen Schweinfurt gezogen. Die 8. Brigade nahm dort in Verbindung mit den 4 Bataillonen der Reserve-Infanterie-Division eine starke Position à cheval der Schweinfurt-Maibacher Strasse, woselbst auch die Reserve-Artillerie etc. aufgefahren war. Die 7. Brigade mit den Chevaulegers und einer gezogenen Batterie besetzte den Höhenrücken nördlich von Schweinfurt.

Zwei Compagnien des 9. Regiments aber, (1. und 2. Schützen-), welche im Kirchhof-Holz südwestlich von Oerlenbach stunden, waren vom Rückmarsch ihrer Brigade nicht benachrichtigt worden, weil die zu ihnen gesendete Ordonnanz sie nicht fand. Der dort commandirende Offizier, Hauptmann S t a r k, hatte auf die Kunde vom Anrücken des Feindes seine Stellung nach links bis in den Ebenhauser Forst ausgedehnt, um hiedurch einer Umgehung über Ramsthal vorzubeugen. Der Abzug der eigenen Truppen hatte nicht bemerkt werden können, wohl aber kam auf der Anhöhe westlich von Oerlenbach eine preussische Colonne in Sicht, und diese hatte eine Abtheilung von 1 bis 2 Compagnien in den Schwarzloh-Wald südlich der Kissinger Strasse detachirt, welche ihre Spitzen gegen den Ebenhauser Forst vorschob. Gleichzeitig rückte noch eine andere Abtheilung von Ramsthal her an. Es entspann sich nun auf dem linken Flügel ein sehr lebhaftes Feuergefecht, das jedoch nur von kurzer Dauer war, weil die mit solcher Uebermacht Angegriffenen den Waldsaum bald preisgeben mussten.

Inzwischen hatte sich das Gros der feindlichen Colonnen, beschossen von den im Kirchhof-Holz stehenden Bayern, vor Oerlenbach entwickelt, hatte an der Strasse Geschütze aufgefahren, und war gegen die Ortschaft vorgegangen. Erst als dasselbe weder in Oerlenbach selbst, noch jenseits auf irgend welchen Widerstand stiess, gewann der Commandant der bayerischen Abtheilung die Ueberzeugung, dass die übrigen Truppen abgezogen seien, und ordnete nun gleichfalls den Rückzug an, den er, fortwährend feuernd und von der feindlichen Infanterie bis zum Metzenkreuz nördlich von Ebenhausen, von der Cavalerie bis hinter Poppenhausen verfolgt, in guter Ordnung ausführte. Nur ein Seiten-Detachement, unterwegs in Flanke und Rücken angegriffen, ward abgeschnitten und gefangen. Endlich liess der Feind von seinem heftigen Nachdrängen ab, und Hauptmann Stark führte seine beiden Compagnien, von denen ausser den Gefangenen auch einige Mann als todt oder verwundet in Abgang gekommen waren, zur Brigade vor Schweinfurt zurück.

Das Obercommando der Armee, welches am 11. Juli Vormittags nach Schweinfurt verlegt worden war, ertheilte am Abend dieses Tages dem Feldzeugmeister Prinzen Luitpold die Weisung, nur so lange in seiner Stellung zu verbleiben, bis er sich die Gewissheit verschafft habe, ob von den Preussen ein ernstlicher Angriff beabsichtigt werde, in diesem Falle aber rechtzeitig auf das linke Mainufer zurückzugehen. Oberst von Pranckh, welcher mit der 1. Brigade in Schweinfurt selbst im Quartier lag, erhielt den Befehl, eventuell die Vertheidigung der Uebergänge zu übernehmen.

Die gesammten Streitkräfte, welche in der Nacht vom 11. auf den 12. Juli vor, in und unmittelbar rückwärts von Schweinfurt concentrirt waren und einem etwaigen Versuche des Feindes, am 12. über den Main vorzudringen, Front bieten konnten, betrugen 29 Bataillone, 17 Escadronen, 60 Geschütze.

Am 12. Juli wurde der bei Aidhausen und Kerbfeld stehende Theil der 1. Division zu den bereits in Hassfurt befindlichen Bataillonen gezogen, um dortselbst am linken Ufer des Mains das Lager zu beziehen. Die zweite Division verliess ihren Bivouak um 4 Uhr Morgens und nahm Quartier im Rayon Aidhausen, Kerbfeld, Hofheim, Rügheim und Humprechtshausen, das 3. Bataillon des 9. Regiments rückte von Hofheim nach Hassfurt.

Feldzeugmeister Prinz Luitpold brach am frühen Morgen des 12. aus seiner Stellung rechts des Mains auf, passirte in 3 Colonnen mittelst der zwei noch stehenden Feldbrücken und über die steinerne Brücke den Fluss, und liess nur das 8. Jäger-Bataillon nebst dem 2. Bataillon des 9. Regiments in Schweinfurt. Die 1. Infanterie-Brigade, welcher sich das 2. Bataillon des 8. Regiments und ½ gezogene Batterie (Hutten) anschlossen, marschirte nach Gochsheim, und das 1. Bataillon des 8. Regiments nach Hassfurt. Die 4. Infanterie-Division kam in Quartiere in die Umgegend von Schwebheim, und die 4 Bataillone der Reserve-Infanterie-Division neben die 1. Brigade in den Bivouak nach Gochsheim. Der letztgenannten Division wurde fortan auch die 5. Infanterie-Brigade unterstellt, welche am Abend ihren Bivouak bei Grettstadt etablirte. Ebendaselbst campirten die 2. leichte Cavalerie-Brigade und das 2. Chevaulegers-Regiment. Das Lager, weil vom jenseitigen Ufer eingesehen, wurde abgeschlagen. Das Hauptquartier ging nach Gerolzhofen.

Am 13. Juli setzte sich Generalmajor Stephan von Hassfurt gegen Gerolzhofen in Bewegung, zog die von Gochsheim aus gleichfalls in dieser Richtung dirigirte Colonne des Obersten v. Pranckh an sich, und legte seine Division westlich des genannten Städtchens in enge Marschquartiere. Die 2. Division marschirte nach Hassfurt, liess dort 1 Bataillon stehen, und bezog mit dem Gros einen Bivouak bei Donnersdorf. Das 1. Bataillon des 8. Regiments, welches General Stephan zur Bewachung der Hassfurter Brücke zurückgelassen hatte, trat jetzt unter diese Division, wogegen die Batterie Girl nach Sulzheim zu der am vergangenen Tage dorthin verlegten Reserve-Artillerie abrückte. Eben daselbst waren inzwischen auch die Batterien Lepel, Hellingrath und Redenbacher eingetroffen, so dass am 13. Abends die Reserve-Artillerie wiederum vereinigt war.

Die Reserve-Infanterie-Division beorderte am Morgen des 13. 2 Bataillone und 2 Escadronen zur Ablösung der noch in Schweinfurt stehenden Abtheilungen der Division Hartmann, und verblieb im Uebrigen nebst der 5. Brigade und der Cavalerie bei Gochsheim und Grettstadt, theils lagernd, theils cantonnirend. Die zur 3. Division gehörige Batterie Schuster, welche die obengenannten Batterien der Reserve-Artillerie bis Sulzheim begleitet hatte, rückte nun ebenfalls in Gochsheim ein. Die 4. Division endlich zog das 8. Jäger-Bataillon und das 2. des 9. Regiments aus Schweinfurt wieder an sich und erhielt Quartiere mit dem Stabssitz Heidenfeld. Ihr ward die Beobachtung der Linie Wipfeld-Schweinfurt, der 1. Division jene der Linie Wipfeld-Volkach übertragen, zu deren Bethätigung nicht nur alle Fluss-Uebergangspunkte scharf bewacht, sondern auch Reiterpatrouillen auf das jenseitige Ufer gegen Werneck, Schnackenwerth etc. entsendet wurden.

Den Sicherungsdienst in nördlicher Richtung besorgte das bei Schweinfurt stehende Detachement.

Sämmtlichen Abtheilungen des Heeres wurde für den Fall eines feindlichen Angriffs der Rayon um Gerolzhofen hinter dem Alitzheimer Bach als Sammelpunkt bezeichnet.

Ferner verfügte der Feldmarschall die Auflösung der Reserve-Infanterie-Division, übertrug dem Prinzen Luitpold an Stelle des gefallenen Generallieutenants v. Zoller das Commando der 3. Division, und bestimmte, dass das 2. Bataillon des 6. mit den dritten Bataillonen des 12., 13. und 14. Regiments nebst 1 Escadron des 1. Chevaulegers-Regiments und 1 Batterie in eine Reserve-Infanterie-Brigade unter Commando des Obersten v. Pranckh formirt werden sollten, wogegen er das bisher im Verbande der Reserve-Division gestandene 3. Bataillon des 3. und das 1. Bataillon des 11. Regiments den betreffenden Divisionen (2. und 3.) zutheilte.

Unterdessen hatte das Reserve-Cavalerie-Corps, welches bekanntlich nebst der ihm zugetheilten 6. Infanterie-Brigade nach dem Gefechte von Hammelburg auf Arnstein zurückgegangen war, folgende Bewegungen ausgeführt: Am 11. Juli nahmen die aus ihren Quartieren bei Wernfeld und Karsbach abrückenden Escadronen der schweren Brigade eine ausgedehnte Stellung auf der Linie Sachsenheim - Aschfeld - Hundsbach-Arnstein mit Vorposten gegen Bonnland etc. ein, und liessen ein Piket mit dem Auftrage in Wernfeld zurück, bei feindlicher Annäherung die Eisenbahn zwischen Gemünden und Karlstadt zu zerstören, was auf der Linie Gemünden - Lohr bereits geschehen war. Der directe Anschluss an das Gros der Armee durch einen Flankenmarsch rechts gegen Schweinfurt schien bedenklich, weil bereits das Vorrücken feindlicher Abtheilungen über Euerdorf gemeldet war.

Es wurde daher gegen Mittag der Rückmarsch auf Würzburg angetreten. Die schwere Brigade passirte bei Karlstadt mittelst einer Schiffbrücke den Main, und setzte auf dem linken Ufer ihren Marsch fort; die bei Arnstein stehenden Truppen hingegen schlugen den Weg durch den Gramschatzer Wald ein. Die beiden Cavalerie-Brigaden wurden in der Umgebung von Würzburg, die Infanterie in der Stadt selbst, und die Artillerie im Mainviertel theils einquartiert, theils in den Bivouak gelegt.

In der Nacht vom 11. zum 12. Juli ward von dort aus der Rechtsabmarsch zur Vereinigung mit dem Gros begonnen. Am 13. stund die schwere Brigade in Kitzingen mit einem Detachement in Biebelried, das Stabsquartier war den Cuirassieren nach Etwashausen gefolgt, und die 1. leichte Brigade, welche mit den Batterien Lottersberg und Massenbach vom Mainviertel aus über Ochsenfurt abgerückt war, hatte enge Marschquartiere zwischen Marktbreit und Etwashausen bezogen. Die 6. Infanterie-Brigade, von welcher das 2. Bataillon des 14. Regiments zur Verstärkung der Besatzung auf den Marienberg kam, wurde nebst der Batterie La Roche in die Umgegend von Kitzingen verlegt.

Der Obercommandant der Westdeutschen Bundes-Armee hatte nach den Erfolgen der Preussen an der Saale einen Angriff der Mainlinie gewärtigt.

Und in der That, — ohne die veränderte Instruction, durch welche General Vogel von Falckenstein sich veranlasst sah, auf Frankfurt zu rücken, würde er sicher damals einen Hauptstoss gegen die Bayern versucht haben.

Einem solchen zu begegnen schien es aber bei der Minderzahl der momentan sehr erschöpften Truppen und in Anbetracht der grossen Entfernung der Bundesgenossen dringendst geboten, sich so rasch als möglich an dem der Vertheidigung günstigsten Punkte zu concentriren.

Dies war geschehen, — der vermuthete Angriff indess erfolgte nicht.

Als im Laufe des 12. Juli eine vom Generalstabs-Hauptmann Fleschuez mit nur 5 Chevaulegers unternommene, bis über Sömmersdorf hinaus ausgedehnte Recognoscirung *) die Gewissheit gebracht hatte, dass die Main-Armee in westlicher Richtung abgezogen sei, warf sich allerdings die Frage auf, ob man derselben dorthin folgen solle. Aber abgesehen von dem beträchtlichen Vorsprunge, den die Preussen bereits gewonnen hatten, (sie begannen am 13. Abends bei Aschaffenburg zu debouchiren, während die bayerische Armee frühestens am Morgen dieses Tages ihren Marsch erst hätte antreten können), würde man durch das Nachrücken in den Spessart den Feind abermals im

---

*) Bei derselben wurden 6 Gefangene gemacht.

Besitz der inneren Linien gelassen haben, ein Umstand, der desshalb sehr schwer wog, weil man nicht darauf rechnen durfte, dass ihm das VIII. Corps in concentrirter Stellung den Ausgang aus dem Gebirge verwehren werde. Endlich würden die waldigen Defiléen des Spessart, wenn es dort zum Kampfe kam, die Wirkung des Zündnadelgewehres begünstigt, den Gebrauch der Cavalerie und Artillerie aber gehindert haben.

Der Feldmarschall entschied sich daher dafür, das VIII. Armeecorps südlich des Mains an sich zu ziehen, und erst nach der Vereinigung mit demselben die Offensive zu ergreifen.

Noch am 12. Abends erliess er an den Prinzen Alexander die Ordre, durch den Odenwald an die Tauber zu rücken, während er seinerseits mit den Bayern entgegenkommen und zugleich den Spessart beobachten wollte. Diese Operation erlitt jedoch eine kleine Verzögerung, da am 13. Juli Prinz Carl durch die bayerische Regierung veranlasst ward, Unterhandlungen wegen eines Waffenstillstands anzuknüpfen. Er brach dieselben übrigens alsbald wieder ab, weil der commandirende preussische General auf eine Waffenruhe mit den Bayern nur unter Ausschluss des VIII. Armeecorps eingehen wollte.

Am 15. Juli wurde das Hauptquartier von Gerolzhofen nach Wiesentheid, die 1. Division nach Stadt-Schwarzach, die 6. Infanterie-Brigade nebst dem 2. Chevaulegers-Regiment und der Batterie Schuster nach Frankenwinheim, die Reserve-Infanterie-Brigade nach Volkach, und die 4. Division, (bei welcher nun auch das 3. Bataillon des 9. Regiments wieder eingerückt war), nach Gaibach verlegt. Dieser Division wurde jetzt die 2. leichte Brigade zugetheilt. Dieselbe entsendete eine Division des 5. Chevaulegers-Regiments unter Major Job zur Ablösung der beiden zu ihrem (2.) Regimente zurückbeorderten Chevaulegers-Escadronen nach Schweinfurt, während das Gros unter Tags einen Bivouak bei Fahr bezog und am Abend die nächstgelegenen Ortschaften auf dem jenseitigen Mainufer als Rayon angewiesen erhielt. Die Besatzungen von Schweinfurt und Hassfurt waren schon am 14. um je ein Bataillon reducirt worden; dermalen blieb in jeder dieser Städte nur eine Compagnie zurück, welche unter dem Befehle des obengenannten Stabsoffiziers stehen, und gemeinschaftlich mit den Chevaulegers das zwischenliegende Stück des Mains bewachen sollte.

10*

Die 2. Division kam nach Gerolzhofen und Umgebung, die Reserve-Artillerie nach Stadel-Schwarzach.

Die dem Fürsten Taxis unterstellten Truppen hatten schon Tags vorher eine Veränderung ihrer Dislocirung vorgenommen, indem die schwere Brigade sowie der Corps-Stabssitz nach Gross-Laugbeim, die 1. leichte Brigade nebst den Batterien Lottersberg und Massenbach theils in einen Bivouak bei Reupelsdorf, theils in Quartiere ebendaselbst sowie nach Gross-Langheim und Umgebung verlegt worden waren. Der Cuirassierposten in Biebelried ward eingezogen, und durch eine Compagnie des 1. Jäger-Bataillons nebst 1 Uhlanen-Zug ersetzt.

Bei Fahr und Stadt-Schwarzach hatte der Feldmarschall Kriegsbrücken schlagen lassen, und am 16. Juli mit Tagesanbruch überschritt die Armee in 3 Colonnen an den genannten Punkten und bei Kitzingen den Main. Die 1. Division bezog den Bivouak bei Rottendorf und Gerbrunn, die 2. rückte nach Dettelbach, Brück und Mainstockheim, die nunmehr wieder vereinigte 3. Division nach Kürnach und Unterpleichfeld, die 4. nach Würzburg und Oberzell mit der 2. leichten Brigade in Estenfeld. Letztere Division hatte die Sicherung der Armee mainabwärts zu übernehmen, und von der 3. war ein Cavalerie-Detachement bei Fahr zurückgelassen worden. Die Reserve-Infanterie-Brigade ging nach Effeldorf und wurde fortan dem für diesen Tag grösstentheils in seinen Quartieren verbleibenden Cavalerie-Corps unterstellt. Die Reserve-Artillerie marschirte nach Biebergau und Biebelried. Der Feldmarschall verlegte sein Hauptquartier von Wiesentheid nach Würzburg.

Am 17. Juli wurde die begonnene Bewegung fortgesetzt, indem die 1. Division das Stabsquartier Heidingsfeld mit der Ausdehnung bis Ober-Altertheim und Kist, die 2. den Bezirk Rottendorf-Randesacker angewiesen erhielt, und die 3. nach Würzburg mit der Catonnirungsgrenze Hettstadt verlegt ward. Die 4. Division kam nach Rossbrunn, Remlingen, Uettingen, Helmstadt u. s. w., und die 2. leichte Brigade nach Birkenfeld. Der Stab des Reserve-Cavalerie-Corps mit der schweren und der Reserve-Infanterie-Brigade wurde nach Kitzingen, die 1. leichte nach Estenfeld, die Reserve-Artillerie nach Würzburg und Umgebung verlegt. Bei Heidingsfeld ward eine Kriegsbrücke geschlagen.

Während die Sicherung gegen Westen, wie erwähnt, die Division Hartmann zu besorgen hatte, oblag jene nach Norden den Divisionen

Prinz Luitpold und Feder im Verein mit der 1. leichten Brigade.
Die Division Stephan schickte Patrouillen gegen die Tauber aus, um
die Verbindung mit dem VIII. Armeecorps aufzusuchen.

Am 18. Abends meldete ein nach Wertheim vorgeschobenes Che-
vaulegers-Piket der 4. Division, dass Truppen des VIII. Corps 2 Stunden
unterhalb dieser Stadt angelangt, und Fühlung mit denselben gefunden sei.

Indess trafen wiederholt die bestimmtesten Nachrichten über das
Anrücken der Preussen durch den Spessart ein, und dieselben gewannen
durch die constatirte Anwesenheit feindlicher Truppen in dieser
Gegend trotz der manchen gegentheilig lautenden Berichte so grosse
Glaubwürdigkeit, dass Prinz Carl, nachdem er schon am 18. Markt-
Heidenfeld und Lengfurt durch Abtheilungen der 4. Division stark
hatte besetzen lassen, für den 19. eine allgemeine Vorwärtsbewegung
der Armee gegen den Main anordnete.

Die 3. Division kam nach Hettstadt und Umgegend, die 2. nach
Würzburg und mainabwärts bis Margetshöchheim, die 1. nach Remlingen,
Homburg, Urphar und Dertingen, diese letztere mit dem Auftrage,
über Wertheim Verkehr mit dem VIII. Armeecorps zu unterhalten,
sowie den Main zwischen Wertheim und Homburg zu bewachen. Der
Stab der 4. Division wurde nach Markt-Heidenfeld verlegt und die
8. Brigade bis Esselbach vorgeschoben; ferner hatte diese Division
Abtheilungen in Hafenlohr und Glasofen, von wo aus Reiterpatrouillen
über Rohrbrunn bis gegen Aschaffenburg vorpoussiren sollten. Auch
Lohr wurde mit einem Zuge Chevaulegers besetzt, und nach Schloss
Triefenstein 1 Bataillon detachirt. Die 2. leichte Brigade blieb in
Birkenfeld.

Das Reserve-Cavalerie-Corps kam mit dem Stab und der schweren
Brigade nach Ochsenfurt, die 1. leichte nach Unterpleichfeld, und die
Reserve-Infanterie-Brigade nach Marktbreit. 1 Bataillon derselben blieb
jedoch in Kitzingen. Die Reserve-Artillerie lagerte zwischen Waldbüttelbrunn und Kist.

Während der folgenden Tage zeigten sich häufig kleinere preussische Abtheilungen im Spessart, welche die bayerischen Vortruppen
allarmirten und dann wieder verschwanden; diese hingegen waren
nach und nach bis in die Höhe von Bischbrunn vorgeschoben worden
und hatten selbst bis Hessenthal patrouillirt, ohne auf ernsten Wider-

stand gestossen zu seiu. Als nun auch iu Lohr solche Streifcommandos erschieuen, daselbst Lieferungen ansagten u. s. w., wurden das 2. und 3. Bataillon des 5. Infanterie-Regiments unter Oberstlieutenant Hösslinger nebst einem Cavalerie-Detachement beordert, dort einzurücken und die feindlichen Requisitionen zu verhindern. Zugleich ward dem Commandanten Auftrag gegeben, die Eisenbahn gegen Aschaffenburg zerstören zu lassen und einerseits durch Patrouillen über Rechtenbach und Gemünden aufzuklären, anderseits die Verbindung mit Hafenlohr zu erhalten. Noch am nämlichen Tage folgte das 1. Bataillon des genannten Regiments mit 2 12pfündern zur Verstärkung nach. Um aber die 4. Division, welche ihre Stellung seit dem 19. ohnehin in nordwestlicher Richtung etwas verändert hatte, durch diese Entsendung nicht aus dem Contact mit den übrigen Divisionen zu bringen, erhielt Generalmajor Stephan den Befehl, die von derselben geräumten Ortschaften zu besetzen, die südlich gelegenen Punkte seines eigenen Bezirks hingegen den anrückenden Bundestruppen zu überlassen.

Der Obercommandant hatte zur Berathung über die nach Vereinigung der Westdeutschen Bundes-Armee auszuführenden Operationen schon am 19. Juli zu Tauber-Bischofsheim eine Zusammenkunft mit dem Commandanten des VIII. Armeecorps gehabt, und bei dieser, sowie bei der zwei Tage später erfolgten Anwesenheit des Generallieutenants von Baur in Würzburg wurde der Plan gefasst, durch den Spessart auf Aschaffenburg und Frankfurt vorzugehen, wobei die Bayern über Gemünden-Lohr sich in Bewegung setzen sollten, das VIII. Corps hingegen bei Markt-Heidenfeld und mittelst einer bei Wertheim zu schlagenden Brücke den Main überschreiten und die Poststrasse über Esselbach und Hessenthal einschlagen würde. Das Obercommando hatte zwar die Offensive über die Tauber und durch den Odenwald beabsichtigt; allein von Seite des VIII. Corps wurde der Vormarsch in dieser Richtung besonders aus Verpflegs-Rücksichten als absolut unthunlich dargestellt und der obenbezeichnete substituirt, welchem der Marschall dann auch seine Genehmigung ertheilte.

Man schritt nun unmittelbar an die Vorbereitungen zu der verabredeten Offensivbewegung. Die verschiedenen Spessartstrassen wurden recognoscirt, Ausbesserung einzelner Wege u. s. w. angeordnet, das niedere Forstpersonal, Holzarbeiter und sonst der Gegend kundige Leute als Führer requirirt, und auch einleitende Truppenbewegungen fanden statt. Am 23. Juli Morgens wurde nämlich die aus 3 Bataillonen und 1 Batterie bestehende Avantgarde der 2. Infanterie - Division nach Gemünden, das Gros derselben nach Karlstadt verlegt, und die Reserve-Infanterie-Brigade kam von Marktbreit nach Würzburg.

Im Uebrigen hatte die Armee am Abende dieses Tages folgende Stellung inne:

1. Division bei Remlingen,
3. Division bei Hettstadt,
4. Division mit dem Gros im Bivouak hinter Markt - Heidenfeld, Vorposten in Hafenlohr, Bischbrunn, Windheim etc., Avantgarde in Lohr, die zugetheilte 2. leichte Brigade in Urspringen,

Reserve-Cavalerie in Ochsenfurt und Estenfeld,

Reserve-Artillerie in Waldbüttelbrunn und Höchberg.

Gefechte des VIII. Bundes-Armeecorps am Main. Rückmarsch desselben durch den Odenwald bis zur Vereinigung mit den Bayern, Ereignisse des 24. Juli.

Die preussische Armee hatte sich nach den Gefechten an der
Saale westlich gewendet und war in Eilmärschen durch den Spessart
gegen Aschaffenburg abgezogen.

Prinz Alexander, der im Wesentlichen noch in der früher
beschriebenen Stellung vom 9. verblieben war, hatte schon am 11. Juli
auf die Nachricht über den Ausgang des Kissinger Gefechtes eine
hessische Brigade zur Bewachung des Spessart-Debouchés nach Aschaffenburg beordert, welcher er Tags darauf, als die Kunde vom Erscheinen
feindlicher Spitzen an ihn gelangte, die 2. Brigade folgen liess. Zugleich
traf er die Verfügung, dass auch die württembergische sowie die österreichisch-nassauische Division sich in dieser Richtung in Bewegung
setzen sollten, so dass am 15. das Gros des Corps bei Aschaffenburg
concentrirt gewesen wäre, während die badische Division eine Reserve-
Stellung zwischen Frankfurt und Darmstadt einnehmen sollte. Allein
der Gegner hatte seinen Anmarsch dergestalt beschleunigt, dass schon
um 13. seine Avantgarde über Partenstein gegen die bei Laufach und
Fronhofen stehende hessische Division (Generallieutenant von Perglas)
traf, gegen dieselbe ein hitziges Gefecht lieferte, und sie mit grossem
Verlust auf Aschaffenburg zurückwarf.

Theils am Abend, theils in der Nacht vom 13. auf den 14. war
auch die österreichische Brigade Hahn mit den beiden kurhessischen
Schwadronen unter der Führung des Feldmarschalllieutenants Grafen
Neipperg nach Aschaffenburg dirigirt worden, und nahm dort am
kommenden Morgen den Kampf wieder auf. Die Preussen hatten sich
mittlerweile verstärkt und zwangen nun auch diese nach mehrstündigem

Kampfe zum Rückzug auf Babenhausen. Die Hessen wurden am Vormittage des 14. bei Stockstadt noch einmal, jedoch nur sehr unerheblich angegriffen, passirten sodann den Main, und zogen gleichfalls in der Richtung auf Babenhausen ab.

Unterdessen hatte aber (am 13.) Prinz Alexander den Befehl zum Rückmarsche durch den Odenwald erhalten. Er verlegte daher sein Corps in der Nacht vom 14. zum 15. Juli in Bivouaks bei Babenhausen, Dieburg und Jägersheim, rief die noch jenseits des Mains stehende württembergische Division herbei, und zog am folgenden Tage in der ihm bezeichneten Richtung ab*).

Der Marsch des Corps wurde, nur wenig vom Feinde belästigt, in drei Colonnen ausgeführt. Die eine ging über Obernburg nach Miltenberg, die zweite über Amorbach nach Walldürn, die dritte eben dahin über Mudau. Das Hauptquartier kam am 15. nach Gross-Umstadt, ging noch in der Nacht weiter bis Michelstadt, blieb dort am 16. und 17., wurde am 18. nach Amorbach, am 19. nach Walldürn, und am 20. nach Tauber-Bischofsheim verlegt.

Am 21. hatte das VIII. Corps folgende Stellung:

Badische Division in Wertheim,

Württembergische Division in Grossrinderfeld und Tauber-Bischofsheim, vor ihr die Hessische Division in Hardheim,

Oesterreichische Brigade bei Lauda,

Nassauische Brigade bei Buchen,

Reserve-Reiterei, Artillerie etc. etc. bei Walldürn.

Somit stund das Corps nahezu concentrirt, und die Vereinigung mit den Bayern, das heisst die Möglichkeit einer gemeinsamen Operation der Westdeutschen Bundes-Armee war factisch erreicht.

Der Feind hatte nach den Gefechten bei Aschaffenburg mit der

---

*) Der nassauischen Brigade, welche in den letzten Tagen zur Deckung des Herzogthums Nassau gegen allenfallsige Angriffe aus nordwestlicher Richtung verwendet war, hatte sich das in Frankfurt a. M. garnisonirende 4. Bataillon des bayerischen 2. Infanterie-Regiments unter Major Gradinger angeschlossen, und war mit derselben am 16. in die Umgegend von Darmstadt marschirt, um von hier aus dem Gros des VIII. Corps zu folgen, dann aber das 2. Bataillon des 14. Regiments auf dem Marienberge abzulösen.

Division Göben Frankfurt besetzt, während die Division Beyer über Gelnhausen nach Hanau gezogen wurde, und die Division Manteuffel nach Aschaffenburg rückte. Am 19. Juli übernahm der Generallieutenant v. Manteuffel an Stelle des zu anderweitiger Verwendung nach Böhmen berufenen Generals der Infanterie Vogel von Falckenstein das Obercommando und übertrug seine Division dem Generalmajor v. Flies.

General v. Manteuffel beschloss, dem VIII. Corps an die Tauber zu folgen, und setzte seine Armee, nachdem er den Truppen die nöthige Erholung gegönnt, und neben verschiedenen anderen Verstärkungen auch die oldenburgisch-hanseatische Brigade Weltzien an sich gezogen hatte, am 21. Juli in Bewegung.

Die Division Göben nebst dieser Brigade nahm denselben Weg, welchen früher das Gros des VIII. Corps eingeschlagen hatte, gegen Tauber-Bischofsheim. Die Division Flies rückte mainaufwärts über Miltenberg gegen Wertheim, und ihr folgte bis Eichenbühl die Division Beyer, um sich nachher gegen Werbach zu wenden.

Am 22. Juli Abends gelangte sowohl in's bayerische Hauptquartier als auch in jenes des Prinzen Alexander von Hessen auf dem Kundschaftswege die verbürgte Nachricht, dass sich eine starke preussische Colonne von Aschaffenburg über Obernburg mainaufwärts bewege. In der folgenden Nacht meldeten die Vorposten des VIII. Corps, dass der Feind im Anmarsch auf Hardheim und Hundheim sei, und dies veranlasste den Commandanten der badischen Division Wertheim zu räumen, und eine Stellung bei Hundheim und Neukirchen zu beziehen.

Prinz Alexander berichtete hierüber an den Feldmarschall und setzte bei, dass er zwar den vom Obercommando verfügten Marsch durch den Spessart vorläufig nicht aufgebe, dass jedoch sowohl die Abwehr der in seiner Front erscheinenden Preussen als auch die durch das Abziehen der badischen Division veranlasste Unterbrechung des Brückenschlags bei Wertheim nothwendig eine Verzögerung dieser Operation herbeiführen müsse.

Nach dieser Meldung musste das Obercommando annehmen, dass nur eine kleinere feindliche Seiten-Colonne durch den Odenwald im Anmarsch sei, und baute um so fester hierauf, als es sich gerade von

Seite des VIII. Corps über Bewegungen des Gegners aus dieser Richtung die sichersten Nachrichten versprechen durfte.

Es wurden zwar sofort Verfügungen getroffen, welche in erster Linie den Zweck hatten, die dem feindlichen Angriffe blossgestellten Truppen dieses Corps zu unterstützen: Die 1. Division erhielt Befehl, über Wertheim die Verbindung mit den badischen Truppen zu erhalten, die Reserve-Infanterie-Brigade *) wurde von Würzburg in einen Bivouak bei Rossbrunn verlegt, und die schwere Cavalerie von Ochsenfurt nach Ober- und Unter-Altertheim, Irtenberg etc. etc. herangezogen; allein im Uebrigen blieb die Stellung der Bayern vorläufig unverändert.

Noch am 23. Juli Abends fanden bei Hardheim und Hundheim zwischen den Spitzen der Preussen und den Vortruppen der hessischen beziehungsweise badischen Division Zusammenstösse statt, wobei Hardheim in den Besitz der Preussen gelangte, bei Hundheim jedoch letztere zurückwichen und das Gefecht abgebrochen wurde. Für den 24. verfügte Prinz Alexander die nachfolgende Dislocirung seines Corps: „Die württembergische Division besetzt mit ihren Vorposten Impfingen und Tauber-Bischofsheim, mit dem Gros die Höhen rechts der Tauber, — die hessische Division zieht sich durch die württembergische in Reserve nach Grossrinderfeld, — die badische bezieht eine Stellung bei Brunnthal und Werbachhausen, — und die österreichisch-nassauische kömmt nach Paimar und Grünsfeldhausen. Die Reserve-Cavalerie rückt in die Umgegend von Gerchsheim, die Reserve-Artillerie nach Schönfeld und Ilmspan, das Hauptquartier kömmt nach Grossrinderfeld."

Inzwischen hatten sich die Preussen der Tauber genähert, so dass am 24. bereits um Mittag von Impfingen aus das Anrücken des Feindes aus der Richtung von Külsheim theils gegen Tauber-Bischofsheim, theils gegen Hochhausen und Werbach wahrgenommen werden konnte. Generallieutenant von Göben hatte nämlich die Brigade Weltzien, an welche sich erst spät die Avantgarde der Division Beyer anschloss, gegen die Badener beordert; er selbst mit der Brigade Kummer,

*) Nunmehr unter Commando des Generalmajors Freiherrn von Seckendorff, da Oberst Freiherr von Pranckh wegen bevorstehender Ernennung zum Kriegsminister nach München abberufen war.

welcher gegen Abend die Brigade Wrangel folgte, griff die Stellung der Württemberger bei Tauber-Bischofsheim an.

Hier hatte Generallieutenant von Hardegg die Stadt, weil gegen das jenseitige Ufer unmöglich zu behaupten, nur schwach besetzt, und nach kurzem Geplänkel geräumt. Als aber die in Tauber-Bischofsheim eingedrungenen Preussen Miene machten den Fluss zu überschreiten, setzte er ihnen einen sehr hartnäckigen Widerstand entgegen.

Der Corps-Commandant, welcher später auf dem Gefechtsfelde erschien, liess 2 Batterien aus der Reserve zur Verstärkung der Feuerlinie vorholen, und nun wurde sogar ein Versuch gemacht, die Stadt dem Gegner wieder zu entreissen. Zwar gelang es durch Brandschiessung, die Plänkler momentan aus den Häusern längs des Ufers zu vertreiben, allein die zum Sturm disponirten Bataillone erlitten. noch ehe sie an die Brücke kamen, so namhafte Verluste, dass man von der Wiedereroberung abstehen musste.

Das Gefecht dauerte nun bei Bischofsheim und Impfingen, ohne weiteren Vortheil auf beiden Seiten, bis gegen Abend fort. Dann wurde die in Reserve auf den rückwärtigen Höhen aufmarschirte österreichisch-nassauische Division zur Ablösung der Württemberger befohlen, während diese bei Grossrinderfeld den Bivouak bezogen.

Indessen war aber die Meldung eingetroffen, dass die badische Division, nachdem der Feind Hochhausen genommen, die Tauber überschritten und sich Werbachs bemächtigt hatte, gegen Altertheim zurückgegangen sei.

Zur Ausfüllung der dadurch entstandenen Lücke führte Prinz Alexander noch am späten Abende die hessische Division von Grossrinderfeld in eine Stellung bei Wenkheim, Brunnthal und Werbachhausen, und ertheilte der badischen Division die Weisung, am nächsten Morgen über Steinbach wieder vorzurücken.

Im Laufe des 24. hatte übrigens auch die bayerische Armee Fühlung mit dem Feinde gewonnen. Generalmajor Stephan war bekanntlich angewiesen worden, um die Verbindung mit der 4. Division nicht zu verlieren, die am weitesten südlich gelegenen Punkte seines Cantonnirungs-Rayons dem VIII. Armeecorps zu überlassen. In Folge dessen hatte er die Orte Urphar, Bettingen und Dertingen am 22. Juli geräumt. Am 23. aber erfuhr er, dass die badische Division Wertheim verlassen habe, und als er nun jenseits dieser Stadt den Anschluss an's VIII. Corps wieder aufsuchen wollte, fanden seine Patrouillen dieselbe bereits von den Preussen besetzt.

In Folge dessen vereinigte er am 24. früh Morgens 8 Bataillone nebst der Divisions-Cavalerie und seinen beiden Batterien in einer Stellung bei Dertingen und liess von da aus eine Recognoscirung gegen Wertheim vornehmen.

Die hiezu beorderten Truppen stiessen jenseits von Urphar auf den Feind, knüpften ein leichtes Scharmützel an und kehrten, nachdem sie sich Gewissheit über die Anwesenheit stärkerer preussischer Abtheilungen verschafft hatten, auf Dertingen zurück.

Auf die Meldung der 1. Infanterie-Division über das Debouchiren des Feindes aus Wertheim beorderte der Feldmarschall das Gros der 4. Division, später verstärkt durch 2 Batterien aus der Reserve-Artillerie, an den Durchschnittspunkt der von Markt-Heidenfeld nach Wüstenzell und von Remlingen nach Lengfurt führenden Strassen. Den übrigen Abtheilungen dieser Division blieb die Bewachung der Spessart-Debouchéen aufwärts bis Lohr übertragen. Die 2. Division erhielt den Befehl, per Eisenbahn über Würzburg nach Rossbrunn zu eilen; die 3. wurde von Hettstadt in einen Bivouak bei Rossbrunn vorgezogen, wohin ihr später auch die Reserve-Artillerie folgte. Sie war angewiesen eine Vorhut nach Helmstadt mit Spitzen in Neubrunn zu entsenden, welche durch einen Patrouillengang Verbindung mit der noch in Werbach vermutheten badischen Division herstellen, anderseits die Wertheimer Hauptstrasse beobachten sollte. Als aber das im Vollzuge dieses Befehls abgeschickte 1. Bataillon des 15. Infanterie-Regiments mit zugetheilter Cavalerie und Artillerie nach Neubrunn kam, fand es diese Ortschaft schon mit 1 Bataillon der 1. Division besetzt, erfuhr, dass in Werbach keine badischen Truppen mehr stünden, und entdeckte dieselben später durch eine in seine linke Flanke entsendete Patrouille bei Unter-Altertheim. Die 1. Compagnie des 15. Regiments blieb in Neubrunn, der Rest des Bataillons ging gegen Helmstadt zurück.

Die 1. Division war bis gegen Abend beobachtend in ihrer Stellung bei Dertingen verblieben, und hatte dann, da das Ergebniss der Recognoscirung einen Angriff aus der Richtung von Wertheim nicht in Aussicht stellte, und in der Ueberzeugung, dass sie gegen Süden

durch das vorliegende VIII. Corps gedeckt sei, die ihr zugewiesenen
Quartiere in Wüstenzell, Holzkirchhausen, Holzkirchen und Helmstadt
mit dem Stabsquartier und der Reserve in Uettingen bezogen. Das
1. Bataillon des 8. Regiments kam auf Vorposten nach Neubrunn,
Dertingen wurde durch Patrouillen von diesem Ort und von Wüstenzell aus beobachtet, und das 3. Bataillon des Leib-Regiments blieb zur
Verbindung mit der Division Hartmann in Homburg.

Von der Reserve-Cavalerie kam die schwere Brigade*) nach Kist,
die 2. leichte**) war noch der 4. Division unterstellt und lag in
Remlingen, die 1. leichte***) stand bei Arnstein, das Corps-Commando aber in Würzburg.

Ausser der bei Heidingsfeld bereits geschlagenen Kriegsbrücke
wurde eine zweite bei Oberzell angeordnet.

Das Hauptquartier war schon am Morgen von Würzburg nach
Remlingen verlegt worden.

Sonach nahm die bayerische Armee in der Nacht vom 24. zum
25. Juli eine im Wesentlichen concentrirte Stellung ein; nur die von
Karlstadt im Anmarsch begriffene 2. Division war noch abgängig.

Die Nacht verlief mit Ausnahme eines gegen die Besatzung von
Homburg gerichteten Ueberfalls vollkommen ruhig. Dort aber war
Abends zwischen 9 und 10 Uhr vom rechten Mainufer aus plötzlich
ein sehr heftiges Feuer gegen die links des Flusses stehenden Vedetten
sowie gegen die Ortschaft selbst eröffnet worden, und zu gleicher Zeit
wurden die ersteren von Süden her lebhaft angegriffen, so dass die
überraschten, von dem stärkeren Gegner gedrängten Vorposten auf
das Piket, und mit diesem in's Dorf zurückwichen. Indess gelang es
dem schnell herbeieilenden Bataillons-Commandanten Major Reuss, das
Piket wieder auf seinen Posten zu führen und die Preussen gegen das
Gehölz, aus welchem sie vorgebrochen waren, zurückzudrängen. Von
da an trat keine Störung der Vorpostenstellung mehr ein.

---

*) Nunmehr befehligt durch den Obersten von Schubärt.
**) Seit der Verwundung des Generalmajors Grafen Pappenheim durch den
Obersten Freiherrn von Brück commandirt.
***) Dieselbe wurde jetzt durch den Obersten Freiherrn von Diez commandirt,
da der Generalmajor Herzog Ludwig den General der Cavalerie Fürsten
Taxis im Corps-Commando ersetzt hatte.

Gefechte bei Würzburg.

Der Feldmarschall hatte dem Commandanten des VIII. Armeecorps am 24. Juli Nachricht gegeben, dass er im Laufe des Tages die bayerische Armee im Rayon Remlingen-Rossbrunn concentriren werde, und hiemit den Befehl verbunden, das Corps solle mit der Division Stephan Verbindung halten, und sorgfältigst darüber wachen, dass bei Neubrunn keine Lücke entstehe. Auf die Nachricht aber von den an der Tauber geschlagenen Gefechten hielt es Prinz Carl nicht für angemessen, zur Seite des VIII. Corps gegen Wertheim vorzustossen, weil zu befürchten war, dass der Feind seine Hauptkraft auf der strategisch entscheidenden Linie über Bischofsheim heranführen, dasselbe werfen und hiedurch das bayerische Armeecorps zwingen werde, sich in den Mainbogen zwischen Markt-Heidenfeld und Würzburg, also in eine höchst missliche Position zurückzuziehen. Er beschloss daher, nur die 4. Infanterie-Division nebst der Reserve-Infanterie-Brigade zur Deckung der Anmarschlinien Markt-Heidenfeld und Wertheim stehen zu lassen, das Gros der Bayern aber zur Verstärkung des VIII. Corps an die Bischofsheim-Würzburger Strasse zu führen.

So durfte man hoffen, einen entscheidenden Schlag gegen den preussischen rechten Flügel zu führen, und im äussersten Falle stand der Rückzug in südlicher Richtung frei, wobei man sich von der überlegenen Cavalerie und Artillerie eine günstige Wirkung versprechen durfte.

Prinz Alexander wurde von der Absicht des Obercommandos verständigt und zugleich angewiesen, die Tauberhöhen jedenfalls festzuhalten.

Ehe jedoch diese Ordre zu seinen Handen kam, waren dieselben factisch aufgegeben. Die österreichisch-nassauische Division war am 25. mit Tagesanbruch aus ihrer Position gegenüber von Bischofsheim aufgebrochen und bis Grossrinderfeld zurückgegangen.

Das VIII. Corps hatte hierauf folgende Stellung eingenommen:
Hessische Division bei Brunnthal,
Württembergische Division auf dem Plateau rückwärts in
Reserve,
Oesterreichisch-nassauische wie gesagt bei Grossrinderfeld,
Badische bei Steinbach, endlich
die Reserven der Cavalerie und Artillerie bei Gerchsheim
und Kist.

Diese Stellung, welcher der Feind sich nur mit kleineren Patrouillen
näherte, wurde einige Stunden lang behauptet. Als aber eine nach
Neubrunn entsendete badische Reiter-Schwadron die Meldung erstattet
hatte, letztere Ortschaft werde von den Bayern geräumt, (das dort befindliche Bataillon des 8. Regiments wurde nämlich, nachdem man
sich Gewissheit verschafft hatte, dass die vorliegenden Ortschaften von
den befreundeten Truppen verlassen seien, aus dem der Vertheidigung
ungünstigen Dorfe herausgezogen und auf die rückwärtige Höhe gebracht), so erweckte dies beim Corps-Hauptquartier die Befürchtung.
es möchte auf bayerischer Seite eine rückgängige Bewegung angeordnet
und somit die Verbindung der beiden Heeres-Grosstheile abermals zer-
rissen sein; und als nun ferner das Anrücken einer preussischen Colonne gegen die linke Flanke der beregten Stellung gemeldet wurde,
da fasste Prinz Alexander den Beschluss, dieselbe aufzugeben, und
sich auf die Höhen bei Gerchsheim zurückzuziehen.

Dort endlich um 12 Uhr Mittags konnte der Adjutant des Feldmarschalls, Major Freiherr von Massenbach, nachdem er den zur Seite
der Hauptstrasse zurückreitenden Corps-Commandanten lange vergeblich
gesucht hatte, die oben erwähnte Ordre übergeben. Das Aeusserste
jedoch, wozu sich dieser in Anbetracht der durch die vielen Hin- und
Hermärsche sowie durch die mangelhafte Verpflegung verursachten
allerdings grossen Ermattung seiner Truppen verstehen wollte, war,
die Linie Gerchsheim-Altertheim zu halten.

Am Nachmittag des 25. Juli waren vom VIII. Corps die hessische
und österreichisch-nassauische Division nebst 1 württembergischen Brigade (die beiden anderen hatte der Divisionär wegen zu grosser Ermüdung bis Kist zurückgeschickt) in einer vortheilhaften Position bei
Gerchsheim vereinigt. Eben daselbst befanden sich auch die Reserven

der Cavalerie und Artillerie, während die badische Division bei Ober-Alterthеim stund.

Auf preussischer Seite hatte Generallieutenant von Göben mit den Brigaden Kummer und Weltzien bei Bischofsheim die Tauber passirt, um in Richtung der Hauptstrasse vorzugehen, die Brigade Wrangel hingegen hatte weiter oben den Fluss überschritten und rückte über Paimar und Ilmspan auf Schönfeld.

Diese beiden Colonnen stiessen gegen 3 Uhr Nachmittags auf das Gros des VIII. Corps und griffen dasselbe fast gleichzeitig an.

Es entspann sich nun ein zeitweise sehr heftiger, mehrere Stunden andauernder Artillerie-Kampf, der schon zum Nachtheil der Preussen sich zu wenden begann; allein da indessen die badische Division wegen des feindlichen Anrückens bei Neubrunn Steinbach verlassend gegen Alterthеim retirirte, da ferner Meldung über den erwähnten Ab-marsch zweier württembergischer Brigaden nach Kist eingetroffen war, und endlich aus der Entfernung der ungünstige Verlauf eines von den Bayern entrirten Gefechtes sich erkennen liess, befahl der Corps-Commandant den Rückzug aller Divisionen auf Kist. Kurz vor Ein-bruch der Nacht ward jedoch der nachdrängende Feind durch eine von Irtenberg aus unternommene Angriffsbewegung der Infanterie auf-gehalten.

Wenden wir uns nun wieder dem Bereich des bayerischen Corps zu, so finden wir, dass am Morgen des 25. die 3. Division von Ross-brunn nach Helmstadt vorgeschoben worden und beauftragt war, gegen Neubrunn und Kembach zu recognosciren. Hingegen waren ein Theil der Reserve-Cavalerie von Kist über Mädelhofen, und die von Karl-stadt herbeigerufene 2. Infanterie-Division nach Rossbrunn in den Bivouak disponirt, woselbst bekanntlich die Reserve-Infanterie-Brigade und die Reserve-Artillerie schon vereinigt standen.

In der Stellung der übrigen Heeresabtheilungen hatte sich seit dem vorigen Abend nichts verändert.

Inzwischen hatte der Feldmarschall zur Realisirung der dem VIII. Corps in Aussicht gestellten Concentrirung an der Würzburger Strasse Befehl ertheilt, dass die 3. Division nach Ober-Alterthеim, die 1. nach Unter-Alterthеim marschiren und diese Flankenbewegung

11

durch die stehen bleibenden Vorposten der letzteren maskirt werden sollte. Die 4. Division ward wie oben erwähnt angewiesen, in ihrer Position am Main, gestützt auf Würzburg, zu verbleiben, und die 2. sollte von Rossbrunn nach Waldbrunn rücken, während das Hauptquartier nach Kist bestimmt war. Es ist übrigens wohl zu berücksichtigen, dass das Armee-Obercommando, als es diese Operation anordnete, der festen Ueberzeugung war und sein musste, dass jedenfalls die das rechte Tauberufer bildenden Höhen noch gehalten seien und blieben.

Als nun die bezüglichen Befehle an die 1. und 3. Division gelangten, war deren Situation folgende: Erstere hatte am Morgen im Auftrage des Obercommandos Recognoscirungs-Abtheilungen von Wüstenzell und Holzkirchhausen aus vorgeschickt, dieselben waren bei Kembach auf die Preussen gestossen, und das hiedurch entstandene leichte Geplänkel hatte Veranlassung gegeben, die in den oben genannten Ortschaften liegenden Abtheilungen zu allarmiren. Oberstlieutenant Höggenstaller mit dem 2. Bataillon des Leib-Regiments und dem 2. und 3. des 8. besetzte den Winzerts- oder Blasenberg, während Oberst Dietl das 2. und 3. Bataillon des 2. Regiments bei Wüstenzell sich formiren liess und durch 3 in seine linke Flanke entsendete Compagnien die Verbindung mit Holzkirchhausen herstellte. Ferner hatte sich Generalmajor von Welsch auf Veranlassung des Feldzeugmeisters Prinzen Luitpold mit dem 4. Jäger-Bataillon, einer halben Escadron und 4 gezogenen Geschützen von Helmstadt gegen Holzkirchhausen in Bewegung gesetzt, die 3. Division hingegen war im Begriff, eine auf Uettingen basirte Stellung einzunehmen.

In diesem Moment erreichte den Feldzeugmeister die jüngste Ordre des Obercommandos.

Unter den obwaltenden Umständen schien es allerdings unthunlich, den anbefohlenen Marsch augenblicklich anzutreten; indess wollte Prinz Luitpold denselben wenigstens durch eine Frontveränderung vorbereiten, und durfte dies um so sicherer, als er ja das ihm bezeichnete Marschziel durch die Truppen des VIII. Armeecorps als geschützt anzunehmen berechtigt war.

Er liess daher seine Division eiligst eine Aufstellung à cheval des von Helmstadt nach Altertheim führenden Verbindungsweges, Front gegen Helmstadt und gegen das von Neubrunn herführende Strässchen nehmen, wobei sein linker Flügel in den Wald des Lerchenbergs zu stehen kam, während der refüsirte rechte bis gegen den von Helmstadt nach Waldbrunn führenden Pfad hinabreichte.

Mittlerweile hatte Generalmajor Stephan schon auf die Meldung vom Erscheinen der Preussen bei Kembach hin beschlossen, seine Truppen in der Linie Holzkirchhausen-Helmstadt zu concentriren. Zwar war dieser Beschluss noch nicht zur Ausführung gebracht, als die Ordre eintraf, er solle nach Unter-Altertheim rücken; allein der General war der Ansicht, dass die Verfügungen des Obercommandos durch die Ereignisse, d. h. durch das Vorrücken der Preussen überholt seien, und hielt die beabsichtigte Flankenbewegung in so unmittelbarer Nähe des Feindes für nicht mehr ausführbar.

Er blieb desshalb auf dem oben bezeichneten Plan stehen, schickte sofort zur 3. Division, den Commandanten derselben einzuladen, er möge bei Helmstadt verbleiben, liess gleichzeitig an den Generallieutenant von Hartmann die Aufforderung ergehen, über Wüstenzell auf Neubrunn gegen die linke Flanke des Feindes zu operiren, und meldete das von ihm gefasste Projekt an den Feldmarschall mit der Bitte um die höchste Genehmigung.

Er selbst mit seinem Stabe, dem 2. Jäger-Bataillon, 1 Escadron Chevaulegers und der 12 pfünder Batterie brach von Uettingen nach Holzkirchen auf, und erst hier traf ihn die Nachricht, dass Prinz Luitpold im Vollzuge der erhaltenen Ordre Helmstadt bereits geräumt habe.

Innerhalb dieser Zeit waren aber die bei Neubrunn stehenden Vorposten bereits angegriffen und zurückgeworfen worden.

Es wurde schon früher erwähnt, dass der hier commandirende Oberst Fink am Morgen des 25. Neubrunn geräumt hatte um eine günstigere Position auf den Höhen hinter dem Dorfe einzunehmen, und nur die 1. Compagnie des 15. Regiments in der Ortschaft geblieben war.

Gegen 11 Uhr nun liess sich aus dieser Stellung das Anrücken des Feindes wahrnehmen. Die Dorfbesatzung engagirte das Gefecht mit der preussischen Avantgarde, musste aber nach kurzer Zeit gegen den linken Flügel des auf den rückwärtigen Höhen postirten Bataillons retiriren. Auch dieses konnte sich nicht halten, da die rasch nachfolgenden Preussen alsbald 4 bis 5 Bataillone mit Artillerie zu beiden Seiten der Strasse aufmarschiren liessen, sondern war bald gezwungen, den Ameisen- und Mausberg zu verlassen und sich gegen Helmstadt zurückzuziehen. Zwei weitere Compagnien vom 1. Bataillon des 15. Regiments eilten als Soutien herbei, vermochten aber keinen Rückschlag zu erzielen.

Es war jetzt 1 Uhr. Generalmajor von Welsch stand bei Holzkirchhausen, hatte dort eben die unter dem Oberstlieutenant Höggenstaller vereinigten Abtheilungen an sich gezogen und das 4. Jäger-Bataillon südlich dieses Dorfes in den Holzermark-Wald entsendet, als ihn durch Vermittlung der 3. Division der Befehl seines Divisionärs erreichte, nach Helmstadt zurückzukehren. Er rief die Jäger ein und rückte mit der Infanterie längs der Höhe des Blasenbergs ab, die Cavalerie und Artillerie aber liess er die Strasse einschlagen.

Von Neubrunn aus hatte sich unterdessen das Vorpostengefecht dem Sesselberge genähert, und dort sowie in der nächsten Umgebung von Helmstadt wären allerdings 4 Bataillone und 4 gezogene Geschütze verfügbar gewesen, den Kampf aufzunehmen, die von Holzkirchhausen im Rückmarsch begriffene Colonne noch nicht gerechnet. Es standen nämlich auf dem Sesselberge selbst das 3. Bataillon des 1. mit dem 2. des 15. Regiments, und die Höhe nördlich von Helmstadt war mit dem 1. Bataillon des 2. Regiments, einer halben Chevaulegers-Escadron und 4 gezogenen Geschützen der 1. Division, sowie mit dem vom Prinzen Luitpold dorthin detachirten 5. Jäger-Bataillon besetzt. Allein diese Truppen gehörten verschiedenen Brigaden und Divisionen an, ein Oberbefehlshaber über dieselben war nicht designirt, und bei dem also hervorgerufenen Mangel an einheitlicher Leitung konnte auch ein Zusammenwirken derselben nicht stattfinden.

Beim Herannahen des Feindes zogen sich zuerst die von Neubrunn kommenden Bataillone, (das 1. des 8. und das halbe 1. des 15. Regiments), dann aber auch vom Sesselberge das 2. des 15. auf die Stellung der 3. Division zurück. Das 3. Bataillon des 1. Regiments blieb vorerst allein dem Angriffe des übermächtigen Gegners ausgesetzt. In Front und Flanke zu gleicher Zeit gepackt, setzte es gleichwohl einen hartnäckigen Widerstand entgegen; allein binnen Kurzem musste es mit grossem Verlust (auch der Bataillons-Commandant Major

Schultheiss erhielt eine schwere Blessur) über den Hang hinunter nach Helmstadt. Der nachdrängende Feind bemächtigte sich bald auch dieser Ortschaft, und nun zog sich die eine Hälfte des Bataillons auf die rückwärtige Höhe gegen das 5. Jäger-Bataillon, während die andere nach Uettingen zurückging.

Die Preussen hielten Helmstadt besetzt, folgten aber dem Bataillon des 1. Regiments nicht weiter nach, sondern wendeten sich gegen die 3. Division.

Es mochte auf 2 Uhr gehen, als die von Holzkirchhausen zurückbeorderte Colonne in die Nähe von Helmstadt kam. Die zugehörige Cavalerie und Artillerie hatte das Dorf schon früher, während die Compagnien des 1. Regiments noch auf den jenseitigen Höhen im Wald und in den Weinbergen kämpften, passirt, und ihren Marsch gegen Uettingen fortgesetzt; jetzt aber war Helmstadt in den Händen des Gegners und das Gefecht gegen die 3. Division hatte bereits begonnen. Generalmajor v. Welsch wollte nun den Anschluss an seine Division über Holzkirchen gewinnen und zog dorthin ab, indem er seinen Marsch durch das auf die waldige Höhe zwischen Uettingen und Helmstadt entsendete 2. Bataillon des Leib-Regiments deckte.

In Holzkirchen war inzwischen Oberst Pesenecker*) mit dem 2. Bataillon des 1. Regiments eingetroffen, und das mit dem Divisionär selbst herbeigekommene 2. Jäger-Bataillon hatte die nördlich und südlich zunächst der Ortschaft gelegenen Höhen besetzt. Gegen 2 Uhr langte auch Oberst Dietl mit seinen beiden Bataillonen an, wovon jedoch jene 3 Compagnien, welche (vorher zur Verbindung zwischen Wüstenzell und Holzkirchen verwendet) nun ihren Rückweg durch die zwischen den Strassen gelegenen Wälder nahmen, noch abgingen. Ihm folgte als Arrièregarde das durch eine Abtheilung der Division Hartmann in Homburg abgelöste 3. Bataillon des Leib-Regiments.

Es waren somit an diesem Punkte nach 2 Uhr 4½ Bataillone, 1 Escadron und die 12 pfünder Batterie der 1. Infanterie-Division vereinigt. Um dieselbe Zeit aber hatte Generalmajor Stephan nicht nur

---

*) Seit Ernennung des Obersten v. Pranckh zum Commandanten der Reserve-Brigade interimistisch mit der Führung der 1. Brigade betraut.

die veränderte Stellung der 3. Division erfahren, sondern es war auch der an Generallieutenant v. Hartmann entsendete Offizier mit Nachrichten zurückgekehrt, welche gegen die ursprünglichen Voraussetzungen contrastirten.

Derselbe hatte zwar in Remlingen die Genehmigung des Feldmarschalls zu der projektirten Bewegung erbeten und erhalten, auch war ihm Befehl gegeben worden, dies dem Commandanten der 4. Division zu eröffnen; allein von dieser Division stunden ausser dem 6. Chevaulegers-Regiment und den beiden aus der Reserve zugetheilten Batterien nur 5 Bataillone und 2 Geschütze verfügbar am Wegkreuze zwischen Lengfurt und Remlingen. Der Rest war noch zur Deckung des Mains verwendet, und dort sogar stellenweise engagirt (Erlenbach).

Unter solchen Umständen erschien es dem Generalmajor Stephan als das Dringlichste, so rasch wie möglich nach Helmstadt zu marschiren. Auf dem direkten Wege jedoch, durch das schwierige ungebahnte Waldterrain, war dies Ziel zumal bei der grossen Nähe des Feindes nicht zu erreichen. Er beschloss daher, die Strasse gegen Uettingen einzuschlagen, um von dort frontal vorzurücken.

Gefecht bei Helmstadt und Uettingen.
(25. Juli.)

Bei Beginn des Angriffs der Preussen auf die Division des Prinzen Luitpold hatte diese folgende Stellung inne:

Auf dem rechten Flügel, angelehnt an den nach Waldbrunn führenden Weg stunden die von der 5. Brigade beim Gros der Division anwesenden Bataillone, nämlich das 1. und 2. (Streiter und Tausch) des 11. im ersten, das 3. (Wernhard) desselben Regiments im zweiten Treffen. Das Centrum wurde gebildet durch die Divisions-Artillerie, von welcher die 12 pfünder Batterie Schuster rechts, die gezogene 6 pfünder Batterie Lottersberg links des Strässchens in einer das Vorterrain beherrschenden Position aufgefahren waren, und hinter denselben gedeckt in einer Mulde befand sich das 2. Chevaulegers-Regiment. Die 6. Brigade stund auf dem vorgeschobenen linken Flügel und hielt mit dem 1. Bataillon (Sebus) des 6. Regiments die Spitze des bewaldeten Lerchenbergs besetzt. Längs der Lisière rechts schloss sich das 3. Bataillon (Ball) dieses Regiments, links das 1. Jäger-Bataillon (Göriz) an.

Als Reserve hinter dieser ersten Linie stunden weiter rückwärts im Walde das 2. Bataillon (Dichtel) des 14. und links davon nahezu im Anschluss an die Jäger das 3. Bataillon (Pöllath) des 15. Regiments.

In dritter Linie war das 1. Bataillon des 14. Regiments unter Major von Täuffenbach postirt, und zwar mit dem linken Flügel an den Wald gelehnt, im Alignement mit den Bataillonen der 5. Brigade.

Der Feldzeugmeister, unterrichtet vom Anmarsche der aus ihrer Stellung bei Steinbach nach Altertheim retirirenden badischen Divisionen, liess diese zu seiner Unterstützung auffordern; allein der Commandant derselben glaubte ohne Ermächtigung seines Corps-Commandanten hierauf nicht eingehen zu dürfen. Die schwache bayerische Division war also genöthigt, den Kampf allein aufzunehmen.

1. Moment. Als gegen 2 Uhr die seit Neubrunn fechtenden Compagnien vom 1. Bataillon (Lachemair) des 8. und vom 1. Bataillon (Moor) des 15. Regiments, die Waldungen am Sesselberg räumend, an Helmstadt vorüber sich gegen den rechten Flügel der Division zogen, eröffneten die zwei zu beiden Seiten des Weges postirten bayerischen Batterien ihr Feuer gegen die am Hange des Sesselbergs auftauchenden preussischen Colonnen. Alsbald erschien dort auch eine feindliche Batterie und nun entspann sich eine Kanonade, an welcher Anfangs die auf der Höhe zwischen Helmstadt und Uettingen aufgefahrene gezogene Batterie der 1. Division gleichfalls Theil nahm. Später jedoch, als sich die feindliche Cavalerie näherte, zog sich dieselbe, weil ohne Bedeckung, nach Uettingen zurück.

Mittlerweile waren das oben genannte Bataillon des 8. Regiments mit der Hälfte des 1. Bataillons vom 15., (die anderen Compagnien hatten sich am Holzermark-Wald an das 4. Jäger-Batataillon angeschlossen), und das 2. Bataillon (Brückner) desselben Regiments an die Division herangekommen und hatten am rechten Flügel Stellung genommen: Das Bataillon Lachemair als Staffel hinter dem 1. Bataillon des 11. Regiments, und die 1½ Bataillone des 15. rückwärts des letztgenannten.

Auf preussischer Seite formirte sich das Gros der anrückenden Division Beyer um die bayerische Stellung anzugreifen. Auf dem Sesselberg und in Helmstadt wurde nur beobachtend verfahren, die Hauptmacht aber entwickelte sich zur Seite der Neubrunner Strasse gegen den linken Flügel der Bayern, während deren rechter nur durch Cavalerie beschäftigt werden sollte. Gleichzeitig mit dem Angriff der Preussen vom Sesselberg aus wurde auch das Anrücken starker feindlicher Colonnen von Neubrunn her gegen die Flanke der bayerischen Division gemeldet.

Der erste Stoss des Gegners traf auf die an der äussersten Waldspitze stehenden Plänkler des 6. Regiments. Dieselben wurden überwältigt und in den Wald zurückgetrieben, ohne dass es den Bemühungen ihrer Offiziere gelungen wäre, sie aufzuhalten. Hiedurch wurden aber auch die zu ihrer Linken befindlichen Jäger mitgerissen, und als die beiden im Innern des Waldes aufgestellten Reserve-Bataillone einzugreifen versuchten, war der Druck der Weichenden schon so gross und der Rückzug so allgemein, dass auch sie bald in denselben verwickelt wurden. Ein gleiches Schicksal traf das zur Unterstützung vom rechten Flügel herübergezogene 3. Bataillon des 11. Regiments.

Die von den heftig nachdrängenden Preussen unaufhörlich beschossenen Bataillone waren während des Rückzuges durch das unwegsame, jede Umsicht hemmende Waldterrain so sehr in Unordnung gerathen, dass der taktische Verband vollkommen gelöst und jede Reaction unmöglich war. Umsonst hielt der Feldzeugmeister selbst in der vordersten Linie, wobei der als Ordonnanz-Offizier seines erlauchten Vaters functionirende Oberlieutenant Prinz Ludwig, mit Wort und Beispiel die Leute zum Stehenbleiben und muthigen Ausharren ermahnend, durch einen Schuss in den Oberschenkel schwer verwundet wurde; umsonst suchten die Offiziere entgegenzuwirken, — alle Anstrengungen, das Gefecht zum Stehen zu bringen, blieben fruchtlos.

Prinz Luitpold machte nun einen letzten Versuch, die nachgefolgten feindlichen Plänkler vom Waldsaum zurückzuwerfen, indem er auch das 2. Bataillon (Tausch) des 11. Regiments vom rechten Flügel herüberzog. Seinen Commandanten an der Spitze ging dieses Bataillon entschlossen gegen den Wald vor; allein bis nahe an die Lisière gelangt, wurde es von einem mörderischen Feuer empfangen. Der Major stürzte, die Leute kamen in's Wanken, und wurden geworfen.

Nach zweistündigem Gefecht waren also 7 Bataillone für den Augenblick kampfunfähig. Dem Brigadier, Obersten Schweizer, war bei den Versuchen, seine Truppen wieder zu ordnen, das Pferd unter dem Leib erschossen, er selbst verwundet und durch den Sturz des Pferdes arg verletzt worden, so dass er vom Platze getragen werden musste.

Es verblieben dem Divisionär zur Fortsetzung des Gefechtes nur 4½ Bataillone, 4 Escadronen und 2 Batterien. Von den übrigen hatten sich wohl einzelne Abtheilungen unter den Offizieren wieder gesammelt und formirt, allein sie konnten nur mehr partiell eingreifen; die Mehrzahl setzte ihren Rückzug durch den Wald gegen Waldbrunn hin fort. Das Bataillon Täuffenbach hatte zwar in musterhafter Ordnung festgehalten, und deckte nun auf dem sogenannten Zottenrain, dem höchsten Punkte des Lerchenberges, den Rückzug des linken Flügels; der Feind drängte aber am Waldsaume so heftig nach, dass die jedes Flankenschutzes beraubten Batterien ihre Stellung räumen mussten. Sie fuhren anfänglich in der Direction gegen Ober-Altertheim, entnahmen aber noch rechtzeitig aus dem von dort herüberschallenden Gewehrfeuer, dass der Feind auch in dieser Richtung Fortschritte gemacht, und bogen links von der Strasse ab, um querfeldein den Wald und gedeckt durch diesen Waldbrunn zu gewinnen. Zwei Escadronen des 2. Chevaulegers-Regiments folgten ihnen als Bedeckung.

Es ward nun auch dem rechten Flügel der Rückzug anbefohlen, allein in diesem Moment brach aus einer Terrainfalte feindliche Cavalerie gegen die äusserste rechte Flanke hervor. Die noch zur Stelle befindliche Division des 2. Chevaulegers-Regiments stürzte sich derselben entgegen, und es gelang, sie durch eine glücklich ausgeführte flankirende Attake abzuweisen; allein die Preussen hatten neue Schwadronen auszugeben, und ehe es den bayerischen Chevaulegers gelungen war, sich wieder vollkommen zu sammeln, jagten dieselben heran. Nur 1½ Escadronen konnten zur Gegenattake verwendet werden, und diese wurden bei dem nun folgenden Handgemenge von der Uebermacht zum Weichen gezwungen. Der Regiments-Commandant Oberstlieutenant Horadam stürzte hiebei und wurde gefangen, die beiden Rittmeister verwundet.

Indess hatte sich die Infanterie in Carrés formirt und feuerte auf die feindlichen Reiter. Der Rückzug wurde nun unter dem Schutz der 1. Bataillone des 8. und 11. Regiments durch den Wald gegen Waldbrunn ausgeführt, das 1. Bataillon des 14. Regiments hingegen retirirte in Befolgung der ursprünglich ihm ertheilten Instruction auf Ober-Altertheim, und zog, da es diesen Ort vom Feinde besetzt fand, an demselben vorüber gegen die bei Kist stehenden Truppen des VIII. Armeecorps.

2. Moment. Die Preussen folgten der 3. Infanterie-Division nicht weiter nach, da sich ihnen in der Richtung gegen Uettingen Gelegenheit zu erneutem Kampf darbot.

Generalmajor Stephan hatte noch in der Nähe von Holzkirchen die Besetzung Helmstadts durch den Gegner erfahren und beschleunigte daher seinen Marsch auf's Aeusserste. Das 2. Jäger-Bataillon schickte er zur Flanken-Sicherung auf die Höhe gegen Helmstadt, und das 3. Bataillon des Leib-Regiments nebst 1 Escadron und 2 12 pfündern liess er zum Schutze der Dertinger Strasse sowie des Holzkirchhauser Défilés auf einer Anhöhe nördlich der ersteren zurück. Er selbst mit dem Rest der Colonne zog eiligst weiter über Uettingen und erreichte in demselben Moment die Höhe des Frohnbergs, als gerade die 3. Division entschieden den Rückzug angetreten hatte. Hier eröffnet sich eine weite Aussicht nach Süden und Südwesten; nur Helmstadt selbst sowie der Thalgrund in dem es liegt, sind verdeckt, und es waren auf dem Sessel-, Lerchen- und Ameisenberg rechts und links der Neubrunner Strasse bedeutende feindliche Truppenmassen wahrzunehmen.

General Stephan konnte nicht anders glauben, als dass unter den gegen Altertheim und Waldbrunn fechtend retirirenden Abtheilungen sich auch Theile seiner Division befänden, und beschloss nun, da der Marsch nach Altertheim unmöglich, und die Benützung des nach Waldbrunn führenden Waldweges für schwere Fahrzeuge gleichfalls inpraktikabel war, letztgenannten Ort auf der Strasse von Uettingen über Rossbrunn zu gewinnen. Die Colonne hatte sich eben zu diesem Zweck

in Bewegung gesetzt, als die von Rossbrunn her entgegen kommende
12 pfünder Batterie Schropp der Reserve-Artillerie die Meldung machte,
dass sie vorbeordert sei. Der Commandant der 1. Division leitete hier-
aus die Intention des Feldmarschalls ab, die Höhe zwischen Helmstadt
und Uettingen zu behaupten, machte Kehrt und rückte wieder über
den Kamm derselben vor. Oben angelangt, liess er die Batterien zur
Seite der Strasse auffahren und rechts derselben die 3 Compagnien vom
2. Bataillon, links das 3. Bataillon des 2. Regiments sich entwickeln.
Die beiden Bataillone des 1. Regiments (unterwegs hatte sich nämlich
auch das bei Helmstadt im Gefecht gestandene 3. Bataillon der Colonne
angeschlossen) blieben in zweiter Linie.

In der aus dem Thale westlich von Helmstadt gegen den Frohnberg heranziehenden Mulde erschienen, nachdem kaum die oben bezeichnete Stellung bezogen war, 2 Bataillone nebst einer Batterie, die
sich allmählig auf circa 5 Bataillone verstärkten. Die Plänkler, welche
denselben vorangingen, konnten über den in steilen Terrassen abfallenden Hang, und weil sie sich im hochstehenden Getreide gedeckt näherten,
nicht wahrgenommen werden, so dass man anfänglich versucht war,
in den Anrückenden befreundete Truppen zu vermuthen. Eine vorgesendete Chevaulegers-Patrouille machte diesen Zweifeln jedoch bald ein
Ende, und sobald man erkannt hatte, dass man Feinde gegenüber habe,
eröffneten die bayerischen Batterien ihr Feuer.

Die Preussen erwiederten dies nicht nur durch ihre plötzlich in
nächster Nähe auftauchenden Tirailleurs, sondern auch durch eine
weiter rückwärts postirte Batterie. Da aber fast zu gleicher Zeit auch
rechts in der Strasse preussische Infanterie herangekommen war, um
die Bedienungsmannschaft der bayerischen Geschütze als specielles Ziel
zu wählen, da sich ferner aus dem Walde in der rechten Flanke ein
lebhaftes Infanteriefeuer vernehmen liess, wurde die Räumung der
Stellung beschlossen. Die Batterien fuhren ab, und die 1 ½ Bataillone
(Duntze und Murmann) des 2. nebst dem aus seiner Reservestellung
im Walde hervorgeholten 2. Bataillon (Jouvin) des 1. Regiments übernahmen unter dem heftigsten Granat- und Kleingewehrfeuer die Deckung
des Rückzugs.

Innerhalb dieser Zeit hatten auch zwei detachirte Abtheilungen

der 1. Division ein schweres Gefecht zu bestehen. Das von Helmstadt aus auf die nördlich gelegene Höhe entsendete 2. Bataillon (Dörmühl) des Leib-Regiments war nämlich mit dem aus der entgegengesetzten Richtung von Holzkirchen kommenden 2. Jäger-Bataillon (Treuberg) zusammengetroffen, und die beiden Colonnen hatten sich ungefähr auf halbem Wege vereinigt. Die Jäger zogen voraus, das Bataillon Dörmühl folgte.

Das Gefecht oberhalb Uettingen hatte bereits begonnen und die Tête dieser Colonne, einen schmalen Gangsteig entlang rückend, der in Richtung der Kuppe des Frohnbergs führte, traf auf eine Abtheilung des 2. Regiments, welche eben den Rückmarsch antrat. Da sahen sich die in Rotten formirten beiden Bataillone plötzlich von vorne und von der Seite heftig angefallen. (Wahrscheinlich war es die Avantgarde der Division Flies, welche über Helmstadt anrückend hier in's Gefecht eingriff.) Von einer gemeinsamen Action konnte natürlich unter solchen Umständen keine Rede sein. Es bildeten sich einzelne, unregelmässige Haufen, und nun entstund ein sehr hitziges Waldgefecht, das zwar mit grosser Energie geführt wurde, aber schon um desswillen ohne jeglichen Erfolg sein musste, weil die allgemeine Situation an und für sich eine rückgängige Bewegung involvirte. Unter sehr namhaften Verlusten *) gelangten die beiden Bataillone nach Uettingen, um sich dort wieder zu formiren.

Hinter dieser Ortschaft schlossen sich auch die unter General-major von Welsch von Holzkirchen kommenden Abtheilungen der Colonne an, und nun zog Generalmajor Stephan mit seiner gesammten Division nach Rossbrunn.

3. Moment. Es ging auf 6 Uhr Abends, als die Truppen der 1. Division aus dem Gefecht zurückgenommen wurden.

Um nun dem Feinde das weitere Vordringen über Uettingen zu verwehren, bot sich mit dem Mittelpunkte Rossbrunn eine günstige Stellung, deren beide vorgeschobene Flügel rechts durch den zwischen der Aschaffenburger und Wertheimer Hauptstrasse liegenden Kirchberg,

---

*) Unter den Verwundeten war auch der beim Bataillon Dörmühl befindliche Commandant des Leib-Regiments, Oberstlieutenant Höggenstaller.

links durch einen mit dem von Rossbrunn nach Mädelhofen führenden
Wege parallel laufenden Höhenzug, Ossnert, Vogelsberg und Geisberg
genannt, gebildet werden. Das Centrum besteht in den gegen Greussenheim ziehenden Höhen, und ist durch den mehrarmigen Aalbach
geschützt, welcher ein für Fahrzeuge nur mittelst Brücken passirbares
Hinderniss bildet.

An Truppen waren für den genannten Zweck verfügbar:

Die 3. und 4. Infanterie-Brigade, von welch ersterer jedoch
3 Bataillone mit der 12 pfünder Batterie in Gemünden verblieben waren,

die Reserve-Infanterie-Brigade, die schwere Cavalerie-Brigade
nebst der reitenden Batterie Massenbach,

die Reserve-Artillerie, welcher inzwischen das 3. Uhlanen-Regiment
als Bedeckung zugetheilt ward,

dann die im Verband der 2. Division und der Reserve-Brigade
befindliche Cavalerie und Artillerie, — im Ganzen 14 Bataillone,
21 Escadronen, 65 Geschütze.

Bei der Nachmittags 3 Uhr erfolgenden Ankunft des Feldmarschalls,
welcher auf die Nachricht über den Beginn des Gefechtes von Remlingen herbeigeeilt war, standen diese Truppen im Bivouak zwischen
dem Rossbrunner Posthaus und dem Kreuzungspunkte des von Uettingen
nach Greussenheim führenden Weges mit der Strasse von Rossbrunn nach
Remlingen. Sobald der Kanonendonner von Helmstadt her sich hörbar
machte, waren dieselben auf ihren Bivouak-Plätzen allarmirt worden.

Von der 3. Division war eine directe Meldung noch nicht eingetroffen. Da man aber bis jetzt keinen Grund hatte, an einen ungünstigen Verlauf des Gefechtes zu glauben und gleichwohl für allenfalls
nothwendig werdende Operationen, namentlich für die beabsichtigte Concentrirung an der Bischofsheim-Würzburger Strasse freie Hand behalten
wollte, so wurde nun der Kirchberg mit dem 3. Bataillon (Hundt)
des 13. Regiments und der gezogenen Batterie Kriebel, der Ossnert
mit dem 1. Bataillon (Narciss) des 7., dem 3. Bataillon (Gilardi)
des 12. Regiments, und der gezogenen Batterie Zeller besetzt. Das
Gros verblieb in der ursprünglichen Stellung in Bereitschaft.

Auf dem Kirchberg postirte sich die Batterie Kriebel mit vier
Geschützen rechts, mit den anderen vier links der Kuppe, das Bataillon
besetzte den Wald.

Das auf die Höhe beorderte 3. Bataillon des 12. Regiments entwickelte 3 Compagnien am Westrande des Gehölzes, behielt 2 in Reserve, und schickte eine zur Recognoscirung in die gegen Helmstadt vorliegenden Waldungen. Links an dieses Bataillon lehnte sich das 1. des 7. Regiments, indem es 1 Compagnie am Waldrand, zwei auf dem eigentlichen Vogelsberg, und den Rest auf dem Kamm der Leite*) aufstellte. Als aber später die Batterie Zeller am Hange derselben mit Front gegen den Frohnberg Stellung vor dem Wald nahm, wurde die als Plänkler aufgelöste Compagnie bis in die Weinberge vorgeschoben, und das in Reserve gehaltene Halbbataillon rückte bis an eine mit dem linken Flügel der Batterie im Alignement befindliche Waldspitze vor.

Nach 4 Uhr verkündete der vom Frohnberg laut herüberschallende Kanouendonner ein neues und diesesmal sehr nahes Gefecht. Hiedurch gewann man die Ueberzeugung, dass die 3. Division bei Helmstadt unterlegen, und erkannte, dass in kürzester Zeit ein Angriff der Preussen auch gegen Uettingen und Rossbrunn zu gewärtigen sei. Sofort erhielt Generalmajor von Hanser den Befehl, mit seiner Brigade und den der Reserve entnommenen gezogenen Batterien Girl und Redenbacher auf die Leite zu rücken. Mit dem 2. Bataillon (Gambs) und dem 3. (Böhe) des 7. Regiments schloss er sich links an das Bataillon Narciss an, wobei das 2. Bataillon hinter das 1. rückte und seine Plänkler mit den bereits stehenden in Verbindung brachte, das 3. aber mit der Deckung der linken Flanke beauftragt wurde, und zu diesem Zwecke 2 Compagnien seitwärts in das Plattenholz detachirte. Die beiden Bataillone des 10. Regiments (das 1. unter Major v. Baur, das 3. unter Major Bredaur) bildeten auf dem Ossnert in Colonnen formirt den rechten Flügel, und das 3. Jäger-Bataillon (Heeg) marschirte nach dem Geis-Berge. Die Batterien Girl und Redenbacher fuhren auf der Kuppe des Vogelsbergs in einer den Saum des vorliegenden Waldes sowie das Plateau des Frohnbergs bestreichenden Position auf.

Die Reserve-Infanterie-Brigade, das heisst die noch verfügbaren

---

*) Nördlicher Abfall des Ossnert.

Theile derselben, 2. Bataillon (Schuch) des 6., 3. Bataillon (Pech-mann) des 14. Regiments, und die 12 pfünder Batterie Gramich, gefolgt von den reitenden Batterien Lepel und Hellingrath aus der Reserve-Artillerie, besetzten den Höhenzug nördlich vom Posthaus gegen Greussenheim mit Front nach Remlingen.

Die gezogene Batterie Mehn fuhr nördlich des Posthauses gegen Uettingen und gegen den Frohnberg auf, die 3 Bataillone der Brigade Schumacher aber wurden rückwärts der 4. Brigade auf der östlich des Mädelhofer Thales gelegenen Höhe im Himmelreich-Walde postirt.

Die Cuirassier-Brigade endlich, welcher sich auch das 3. Uhlanen-Regiment anzuschliessen hatte, und die Batterie Massenbach wurden hinter der Reserve-Brigade in einer Mulde gedeckt aufgestellt.

Noch waren aber diese Bewegungen nicht vollkommen ausgeführt, als auch schon (gegen 6 Uhr Abends) die ersten feindlichen Granaten vom Frohnberg gegen die Rossbrunner Höhen herüberflogen, und die fechtenden Abtheilungen der 1. Division gegen Uettingen retirirend sichtbar wurden.

Nun entwickelte sich eine länger andauerude Kanonade, die zwar den Truppen wenig Schaden zufügte, wohl aber die gegen Hettstadt im Marsch befindliche Train-Colonne ausserordentlich belästigte.

Die Preussen suchten zwar, nachdem die Division Stephan ab-gezogen, die südöstlich von Uettingen zwischen dem Frohnberg und den Höhen des Vogelsbergs hinziehende Mulde unter dem Schutz ihrer Artillerie mit Infanterie zu überschreiten und brachen auch mehrmals mit Plänklern, denen geschlossene Abtheilungen folgten, aus den jen-seitigen Waldparcellen vor, mussten jedoch stets dem heftigen Feuer der Tirailleurs des 7. Regiments, welches durch die am Hang auf-gefahrenen Geschütze kräftigst unterstützt wurde, wiederum weichen.

Auch die Batterien derselben sahen sich nach mehrmaligem Stellungswechsel endlich gezwungen, zurückzugehen; gleichzeitig zog ihre Infanterie aus den Waldungen gegenüber vom Vogelsberg ab, und um halb acht Uhr schwieg das Gefecht gänzlich.

Während des Kampfes bei Uettingen hatte übrigens General-lieutenant von Hartmann, der von den Ereignissen bei den anderen Heerestheilen keine Kunde haben konnte, eine Bewegung im Sinne des vom Commandanten der 1. Division an ihn ergangenen und vom

Feldmarschall gebilligten Ansuchens ausgeführt. Der 7. Brigade, welche in letzter Zeit unter das Commando des Obersten Bijot gestellt worden und im kritischen Moment nebst 2 Bataillonen der 8. Brigade mit der Bewachung des Mains beauftragt war, schickte er den Befehl sich zu concentriren und gegen Remlingen zu marschiren. Er selbst mit den bereits vereinigten 5 Bataillonen, 3 Escadronen und 18 Geschützen (davon 16 aus der Reserve-Artillerie) brach unverzüglich nach Wüstenzell auf. Um 4 Uhr erreichte er die Anhöhe vor dieser Ortschaft, und sah nun von dort aus die ganze Gegend südlich derselben mit preussischen Truppen besetzt. Da aber zur selben Zeit auch die Mittheilung an ihn kam, dass die 1. Division Holzkirchen geräumt habe, um sich Helmstadt über Uettingen zu nähern, trat er den Rückmarsch auf Remlingen an, und zog unterwegs die von Lengfurt und Homburg anlangenden zur 8. Brigade gehörigen Bataillone an sich. Auf die fernere Nachricht, dass Uettingen sich schon in Feindeshand befinde, war er eben im Begriff das Nöthige zu verfügen um die 8. Brigade dorthin zur Unterstützung zu dirigiren, als er den Befehl des Obercommandos erhielt, über Remlingen nach Rossbrunn abzurücken.

Der Verlust der Bayern betrug:

6 Offiziere*), 37 Mann, 14 Pferde todt,

24 Offiziere**), 384 Mann, 15 Pferde verwundet,

---

*) Hauptmann Graf Tattenbach vom 14.; die Oberlieutenants Heinrich Nusch vom 1., Escherich und Diez vom 11.; Unterlieutenant Ziegler vom 2. Infanterie-Regiment.

**) Oberlieutenant Prinz Ludwig von Bayern, K. H., Ordonnanz-Offizier; Oberst Schweizer, interimistischer Commandant der 6. Infanterie-Brigade; die Oberstlieutenants Höggenstaller, Commandant des Leib-Regiments, und von Göriz (tödtlich), Commandant des 1. Jäger-Bataillons; die Majore Schultheiss vom 1. und Graf Hundt (tödlich) vom 13. Infanterie-Regiment, Marc vom 2. Chevaulegers-Regiment; die Hauptleute Diets (tödtlich), Safferling und Tünnermann vom 11., dann von Sauer vom 15. Infanterie-, Rittmeister Freiherr von Washington vom 2. Chevaulegers-Regiment; die Oberlieutenants Edwin von Meyer vom 1., Freiherr von Feilitzsch und von Schallern vom 6. Infanterie-Regiment, Freiherr von Guttenberg vom 1. und Lorch vom 2. Jäger-Bataillon; die Unterlieutenants von Dönniges vom Leib-Regiment, Büller vom 1.,

6 Offiziere*), 273 Mann, 24 Pferde vermisst und gefangen,
im Ganzen 36 Offiziere, 694 Mann, 53 Pferde.

Gefecht bei Uettingen, Rossbrunn und Hettstadt.
(Am 26. Juli.)

Die Stellung der Westdeutschen Bundes-Armee in der Nacht vom
25. auf den 26. Juli war folgende:

Was die bayerischen Truppen betrifft, so lagerte die 2. Infanterie-
Division ganz in derselben Position, welche sie am vorhergegangenen
Abend beim Schluss des Gefechtes eingenommen hatte. Die Reserve-
Infanterie-Brigade bezog einen Bivouak nordöstlich vom Posthaus, die
Reserve-Artillerie dessgleichen bei Hettstadt und theilweise im Wiesengrunde bei Rossbrunn. Von der 4. Infanterie-Division war die 8. Brigade am 25. Abends 8 Uhr ebendort eingetroffen, und etablirte sich
nördlich der Landstrasse zwischen dem Posthaus und dem nach Greussenheim führenden Wege mit der Front gegen Uettingen, die 7. Brigade,
welche längere Zeit gebraucht hatte, um ihre am Main vertheilten
Truppen zu sammeln, traf erst nach 10 Uhr ein, und nahm ihren
Bivouak-Platz mit Front gegen den Kirchberg und gegen Uettingen
im Anschluss an die 8. Brigade, so dass sich ihr linker Flügel an
den Greussenheimer Weg anlehnte.

Die 1. Infanterie-Division, nach ihrem Gefechte auf den Höhen
zwischen Uettingen und Helmstadt nach Waldbrunn instradirt, hatte
östlich dieser Ortschaft den Bivouak bezogen.

Die 3. Division war, da der Feind ihr nicht nachdrängte, in der
Nähe von Waldbrunn wieder aufmarschirt, dann auf Befehl des Ober-

---

Haas vom 11., Brössler und Stengel vom 14. Infanterie-Regiment,
Fiedler (tödtlich) vom 1. Jäger-Bataillon, und Horadam vom 2. Chevaulegers-Regiment.

*) Oberstlieutenant Horadam, Commandant des 2. Chevaulegers-Regiments;
die Hauptleute Vogel vom 1. Jäger-Bataillon, (seinen Wunden erlegen),
Burger und Bühler vom 2. Jäger-Bataillon; Rittmeister Fürst von
Thurn und Taxis vom 2. Chevaulegers-Regiment, und Oberlieutenant
Freiherr von Zu-Rhein vom 1. Jäger-Bataillon.

12

Commandos in eine Reserve-Stellung bei Waldbüttelbrunn gerückt, und lagerte östlich dieses Dorfes.

Die Reserve-Cavalerie (schwere Brigade, 3. Uhlanen-Regiment und Batterie Massenbach) bivouakirte westlich von Waldbüttelbrunn, 2 Escadronen des 5. Chevaulegers-Regiments stunden noch in Ur-springen*), der Corps-Commandant hingegen, welcher mit der 1. leichten Brigade und der Batterie La Roche nach Arnstein zur Aufklärung gegen die Saale hin detachirt gewesen, und nun zum Gros der Armee zurückberufen war, erreichte zwar Würzburg am Morgen des 26., konnte jedoch den zurückgehenden Trains des VIII. Armeecorps ent-gegen den Main nicht mehr passiren.

Das VIII. Armeecorps lagerte bei Kist mit dem Hauptquartier Höchberg und den äussersten Vorposten bei Irtenberg.

Das Armee-Hauptquartier befand sich in Hettstadt.

An bayerischen Abtheilungen waren um diese Zeit noch detachirt: Von der 2. Division 3 Bataillone und 1 12 pfünder Batterie in Ge-münden, von der 4. Division 1 Bataillon mit 2 Geschützen in Lohr.

Auf preussischer Seite lagerte während der in Rede stehenden Nacht die Division Göben bei Gerchsheim, die Division Beyer bei Helmstadt, und die erst am späten Abende des 25. über Holzkirchen von Wertheim her eintreffende Division Flies bei Uettingen.

Durch das Zurückweichen des VIII. Corps auf Kist und durch die Thatsache, dass nicht diesem, sondern den Bayern die Hauptmacht gegenüber stand, war die Flankenbewegung gegen die Bischofsheim-Würzburger Strasse vereitelt und zugleich gegenstandslos geworden.

Indess stunden die beiden alliirten Corps nunmehr vereinigt und eng verbunden, die Grundbedingung einer gemeinschaftlichen Action war endlich erfüllt, und der Feldmarschall beschloss daher für den 26. einen allgemeinen Angriff mit der ganzen Armee. Das VIII. Corps sollte concentrirt gegen die Division Göben auf Gerchsheim vorrücken, die bei Waldbrunn und Waldbüttelbrunn stehenden bayerischen Divi-sionen mit der Reserve-Cavalerie über Mädelhofen auf Helmstadt vor-brechen, als Stützpunkt dieser Bewegungen die Stellung bei Rossbrunn

---

*) Die anderen waren bekanntlich bei Schweinfurt und Hassfurt verblieben.

von den dort postirten Truppen gehalten, und je nach Thunlichkeit dieselben auf Uettingen in Bewegung gesetzt werden.

Ohne dass man irgend eine Störung des Contacts der eigenen Armee zu befürchten hatte, wäre durch diesen keilförmig in die feindliche Stellung sich einschiebenden Angriff die Verbindung zwischen der Division Göben und dem Grosstheil des Manteuffel'schen Heeres unterbrochen worden, und wenn derselbe gelang, mussten die Preussen excentrisch gegen Tauber-Bischofsheim und Wertheim zurückweichen.

Mit Tagesanbruch wollte der Prinz-Feldmarschall den Vormarsch beginnen. Die Dispositionen waren bereits entworfen und sollten eben an die Truppen-Commandos expedirt werden, als vom Prinzen Alexander die Meldung eintraf, er sei nicht im Stande mit seinen erschöpften Truppen das Feld länger zu behaupten, sondern müsse auf Würzburg zurück.

Von einer Offensive konnte natürlich nun keine Rede mehr sein; allein der Feldmarschall war desshalb nicht gesonnen, ohne Kampf über den Main zu gehen, sondern wollte jetzt wenigstens das Plateau von Waldbüttelbrunn noch festhalten.

Die Division Prinz Luitpold und die Cuirassiere wurden angewiesen, dort in ihrer Position zu verbleiben, die bei Rossbrunn stehenden Heerestheile erhielten den Befehl, einen Angriff der Preussen aufzunehmen, und im Falle übermächtigen feindlichen Andringens sich auf die ebengenannte Division zurückzuziehen. An das Commando des VIII. Corps hingegen erging die Ordre, das Dorf Höchberg, — in letzter Linie den Nicolaus-Berg zu halten, weil ausserdem die linke Flanke der vor den Main-Defiléen stehenden Bayern einem Angriffe der Division Göben ausgesetzt und hiedurch sehr ernstlich gefährdet war.

Während der Nacht fanden wohl einzelne kleine Neckereien zwischen den stellenweise sich sehr nahe gegenüberstehenden Vedetten statt, im Wesentlichen aber verlief dieselbe ohne Störung, und die Position der bayerischen Truppen veränderte sich bis zum Morgen des 26. Juli nur in so ferne, als der Kirchberg noch vor Tagesanbruch durch Abtheilungen der Brigade Bijot besetzt wurde.

Auf diesem Punkte sollte das Gefecht seinen Anfang nehmen.

12*

Hauptmann von Kress, der um 3¼ Uhr Morgens mit 3 Compagnien vom 1. Bataillon des 5. Regiments auf die bewaldete Kuppe des Berges beordert war, hatte von dort zurückgemeldet, dass dieselbe zwar vom Feinde frei, er hingegen zu schwach sei, sie hinreichend zu besetzen. In Folge dessen wurde der Rest des Bataillons unter Major Schwalb zur Verstärkung nachgesendet.

Dieses Halbbataillon war eben im Begriff, den Hang zu ersteigen, als auf der Höhe die ersten Schüsse fielen. Von dort aus hatte man nämlich wahrnehmen können, wie die preussischen Truppen auf ihren Bivouak-Plätzen im Thale bei Uettingen sich formirten, und gleichzeitig wurden starke Colonnen im Anmarsch von Wüstenzell sichtbar. Die am Waldsaume stehenden bayerischen Plänkler hatten alsbald zu feuern begonnen. (4¼ Uhr.)

Fast genau um dieselbe Zeit nahm der Kampf auch auf dem bayerischen linken Flügel seinen Anfang. Dort eröffnete der Feind von der oberen Mühle (östlich von Uettingen) und aus den Waldungen des Schlehrbergs ein lebhaftes Tirailleurfeuer, was sofort kräftigst erwiedert wurde.

Binnen einer Viertelstunde war das Gefecht auf der ganzen Front eingeleitet.

1. Moment. Gleich nachdem die ersten Schüsse gefallen waren, hatten Abtheilungen des preussischen 11. Regiments von Uettingen aus den mit Reben bepflanzten südlichen Hang des Kirchbergs zu ersteigen angefangen, und bald waren dieselben mit den Plänklern des 5. Regiments heftig engagirt.

Ferner hatte eine feindliche Batterie hart an genannter Ortschaft Position genommen und ihre Granaten in der Richtung gegen das Rossbrunner Posthaus unter die noch lagernden bayerischen Truppen geworfen.

Diese machten sich ohne Verzug kampfbereit. Die Cavalerie wurde in gedeckte Stellungen zurückbeordert, und die Batterien, welche fast sämmtlich mit bespannten Geschützen campirt hatten, suchten sich rasch geeignete Plätze zum Auffahren.

Bei Beginn des Gefechtes war das 2. Bataillon (Högele) des 5. Regiments ebenfalls auf den Kirchberg disponirt worden, und da nun die Preussen auch von Westen her aus dem sogenannten Sau-Graben gegen die Höhe vordrangen, während andere feindliche Abtheilungen schon in der rechten Flanke erschienen, folgten die beiden Schützen-Compagnien vom 2. Bataillon des 9. Regiments *) als weitere Verstärkung dorthin nach. Der Commandant dieses Bataillons, Major Schrott, übernahm mit der 7. und 8. Compagnie die Bedeckung der gezogenen Batterie Königer, welche ungefähr 800 Schritte nördlich der Hauptstrasse Posto gefasst hatte, und gegen die bei Uettingen stehenden feindlichen Geschütze, sowie später gegen Infanterie, welche in der Richtung nach dem Schlehrberge aus diesem Dorfe zog, in Action trat.

Der Kampf um den Kirchberg, der von Minute zu Minute an Hartnäckigkeit zunahm, ging der Entscheidung entgegen. Die Preussen, begünstigt sowohl durch die Weinberge am Südhang, als namentlich durch die Gestaltung des westlichen Abfalls, waren gedeckt fast bis auf den Gipfel gelangt.

Da beschloss Oberst Bijot, der das Gefecht hier persönlich leitete, das 1. und 2. Bataillon (Kramer und Faber) des 13. Regiments, das er noch in Reserve stehen hatte, auf seinen sehr bedrohten rechten Flügel heranzuziehen und sich durch einen Gegenangriff Luft zu machen.

Hinter dem den linken Flügel bildenden Bataillon Högele stund bereits in zweiter Linie das 8. Jäger-Bataillon unter Major Rudolf. Sobald nun das 13. Regiment hinter dem rechten Flügel eingetroffen war, wurde das Signal zum Angriff gegeben.

Die Plänkler stürzten sich mit Hurrah auf den Feind, dieser wich eilig zurück. Kaum aber waren die auf der Westseite stürmenden Abtheilungen den halben Hang hinab, als sie in ihrer rechten Flanke ein mörderisches Schnellfeuer empfingen: Preussische Infanterie hatte sich ungesehen im Sau-Graben bis an die Remlinger Strasse gezogen, und brach von dort überraschend hervor.

---

*) Das Bataillon, Tags vorher mit zur Beobachtung des Mains beordert, befand sich aus eben diesem Grunde momentan bei der 7. Brigade. Seine 5. und 6. Compagnie waren indessen als Train-Bedeckung verwendet.

Der erste Stoss traf auf die beiden Schützen-Compagnien des 9. Regiments; dieselben wurden unter bedeutendem Verluste auf das 13. Regiment zurückgeworfen, und mit diesem über die Strasse gegen und in den Wald des Hessnert gedrängt. Ein Theil vom 1. Bataillon des 5. Regiments ward mitgerissen, der Rest musste folgen.

Die gegen die Uettinger Weinberge dirigirten Bataillone (Högele und Rudolf) hatten schon beträchtlich Terrain gewonnen, als sie plötzlich hinter ihrer rechten Flanke mehrere rasch aufeinander folgende Salven vernahmen. Dies brachte den Angriff in's Stocken. Der Feind aber hält, wendet und stürmt entgegen, — die beiden Bataillone beginnen zu weichen. Kaum jedoch sind dieselben den steilen Hang, den sie eben herabgekommen, wieder hinangeklettert, so erhalten sie von den mittlerweile aus dem Sau-Graben auf die Kuppe gedrungenen preussischen Plänklern heftiges Feuer in Seite und Rücken. Alle Versuche, sich dort noch einmal festzusetzen, sind umsonst; es bleibt nichts übrig, als den Berg auf der völlig kahlen nordöstlichen Seite zu verlassen, um jenseits der Strasse den Anschluss an das Gros der Brigade wieder zu gewinnen.

Dieser Rückzug kostete noch viele Leute, unter Anderen wurde während desselben Major Rudolf schwer verwundet. Gleichwohl gelang es den Jägern im Verein mit Abtheilungen des 5. und 13. Regiments, den südlichen und südwestlichen Waldsaum des Hessnert rasch zu besetzen, wodurch der Feind wenigstens verhindert ward, dieses Gehölz im ersten Anlauf zu nehmen.

Hauptmann Königer hatte, nachdem der Kirchberg-Wald von den Bayern geräumt war, auch gegen diesen gefeuert und hiedurch die Preussen abgehalten, aus demselben vorzubrechen. Als aber nun feindliche Plänkler aus dem Sau-Graben gegen den Hessnert andrangen, und hier gleichfalls Fortschritte machten, war er gezwungen, seine Position zu verlassen. Er zog sich etwa 800 Schritte weit gegen Greussenheim zurück, und liess seine Batterie hier abermals auffahren. Es war jetzt 6¼ Uhr.

Im Centrum der bayerischen Stellung hatte die 12 pfünder Batterie Will gleich nach den ersten feindlichen Kanonenschüssen eine Position auf der nördlich der Strasse gegen Greussenheim ansteigenden Höhe

zunächst des Bivouakplatzes bezogen, und Lieutenant Haag *) mit
2 12 pfündern der Batterie Hang war bis an die Einmündung des
Uettinger Wegs in die Hauptstrasse vorgefahren, um dort in Action
zu treten.

Das erfolgreiche Feuer dieser 10 Geschütze hatte es möglich
gemacht, die übrigen Truppen-Abtheilungen rasch zu sammeln, und
wie folgt zu placiren: 4 Bataillone der Brigade Cella, 2. und 3.
(Oesterreicher und Leoprechting) des 4., 1. und 3. Bataillon
(Königsthal und Dietrich) des 9. Regiments, nahmen Stellung am
Posthaus nördlich der Chaussée. Das 6. Jäger-Bataillon (Guttenberg) **) wurde zum Schutz der rechten Flanke in den südlich von
Greussenheim hinziehenden Wald beordert, und die Reserve-Infanterie-
Brigade unter Generalmajor Freiherrn von Seckendorff, bestehend
aus dem 2. Bataillon (Schuch) des 6., dem 3. Bataillon (Hauptmann
v. Schirnding) des 13. und dem 3. Bataillon (Pechmann) des
14. Regiments ***), dann einer Escadron des 1. Chevaulegers-Regiments
und der 12 pfünder Batterie Gramich formirte sich als allgemeine
Reserve hinter dem Gros der 8. Brigade.

Auf dem durch die Brigade Hanser gebildeten linken Flügel der
Bayern war das Gefecht wie gesagt beinahe gleichzeitig mit jenem am
Kirchberge entbrannt. Was die dortige Stellung betrifft, so war dieselbe
fast unverändert wie am vergangenen Abend. Das 1. Bataillon (Narciss)
des 7. Regiments hielt noch den Ossnert, das 3. Bataillon (Böhe)
den Vogelsberg besetzt, zwischen beiden stund das 2. Bataillon (Gambs),
und hinter dem linken Flügel des Regiments, gleichfalls auf der Höhe,

---

*) Im Begriff, seiner Batterie auf Rossbrunn zu folgen, hatte dieser Offizier
die Aeusserung seines Divisionärs vernommen, wie nöthig es sei, das feindliche Artilleriefeuer möglichst rasch und kräftig zu erwiedern. Da es ihm
nicht möglich war, seinen Batterie-Commandanten hievon zu verständigen,
machte er mit seinem Zuge „Kehrt", und eilte an die oben bezeichnete
Stelle.

**) Die 11. Compagnie des 4. Regiments, welche über Nacht auf Vorposten
gestanden, und nicht mehr zu ihrem Bataillon hatte gelangen können,
schloss sich während des Gefechtes den Jägern an.

***) Das zugehörige 3. Bataillon (Gilardi) des 12. Regiments war auf einem
andern Punkte des Gefechtsfeldes verwendet.

hatte das 3. Jäger-Bataillon (Heeg) Posto gefasst. Von jedem der erstgenannten Bataillone befand sich eine Compagnie auf Vorposten (3., 6., 9.), und die 10. Compagnie war zur Sicherung der linken Flanke verwendet. Die gezogenen Batterien Redenbacher und Girl, welche über Nacht im Thal bivouakirt hatten, wurden schon Morgens 3 Uhr wieder in die Tags vorher innegehabten Positionen, jene auf den Ossnert, diese auf den Vogelsberg beordert. Das 10. Regiment endlich, 1. Bataillon (Baur) und 3. Bataillon (Bredaur) lehnte sich im rückwärts gebogenen Haken rechts an das 1. Bataillon des 7. Regiments, und hatte 2 Compagnien (die 1., und rechts von dieser die 12.) gegen Uettingen vorgeschoben.

Eine durch den Commandanten der 1. Compagnie versuchte Recognoscirung gegen die obere Mühle (4¼ Uhr) war zunächst die Veranlassung zum Beginn des Gefechtes auf diesem Flügel. Das dort stehende preussische Piket gab Feuer, erhielt Verstärkung aus dem Dorfe, und binnen wenigen Minuten waren die Vortruppen des 10. Regiments heftig engagirt. An dem sich hier entspinnenden Plänklergefecht nahm in der Folge auch die 3. Compagnie des 7. Regiments, und nach deren Ablösung durch die 1. Schützen-Compagnie, diese letztere lebhaften Antheil.

Inzwischen begann die feindliche Artillerie, nachdem sie gegen den Rossbrunner Bivouak gefeuert, auch den Ossnert zu beschiessen, während gleichzeitig grössere Infanterie-Abtheilungen über den Taubenherd in der Richtung des zwischen Schlehrberg und Ossnert befindlichen Thales vorrückten.

Die Batterie Redenbacher erwiederte das feindliche Geschützfeuer und wirkte auch gegen die im Anmarsch begriffenen Colonnen,, welche von den Schützen des 7. und 10. Regiments gleichfalls als hauptsächlichstes Schussziel gewählt worden waren. Der Erfolg dieses Feuers mag den Feind von der Unausführbarkeit eines directen Angriffs auf die Höhen überzeugt haben. Die obere Mühle und deren Umgebung blieb zwar nach wie vor von zahlreichen preussischen Tirailleurs besetzt, die Colonnen jedoch zogen südwärts auf der Helmstadter Strasse ab und verschwanden in den Waldungen des Schlehrbergs, an dessen dichtbewachsenem Ostfusse alsbald starke Plänklerschwärme erschienen, um ein heftiges ununterbrochenes Feuer gegen die bayerische Stellung zu richten.

Das 2. Bataillon des 7. Regiments, das schon vorher weiter links bis in die Höhe des sogenannten Brunschlags dirigirt worden, hatte die 3. Schützen-Compagnie und zu deren Unterstützung die 5. vorgeschoben. Diese in Verbinduug mit der links sich ihr anschliessenden 6. Schützen-Compagnie (3. Bataillon), sowie später verstärkt durch die 6. und eine Compagnie des 1. Bataillons (2. Schützen-), nahmen hier das Plänklergefecht auf und wiesen mehrfache Angriffsversuche des immer stärker sich ansammelnden Gegners zurück.

Auf dem rechten Flügel der Brigade Hauser waren successive auch die 5. Schützen-Compagnie des 10. und die 1. des 7. Regiments in die Feuerlinie eingetreten; ferner hatte Generalmajor Cella persönlich das 3. Bataillon des 4. Regiments aus der Stellung am Posthause zur Unterstützung vorgeführt. Von diesem wurden 2 Compagnien, (5. Schützen- und 9.) an die Waldlisière des Ossnert, der Rest in Reserve auf den Berg postirt; hingegen mussten 2 Compagnien des 10. aus der Feuerlinie zurück, da sie ihre Taschenmunition gänzlich verschossen hatten.

Auch bei der Batterie Redenbacher, die wegen der Ungangbarkeit des Terrains ihre zweite Linie im Thal zurückgelassen hatte, war Munitionsmangel eingetreten, so dass dieselbe ihre Position bald aufgeben musste. Die Batterie Girl, welcher sich kein Schussobjekt darbot, war schon früher auf die Höhen hinter dem Posthaus zurückbeordert worden. Das Gefecht konnte also bayerischerseits auf diesem Flügel nur mit Plänklern fortgeführt werden, welche jetzt, nachdem zur Linken der 1. Schützen-Compagnie des 7. Regiments noch zwei Compagnien vom 3. Bataillon des 10. (9. und 10.) sich eingeschoben hatten, eine fast ununterbrochene Kette vor ihrer Brigade bildeten. Kurz ehe auch die 6. Schützen-Compagnie dieses Bataillons zur Verstärkung eintraf, ward der Commandant desselben, Major Bredaur, tödtlich verwundet.

Es war jetzt 7 Uhr vorüber. Die Brigade Bijot hatte ihren Rückzug bis östlich von Greussenheim fortgesetzt, und auch die übrigen Abtheilungen der 4. Division wurden allmählig vom Posthause zurückgenommen. Generalmajor von Hanser ertheilte daher Befehl, den Ossnert und Vogelsberg mit gegenseitig sich ablösenden Tirailleurlinien zu räumen, wobei das 10. Regiment beginnen, das 7. diesem folgen, und das 3. Jäger-Bataillon die Deckung des Rückzugs übernehmen sollte.

Im selben Moment aber steigerte sich das Artillerie- und Gewehrfeuer des Gegners auf's Aeusserste, und die Verluste mehrten sich ungemein.

Da brachen etwa um ½8 Uhr zwei preussische Bataillons-Colonnen (36. Regiment) mit dichten Plänklerschwärmen vor der Front aus dem Walde des Schlehrbergs gegen den Brunschlag vor.

Der über 250 Schritt breite freie Raum, den dieselben zu durchlaufen hatten, war von den bayerischen Tirailleurs frontal und in beiden Flanken vollkommen beherrscht, die Wirkung des Feuers gegen den anstürmenden Feind auch sichtlich eine ausserordentliche; gleichwohl blieben die Preussen im Vorrücken, gelangten rasch über die Waldblösse, und zwangen die arg gelichteten bayerischen Compagnien, welche gegen diesen Angriff ihre letzten Patronen verschossen hatten, zum Weichen.

Während nun die feindliche Infanterie sich im Brunschlag ausbreitete und von da aus flankirend gegen den Ossnert zu feuern begann, zog die Brigade Hanser nebst dem 3. Bataillon des 4. Regiments in der anbefohlenen Weise über Rossbrunn und zum Theil über Mädelhofen gegen den Himmelreich-Wald ab.

Zahlreiche Plänklergruppen, welche den Rückzug deckend ihren Bataillonen nur langsam und stets feuernd folgten, setzten sich zu wiederholten Malen fest, insbesondere aber war dem 3. Jäger-Bataillon, an welches sich hiebei die 6. Schützen-Compagnie des 7. Regiments angeschlossen hatte, Gelegenheit gegeben, durch einen energischen Gegenstoss das Nachdrängen des Gegners zu hindern. Major von Heeg setzte sich nämlich kurz nachdem das dem Hauptangriffe direct entgegenstehende Bataillon Gambs den Rückmarsch angetreten hatte, mit seinen Jägern in Bewegung. Zwei Compagnien waren ausgedehnt, die beiden andern folgten als Reserve. Kaum haben die Vordersten den Kamm der Höhe erreicht, als sie auf 80—100 Schritt mit Schnellfeuer empfangen werden. Sofort lässt der Major zur Attake blasen. Die Preussen eilen aus den Gruben und Hecken, in denen sie sich eingenistet hatten, dem nahen Walde zu, um von dort ihr Schnellfeuer zu wiederholen; allein ein zweiter, mit der gleichen Vehemenz ausgeführter Bajonnetangriff wirft sie auch von da zurück in das Innere des Gehölzes.

Der Feind drängte hier nicht mehr nach, und das Bataillon, flankirt aus dem mittlerweile ebenfalls in den Besitz des ersteren gelangten Ossnert, ging jetzt auch seinerseits auf Rossbrunn zurück.

2. Moment. Es ist vorhin angeführt worden, dass die Brigade Bijot, nachdem sie den Hessnert geräumt hatte, über Greussenheim abgezogen war. Bei dieser Ortschaft nahmen das 8. Jäger - Bataillon und das 2. des 5. Regiments noch einmal Stellung. Da sie jedoch vom Feinde nicht angegriffen wurden, folgten sie bald dem vorausziehenden Gros auf Hettstadt.

Die Batterie Königer hatte, nachdem die Preussen in den Besitz des Hessnert gelangt waren, auch ihre zweite Position verlassen müssen, und suchte sich unter der persönlichen Leitung des Artillerie-Commandanten der 4. Division, Oberstlieutenants Freiherrn von Feilitzsch, eine neue Stellung zunächst Greussenheim. Der direct auf die Höhe führende schmale Feldweg ward ihr dadurch, dass der vorderste Munitionswagen umstürzte*), versperrt. Sie musste kehren, auf die Strasse zurückfahren, und eilte nun im Galop durch das Dorf, um hart südlich desselben gegen den Kirchberg in Action zu treten. Allein auch hier konnte sie nicht lange verweilen. Greussenheim war schon geräumt, feindliche Plänkler hingegen stunden nur 800 Schritt entfernt in der rechten Flanke, zudem war bereits der Befehl zur Vereinigung aller der 4. Division angehörigen Truppentheile bei Hettstadt eingetroffen. Die Batterie setzte sich demnach in der bezeichneten Richtung in Marsch und trat erst in einem späteren Gefechtsmomente wieder in Thätigkeit.

Das 6. Jäger - Bataillon hatte den südlich von Greussenheim gelegenen Wald besetzt gehalten, bis die gesammte 7. Brigade diesseits des Dorfes war, und zog erst, als zwei preussische Bataillone die rechte Flanke zu umgeben drohten, während die Batterie Königer sich schon im Rückmarsch befand, langsam von Stellung zu Stellung

---

*) Oberlieutenant Hasselwander mit 3 Fahrkanonieren und einigen Freiwilligen des 9. Regiments machte diesen Munitionswagen später, als die Batterie gegen Hettstadt abfuhr, wieder flott, und brachte ihn zurück.

glcichfalls gegen Hettstadt ab. Auch das in der Nähe des Posthauses stehende 1. Bataillon des 9. Regiments wurde auf den der 4. Division angewiesenen Sammelplatz zurückgenommen, das 3. Bataillon hingegen rückte, als die Batterie W i l l , neben der es bisher placirt gewesen, sich gänzlich verschossen hatte und desshalb endlich abfahren musste, an das Posthaus. Dort garnirte es den längs der Strasse hinziehenden, in halber Höhe gemauerten Gartenzaun dicht mit Plänklern, während sich der Rest als Reserve hinter den Gebäuden aufstellte. An dieses Bataillon links anschliessend stund das 3. des 12. Regiments (zur Reserve-Brigade gehörig) den nach Rossbrunn führenden Weg entlang. Das Dorf selbst war durch Compagnien des 10. Regiments, untermischt mit Abtheilungen vom 3. Bataillon des 4. besetzt, welche sich unter Commando des Hauptmanns v o n L a c h e r , so gut es in der Eile eben gehen mochte, zur Vertheidigung einrichteten.

Auf dieser Linie entspann sich rasch ein sehr heftiges Feuergefecht gegen die am Ossnert und Vogelsberg befindlichen preussischen Tirailleurs, woran auch das 2. Bataillon des 4. Regiments und drei von der Reserve-Brigade vorgeschobene Plänkler-Compagnien (5. Schützen- des 13., 5. und 6. Schützen- des 14. Regiments) Theil nahmen. Hauptsächlich aber war es die bayerische Artillerie, welche in dem nun folgenden Gefechtsabschnitte zur Wirkung gelangte. Es dürfte daher angemessen sein, hier eine kurze Uebersicht über die Aufstellung und Thätigkeit sämmtlicher activ in Verwendung gekommener Batterien einzuschalten.

Weiter oben ist bereits angeführt, dass und wann die seit Anfang des Gefechtes in der Feuerlinie stehenden Batterien W i l l und K ö n i g e r zurückbeordert wurden. Es erübrigt hinzuzufügen, dass auch die beiden an der Einmündung des Uettinger Wegs in die Hauptstrasse postirten 12 pfünder unter Lieutenant H a a g im Verlauf der letztbeschriebenen Ereignisse auf die Höhe geholt und mit der Batterie M i n g e s vereinigt worden waren. Diese hatte zwischen dem Posthaus und dem von Greussenheim unmittelbar auf die Würzburger Chaussée führenden Wege Stellung genommen und beschoss die aus dem Ossnert debouchirenden feindlichen Colonnen, bis endlich das flankirende Feuer gezogener Geschütze vom Vogelsberg herab sie zum Zurückgehen zwang.

Die glatte 12 pfünder Batterie S c h r o p p war zwar in eine Position nordöstlich des Posthauses befohlen worden, litt aber dort, ohne selbst zur Action zu gelangen, dergestalt unter der Wirkung gezogener preussischer Artillerie, dass sie sehr bald abfahren musste. Ebenso erging es den 4 12 pfündern unter Hauptmann H a n g *), (zur Division H a r t m a n n gehörig), welche zunächst der Batterie M i n g e s Posto gefasst hatten.

Die gezogene Batterie des Hauptmanns G i r l hingegen fand Gelegenheit, anhaltend und mit Erfolg einzugreifen. Dieselbe war vom Vogelsberg herab rasch auf die Höhe östlich des Posthauses geeilt und hatte am äussersten rechten Flügel der hier stehenden Artillerie Stellung genommen. Von da aus richtete sie ihr Feuer theils gegen feindliche Infanterie bei Uettingen, theils gegen eine am Südhange des Kirchbergs etablirte Batterie, und setzte dasselbe fort bis ihre Munition nahezu verbraucht war, worauf sie gegen Hettstadt abfuhr.

Zu ihrer Linken stund die der Reserve-Brigade angehörige 12 pfünder Batterie G r a m i c h. Dieselbe konnte sich wegen zu grosser Distanz anfänglich nicht am Gefechte betheiligen, später jedoch, als preussische Infanterie-Colonnen sich von Uettingen gegen Rossbrunn in Bewegung setzten, eröffnete auch sie ein wirksames Feuer.

Die bei der 2. Infanterie - Division eingetheilte gezogene Batterie Z e l l e r **) hatte bald nachdem der Kampf seinen Anfang genommen hart westlich vom Posthaus eine Position bezogen, um gegen Uettingen in Action zu treten; indess musste sie nach einiger Zeit wegen Munitionsmangels in eine Aufnahmsstellung bei Hettstadt zurückgenommen werden.

Die gezogene Batterie M e h n endlich, welche in verwichener Nacht bei Hettstadt im Bivouak gelegen, war Morgens 6 Uhr in eine Stellung südlich der Hauptstrasse beordert worden, hatte dort Zeit gefunden, sich durch Einschneidungen etc. gedeckt zu postiren, gelangte jedoch mit Ausnahme einiger Granatwürfe nicht zur Wirkung.

---

*) Ausser den 2 Geschützen unter Lieutenant H a a g waren noch 2 andere dieser Batterie dem in Lohr belassenen Detachement zugetheilt.

**) Die 12 pfünder Batterie dieser Division war mit dem 3. Infanterie-Regimente detachirt.

Unter dem Schutze der Artillerie und der im Thalgrunde fechtenden Plänkler hatte sich die Brigade Hanser allmählig durch Rossbrunn und östlich an dieser Ortschaft vorüber gegen den Himmelreich-
Wald gezogen, woselbst Generalmajor Schumacher mit dem 1. Bataillon (Oswald) des 3., und den beiden Bataillonen (Hugenpoet
und Hauptmann Müller) des 12. Regiments zu ihrer Aufnahme bereit
stand. *) Die Plänkler dieser Brigade (3. Schützen-, 5. und 6., dann
1. Schützen- und 1. Compagnie des 12., endlich die beiden Schützen-
Compagnien vom 1. Bataillon des 3. Regiments) hielten den Waldsaum
bis in die Höhe von Mädelhofen besetzt und betheiligten sich, sobald
ihre Front frei war, successive am Feuergefecht. Die Preussen versuchten zwar mehrfach, in's Thal, namentlich gegen Rossbrunn herab-
zudrängen, wichen aber stets bald wieder zurück.

Als in der Folge feindliche Abtheilungen auf Mädelhofen vorgingen
und die bayerische Tirailleurlinie in der Flanke zu fassen suchten,
wurde die Besatzung von Rossbrunn durch die 11. Compagnie des
9. Regiments verstärkt. Der Gegner machte auch in dieser Richtung
vorerst keine Fortschritte mehr.

Ueberblickt man im Allgemeinen die Stellung der bayerischen
Heerestheile zu Ende des eben beschriebenen Gefechtsmomentes, (kurz
vor 9 Uhr), so ergibt sich Folgendes:

Auf dem äussersten rechten Flügel ist die Brigade Bijot im
Rückzuge gegen Hettstadt, das 8. Jäger-Bataillon bildet deren Arrièregarde, und links von diesem retirirt das 6. Jäger-Bataillon in der
gleichen Richtung.

Auf der Höhe östlich des Posthauses sind die Batterien Girl,
Gramich und Minges in Action. Im Anschluss an diese hat die
Reserve-Infanterie-Brigade Stellung genommen, und die Plänkler der-
selben, à cheval der Strasse sich ausdehnend, halten mit den am
Saume des Himmelreich-Waldes postirten Tirailleurs der 3. Brigade
Verbindung.

In vorderster Linie stehen noch 2 Bataillone (3. vom 9. und 3.

---

*) Der Rest der 3. Brigade (7. Jäger-Bataillon, 2. und 3. Bataillon vom
3. Regiment) war in Gemünden verblieben, und gelangte erst im Laufe des
Tags nach Veitshöchheim.

vom 12. Regiment) unter Commando des Generalmajors Cella zwischen Posthaus und Dorf Rossbrunn. Letzteres ist überdies mit Abtheilungen der Brigade Hanser besetzt, deren Gros sich jetzt hinter die 3. Brigade zurückzieht.

Alle übrigen im Laufe des Morgens zur Verwendung gekommenen Truppen-Abtheilungen sind theils bei Hettstadt concentrirt, theils dorthin im Marsch.

Die 3. Division und die Reserve-Cavalerie stehen in Bereitschaft bei Waldbüttelbrunn.

Die 1. Division, welche Befehl hat, den Wald östlich von letztgenannter Ortschaft zu besetzen, um gegen Höchberg mit dem VIII. Corps Verbindung zu erreichen, hat Morgens 6 Uhr ihren Bivouak zwischen Eisingen und Waldbrunn verlassen, und ist eben im Begriff die bezeichnete Stellung einzunehmen.

Schliesslich muss noch der Batterie Kriebel (gezogene 6 pfünder) Erwähnung geschehen, welche sich um die fragliche Zeit in einer sehr exponirten Lage befand.

Diese Batterie, in der Reserve eingetheilt, hatte schon am Abende des 25. Befehl erhalten, zur 1. Infanterie-Division abzurücken, und war am 26. Morgens 2 Uhr nach Waldbrunn gelangt. Von hier ist das Thal bis über Mädelhofen hinaus seiner ganzen Länge nach eingesehen und beherrscht, es bietet sich also für gezogene Geschütze eine vortreffliche Position. Hauptmann Kriebel beschloss, dieselbe wo möglich auszunützen, erbat sich von dem zunächst stehenden 4. Jäger-Bataillon einen Zug als Particular-Bedeckung, und blieb stehen, auch nachdem die 1. Division bereits abmarschirt war. In der That gelang es ihm, zu verschiedenen Malen mit Erfolg einzugreifen.

Zuerst feuerte er gegen recognoscirende feindliche Offiziere, die sich südwestlich auf der Höhe zeigten, dann beschoss er preussische Colonnen, welche auf Mädelhofen rückten, und bezweckte so jedenfalls, dass der Gegner in der Richtung gegen Waldbrunn behutsam zu Werke ging. Gegen ½ 10 Uhr endlich zog er halbbatterieweise auf dem zum Erbachhofe führenden Strässchen ab. Der zugetheilte Jägerzug, welcher vorher durch zahlreiche Patrouillen die nahegelegene Waldung beobachtet hatte, besorgte während des Marsches die Flankendeckung, ein Unteroffizier der Batterie hingegen sollte nach Kist reiten, dort zu reco-

gnosciren. Noch vor dieser Ortschaft von feindlichen Schützen überfallen, (Spitzen der Division Göben) wurde demselben das Pferd
getödtet, er selbst gefangen. Die Batterie jedoch erreichte ohne Unfall
die Chaussée, und fand bei Höchberg Aufnahme durch Truppen der
1. Division.

3. Moment. Wie früher berichtet ging die Intention des Ober-
Commandos dahin, die gesammte bayerische Armee auf dem Plateau
bei Waldbüttelbrunn zu concentriren, und von hier über Höchberg mit
dem auf dem Nicolaus-Berg stehenden VIII. Corps Fühlung zu gewinnen.
Somit konnte der Zweck des bei Rossbrunn engagirten Gefechtes von
Anfang an kein anderer sein, als die beabsichtigte Bewegung zu decken,
und einen vorzeitigen Angriff auf die Hauptstellung zu verhindern.

Dieser Aufgabe war vollkommen entsprochen worden. Die 1. und
3. Division hatten die ihnen angewiesenen Positionen eingenommen,
die 4. war bei Hettstadt nahezu concentrirt; hingegen hatte der Feind
seit der Eroberung des Kirchbergs, des Ossnert und Vogelsbergs nur
sehr unwesentliche Fortschritte gemacht, und drängte jetzt überhaupt
weniger energisch nach. Demgemäss wurde bald nach 9 Uhr an die
fechtenden Truppen der Befehl ertheilt, sich allmählig auf das Gros
der Armee zurückzuziehen.

Generalmajor von Seckendorff, welcher erst kurz vorher seine
Brigade unter sehr heftigem feindlichen Feuer aus ihrer Reservestellung
bis in die Höhe der östlich des Posthauses gelegenen Capelle vorgeführt hatte, begann nunmehr treffenweise den Rückmarsch, in dessen
weiterem Verlauf er das 3. Bataillon des 14. Regiments zum Flankenschutze auf die Greussenheimer Höhe detachirte. Diesem schloss sich
dort das 8. Jäger-Bataillon an, und beide gelangten (fast gleichzeitig
mit der Reserve-Brigade) nach Hettstadt.

Die Preussen hatten inzwischen Mädelhofen besetzt und feuerten
aus den dortigen Deckungen gegen den Himmelreich - Wald. Ferner
waren von Uettingen her feindliche Colonnen im Anmarsch, welche
sich, nachdem die bayerische Artillerie gleichfalls ihre Positionen
geräumt hatte, dem Posthaus näherten.

Nun ordnete auch Generalmajor Cella den Rückzug der beiden
unter seinem Commando vereinigten Bataillone an, während zu gleicher

Zeit Hauptmann von Lacher das Dorf Rossbrunn verliess. Der Feind rückte denselben jedoch nicht weiter nach, sondern beschränkte sich darauf, mit Artillerie gegen die geordnet abziehenden bayerischen Abtheilungen zu feuern.

Südlich von Hettstadt war mittlerweile die 7. Brigade, verstärkt durch die reitenden Batterien Lepel und Hellingrath, und links von diesen die 4. Brigade in Gefechtsformation aufmarschirt. Nachdem endlich die Reserve-Brigade ebenfalls bei der genannten Ortschaft eingetroffen war *), begann Generalmajor Schumacher seine Bataillone aus dem Himmelreich-Walde, den die Preussen zuletzt auch mit Granaten beworfen hatten, zurückzunehmen. Seine Plänkler vermochten sich nur allmählig aus dem Feuergefechte loszumachen, die Colonnen jedoch zogen gänzlich unbelästigt vom Gegner an der 4. Brigade vorüber, um links rückwärts derselben im sogenannten Gehäge-Walde wiederholt aufzumarschiren.

Das Infanteriefeuer war um diese Zeit ($^1/_2$ 11 Uhr) beinahe völlig verstummt, hingegen hatten feindliche Geschütze ungefähr an jener Stelle, an welcher vorher die Batterie Girl gestanden, Posto gefasst, und beschossen die Brigade Hanser sowie die zunächst derselben befindlichen reitenden Batterien. Dieses (übrigens erfolglose) Feuer wurde bayerischerseits so lange erwiedert, bis ein Befehl des Ober-Commandos die 3. und 4. Brigade anwies, über Waldbüttelbrunn an die Hettstädter Höfe zurückzugehen. In Folge dessen musste auch die Artillerie das Feuer einstellen und abfahren.

Gegen 11 Uhr war das Gefecht für einige Zeit factisch erloschen, und nur dann und wann fielen noch einzelne Kanonenschüsse. Die letzten bayerischen Abtheilungen waren eben im Begriff in die der Armee angewiesene concentrirte Stellung einzurücken, deren rechter Flügel sich bei den Hettstädter Höfen hart an den Höhenrand lehnte, während die Frontlinie in einem Bogen südwärts gegen Höchberg zog, um dort an die Verbündeten anzuschliessen. Allein noch war dieser Aufmarsch nicht vollendet, als den Feldmarschall die Nachricht traf, das VIII. Corps habe nun auch die Position auf dem Nicolaus-Berge verlassen, und sei im Marsch hinter den Main begriffen.

---

*) Nebst dem unterdessen wieder eingerückten 3. Bataillon des 12. Regiments.

13

Nächst den Rücksichten auf die Verpflegung war es insbesondere
der Mangel an geeigneten Verbindungen zwischen dem Nicolaus-Berg
und dem Mainthal gewesen, welcher den Prinzen Alexander bestimmt
hatte, nach Würzburg abzuziehen. Nun blieb auch der bayerischen
Armee keine Wahl mehr übrig. Mit vollkommen blossgestellter linker
Flanke konnte sie, zumal dicht vor den Main-Defiléen, einen erneuten Kampf gegen den überlegenen Feind nicht wagen. Prinz Carl
beschloss daher auf das rechte Ufer zurückzugehen und liess die Brigade
Hanser, welche des Morgens am heftigsten im Gefecht gestanden, sofort über Oberzell abrücken.

Vor Allem lag aber die Befürchtung nahe, die bei Kist stehende
preussische Division Göben, degagirt durch den Abzug des VIII. Corps,
werde sich gegen den bayerischen linken Flügel wenden und so das
Zurückgehen der Armee bedenklich erschweren. Es wurde demnach an
die 1. Division Befehl ertheilt, alle Vorkehrungen gegen einen der-
artigen Angriff zu treffen; allein Generalmajor Stephan konnte seine
ohnehin sehr weitläufige Stellung unmöglich bis an die Bischofsheim-
Würzburger Chaussée hin ausdehnen, sondern musste sich begnügen,
die Südlisière des Zellerwaldes durch eine Brigade besetzt zu halten,
und auf diese Weise die feindliche Anmarschlinie gegen Höchberg
wenigstens mittelbar zu verlegen.

Im Uebrigen waren die bayerischen Truppen im gegenwärtigen
Moment wie folgt placirt:

Nördlich der Hettstädter Höfe als äusserster rechter Flügel der
Armee stunden unter Commando des Generallieutenants von Feder
die 3. Brigade in Gefechtsformation und hinter dieser die Reserve-
Brigade in Bereitschaftsstellung*). Das Centrum war durch die längs
des Waldbüttelbrunner Verbindungsweges entwickelte 3. Division gebildet, vor deren erstem Treffen die gezogene Batterie Lottersberg
und die 12 pfünder Batterien Schuster und Minges nebst der
reitenden Batterie Massenbach aufgefahren waren. Auf dem linken
Flügel stund, wie oben erwähnt, die 1. Division.

Ausserdem war an Artillerie verfügbar und in einer Entfernung

---

*) Von ersterer wurde später 1 Bataillon (das 1. des 3. Regiments) in den
Margetsböchheimer Wald detachirt.

von 800 bis 1000 Schritt vor der eben bezeichneten Frontlinie postirt: Die Batterie Zeller an dem von den Höfen nach Margetshöchheim führenden Weg; weiter links, durch eine Höhenkuppe von ersterer getrennt die Batterie Girl, und etwa 1000 Schritt südlich von dieser die Batterien Mehn, Königer, (nebst den beiden Geschützen der Batterie Hang unter Lieutenant Haag), und Hellingrath.

Die 4. Division hatte sich als allgemeine Reserve nördlich der Hauptstrasse zunächst der Hettstädter Höfe gesammelt, und entsendete den Generalmajor Cella mit 2 Bataillonen des 4. Regiments und 4 12 pfündern (Batterie Hang) zum Schutz des Brückenschlags nach Veitshöchheim.

Zur Linken der Division Hartmann südlich der Hauptstrasse stunden unter Commando des Obersten von Schubärt die 3 Cuirassier-Regimenter und das 3. Uhlanen-Regiment.

Endlich waren noch eine gezogene Batterie (Redenbacher) und drei 12 pfünder Batterien (Schropp, Gramich und Lepel) zunächst der Hettstädter Höfe in Reserve gestellt.

4. Moment. Schon gegen ½11 Uhr waren in der rechten Flanke der Batterie Redenbacher, welche sich damals in einer Aufnahmsstellung nordwestlich von Hettstadt befand, feindliche Reiter aufgetaucht. Jetzt traf die Meldung ein, dass grössere Cavalerie-Abtheilungen aus der Richtung von Greussenheim im Anmarsche seien.

Sofort wurde die Reserve-Cavalerie auf die Nordseite der Chaussée gezogen, (1. und 2. Cuirassier-Regiment im 1., 3. Uhlanen- und 3. Cuirassier-Regiment im 2. Treffen), und Generallieutenant von der Tann ritt persönlich vor zur Batterie Girl, von deren Standpunkt aus man bereits einzelne recognoscirende Patrouillen am Saume des Waldes wahrnehmen konnte.

Das 6. Chevaulegers-Regiment unter Major Baumüller war inzwischen zur Bedeckung dieser Batterie herbeigeholt worden und mit je 2 Escadronen auf beiden Seiten derselben aufmarschirt.

Da die ausgeschickten Eclaireurs bald auf überlegene feindliche Reiterei gestossen waren, vereinigte Major Baumüller sein Regiment auf dem linken Flügel der Batterie und liess, um sich Gewissheit über

13*

Stärke und Stellung des Gegners zu verschaffen, eine Escadron (4.) vorgehen. Diese setzte sich halbescadronsweise in Bewegung, und war nur eine kurze Strecke weit geritten, als sie auf eine starke Husaren-Abtheilung traf. Der bayerische Rittmeister hat gerade noch Zeit, seine Truppe zu ralliiren, — dann erfolgt der Zusammenstoss und es kommt zum Handgemenge. Indess erscheinen alsbald neue preussische Abtheilungen in der linken Flanke der Escadron, so dass diese zurück muss. Der Regiments-Commandant führt nun seine 2. Escadron selbst vor. Anfangs zwingt ihn der Feind, zu weichen und bei den ihm folgenden Escadronen (3. und 4.) Aufnahme zu suchen; doch sobald er mit diesen vereinigt ist, gibt er das Commando zur Attake.

Abermals kommt es zum Handgemenge, und abermals erhalten die Preussen auf ihrem rechten Flügel Verstärkung, welche sich gegen die Flanke der bayerischen Chevaulegers wendet.

Da erscheinen plötzlich auf dem Kamm der Höhe die Cuirassiere. Diese waren bisher, in einer Terrainfalte stehend, dem Auge des Gegners verdeckt gewesen, hatten in dem Moment, in welchem die 4. Escadron des 6. Chevaulegers-Regiments geworfen wurde, den Befehl zum Vorrücken erhalten, und Generallieutenant von der Tann führte sie jetzt selbst zum Angriff.

Sie waren noch in Escadrons-Colonnen formirt und eben wurde das Signal zum Aufmarsch in Linie gegeben; allein die vordersten Züge, kaum des Feindes ansichtig geworden, gingen unmittelbar in die Attake über, die anderen folgten.

Zwar führte die ursprüngliche Direction etwas zu weit links; es gelang jedoch noch während des Anreitens, die rechten Flügel-Escadronen so an den Feind zu bringen, dass sie auf dessen Flanke stiessen.

Die preussischen Husaren waren bereits geworfen, als ihnen auf dem rechten Flügel Dragoner zu Hülfe eilten. Rasch schwenken die 3. und 4 Escadron des 2. Cuirassier-Regiments halb links, und stürzen sich diesen entgegen. Die Dragoner warten aber den Zusammenstoss nicht ab, sondern eilen sammt den Husaren, und hitzig verfolgt durch die bayerische Cavalerie, gegen den Wald zurück. Nachdem das Terrain vom Feinde völlig frei war, wurde Appell geblasen, und in Escadrons-Colonnen gesammelt.

Das 3. Cuirassier-Regiment*) war auf circa 600 Schritt hinter dem linken Flügel der attakirenden Linie gefolgt und hatte sich dann gegen eine nordöstlich von Hettstadt postirte feindliche Batterie gewendet, die jedoch alsbald aufprotzte und im Tännig verschwand.

Das 3. Uhlanen-Regiment, welches ursprünglich dem rechten Flügel als Reserve dienen sollte, hatte sich beim Erscheinen der preussischen Dragoner etwas links gegen das 2. Cuirassier-Regiment gezogen, und verlor bei dieser Bewegung seinen Commandanten, Oberstlieutenant Hertlein, der durch ein Granatstück tödtlich getroffen wurde. Dieses Regiment gelangte indess ebenso wenig wie die Reserve des linken Flügels und das 4. Chevaulegers-Regiment, welches gleichfalls zur Unterstützung herangezogen worden war, zu thatsächlichem Eingreifen.

Major Baumüller hatte seine Chevaulegers unmittelbar hinter den angreifenden Cuirassieren gesammelt, und sich wiederum neben der Batterie Girl placirt, deren Deckung schon vorher seine Aufgabe gewesen war.

Die Artillerie, mit Ausnahme der Batterien Mehn und Königer, welche wohl einzelne Schüsse abzugeben vermochten, fand während der letztbeschriebenen Ereignisse keine Gelegenheit, sich am Kampfe zu betheiligen, da sie von der Cavalerie fast gänzlich maskirt war.

5. Moment. Nachdem Oberst von Schubart die 3 Cuirassier-Regimenter und das 3. Uhlanen-Regiment zunächst der Hettstädter Höfe in Bereitschafts-Stellung gesammelt hatte, wurden Abtheilungen des 3. Cuirassier-Regiments zur Recognoscirung nach Hettstadt vorgesandt. Gleichzeitig ward das im Margetshöchheimer Walde stehende Detachement durch 2 weitere Bataillone (2. des 6. und 3. des 13. Regiments) aus der Reserve-Brigade verstärkt, um einem etwaigen Angriffe gegen Veitshöchheim Front zu bieten.

Da aber die ausgeschickten Streif-Patrouillen in beiden Richtungen nichts vom Feinde wahrnehmen konnten, (ein paar versprengte Infan-

---

*) In der Stärke von 3 Escadronen, da eine, die 3., als Geschützbedeckung verwendet war.

teristen ausgenommen), so ertheilte der Feldmarschall jetzt den Befehl zum Rückzug hinter den Main.

Die 4. Division marschirte über Veitshöchheim nach Versbach, die 3., an welche sich Generalmajor von Seckendorff mit 1 Bataillon, 1 Escadron und 1 Batterie anschloss, passirte den Main bei Zell und rückte nach Rottendorf, die 2., (nur mehr 2 Bataillone der Brigade Schumacher nebst Cavalerie und Artillerie), zog sich nach Veitshöchheim, die Reserve-Cavalerie (schwere Brigade und 3. Uhlanen-Regiment) rückte über Zell in einen Bivouak nach Estenfeld, und die Reserve-Batterien marschirten mit jenen Divisionen, welchen sie während des letzten Gefechtsmomentes zugewiesen waren.

Dieser in grösster Ruhe und ohne die geringste Störung ausgeführte Rückmarsch wurde an der Hauptstrasse durch die herangezogene 1. Division, in der Richtung gegen Greussenheim aber von den im Margetshöchheimer Walde postirten Bataillonen gedeckt.

Erst als die letzten Abtheilungen des Gros der Armee im Mainthal angelangt waren, liess Generallieutenant von der Tann, der sich persönlich bei der Arrièregarde aufhielt, auch diese successive dorthin abrücken.

Die Division Stephan ging theils über den Hexenbruch theils auf der Zeller Strasse nach Würzburg*). Die Besatzung des Margetshöchheimer Waldes hingegen passirte den Main bei Veitshöchheim, um sich jenseits ihren Brigaden wieder anzuschliessen.

Hier stund noch Generalmajor Cella, welchem, wie früher erwähnt, die Bewachung des Veitshöchheimer Defilés sowie der dortigen Kriegsbrücke übertragen war, und der sich inzwischen durch die von Gemünden eintreffende Colonne unter Oberst Hösslinger (2. und 3. Bataillon des 3. Regiments, 7. Jäger-Bataillon, 12 pfünder Batterie Kirchhoffer) verstärkt hatte. Um 7 Uhr Abends zog auch er zu seiner Division ab.

Die Kriegsbrücken wurden, nachdem die Armee den Fluss passirt hatte, zerstört.

---

*) Die zunächst Höchberg stehende äusserste Abtheilung der Division (4. Jäger-Bataillon Hebberling) erhielt noch kurz ehe sie den Rückmarsch antrat einige Granatwürfe von der Division Göben.

Die bayerischen Verluste betrugen:

10 Offiziere*), 84 Mann, 17 Pferde todt,

34 Offiziere**) 598 Mann, 8 Pferde verwundet,

3 Offiziere***), 189 Mann, 28 Pferde vermisst,

im Ganzen also: 47 Offiziere, 871 Mann, 53 Pferde.

---

*) Oberstlieutenant Hertlein, Commandant des 8. Uhlanen-Regiments; die Hauptleute Murr vom 10. und Bornschlegel vom 13.; die Oberlieutenants Dorn, Ströbel und Ottowitz vom 7., Weber vom 9. und Zerzog vom 13.; die Unterlieutenants Zibelin vom 5. und Brenneisen vom 7. Infanterie-Regiment.

**) Die Majore Schrott vom 9., Bredaur (tödtlich) vom 10. Infanterie-Regiment und Rudolf vom 8. Jäger-Bataillon; die Hauptleute Freiherr von Egloffstein vom 5., Sonntag, Geiger (tödtlich) und Schoch vom 7. Infanterie-Regiment, dann Hofmann vom 8. Jäger-Bataillon; die Oberlieutenants Günther, Drexel, Heinrich Mayr und Stöber vom 5., von Winkhler, de Sacchi-Palestrini und Maurer vom 7., Pfeiffer vom 9., Degen vom 12., Hetterich vom 13., Feder (tödtlich) vom 14. Infanterie-Regiment, Max Freiherr von Gumppenberg (tödtlich), und Flintsch vom 8. Jäger-Bataillon, dann Graf von Reigersberg vom 6. Chevaulegers-Regiment; die Unterlieutenants Fröhlich (tödtlich), Hilpert und Thomas vom 5., Leichtenstern vom 7., Moralt vom 10., Weber vom 13. Infanterie-Regiment, Hoppe, Ludwig Freiherr von Gumppenberg, und Freiherr von Fraunberg vom 3., Herzer (tödtlich) und Ritter von Thiereck vom 8. Jäger-Bataillon, dann Lienhardt vom 6. Chevaulegers-Regiment.

***) Hauptmann Freiherr von Reitzenstein und Oberlieutenant Sattler vom 13. Infanterie-, Oberlieutenant Freiherr von Aufsess vom 6. Chevaulegers-Regiment.

Begebenheiten vom 27. Juli bis zum Abschluss des Waffenstillstandes.

Am 27. Juli Vormittags nahm die Westdeutsche Bundes-Armee folgende Stellung ein:

Armee-Hauptquartier Rottendorf,

1. Bayerische Division Gerbrunn,
2. Division Güntersleben und Veitshöchheim, eine Brigade bei Rottendorf,
3. Division Rottendorf,
4. Division Versbach.

Reserve-Infanterie-Brigade Ober- und Unter-Dürrbach,

Reserve-Cavalerie Estenfeld,

Reserve-Artillerie Rottendorf;

Hauptquartier des VIII. Corps (nachdem dasselbe vom 26. auf 27. in Würzburg gewesen war) Biebelried,

Badische Division Ochsenfurt,

Hessische Division Wöllried,

Württembergische und Oesterreichisch-nassauische Division zunächst Würzburg und Heidingsfeld,

Reserve-Reiterei Westheim,

Reserve-Artillerie Biebelried.

Sämmtliche Truppen bivouakirten.

Die bayerische 2. Infanterie-Division war speciell mit der Bewachung der Main-Uebergänge unterhalb Würzburg beauftragt, die 1. und 4. sollten derselben hiebei als Reserve dienen, und letztere hatte ausserdem den Befehl erhalten, zu allenfallsiger Unterstützung der Veste Marienberg die Schenkenschloss-Ruine mit einer gezogenen Batterie zu besetzen.

Beschiessung der Veste Marienberg.

Das einzige Hinderniss, welches den Preussen gegenüber auf dem linken Ufer des Mains bei Würzburg noch vorhanden war, bestand in der Bergveste Marienberg. Gegen sie richtete sich auch der nächste und letzte Angriff des Feindes.

Der Marienberg stund unter dem Commando des Generalmajors von Steinsdorf, und war mit dem 4., dem Reserve- (5.) Bataillon und der Depot-Compagnie des 9., dem 4. Bataillon des 2. Infanterie-Regiments, dann mit 1 Fuss- und 1 Depot-Batterie des 2. Artillerie-Regiments besetzt. Einschlüssig des am 27. Juli Mittags zur Verstärkung in das Mainviertel beorderten 2. Bataillons des 8. Regiments und eines kleinen Chevaulegers-Pikets hatte die Besatzung eine beiläufige Stärke von 3700 Mann, worunter 1100 unexerzirte Soldaten. Die Instandsetzung der Veste war im kritischen Moment soweit vorgeschritten, dass alle Linien vertheidigt werden und von den 158 verfügbaren Geschützen 86 in Action treten konnten; hingegen waren die auf dem Nicolaus-Berge projektirten Schanzen nicht zum völligen Ausbau gelangt, und jene auf dem „Hexenbruch" *) wurden wegen mangelnder Zeit und Arbeitskräfte sowie auch aus technischen Bedenken gar nicht in Angriff genommen.

Schon in der Nacht vom 26. zum 27. Juli ward von der auf dem Hexenbruch etablirten Wache die Annäherung des Feindes gemeldet, am folgenden Morgen konnte man denselben von der Veste selbst aus wahrnehmen, und bis ¹/₂ 7 Uhr waren die preussischen Plänkler schon so weit gegen die Höhe des Nicolaus-Berges vorgedrungen, dass die noch an den dortigen Erdwerken beschäftigten Schanzarbeiter vor ihrem Feuer zurückweichen mussten. Der Feind rückte in zwei Colonnen theils nach dem Hexenbruch, theils auf den Nicolaus-Berg vor, verschwand aber, als gegen ¹/₂ 10 Uhr von den Wällen der Festung einige Schüsse auf ihn abgefeuert wurden, gänzlich aus dem Sehbereiche. Zwei Stunden später eröffnete eine auf dem Nicolaus-Berge postirte Plänkler-Abtheilung ihr Feuer gegen die Festung, was von dort

---

*) Berg auf der Westseite der Veste.

erwiedert wurde, und um ³/₄12 Uhr begann die Beschiessung durch Artillerie.

Die Preussen hatten ohne jegliches künstliche Deckungsmittel, aber vollkommen geschützt durch die Gestaltung des Terrains, ihre Batterien postirt. Circa 4 Geschütze stunden in einer Mulde auf der östlichen Kuppe des Hexenbruchs 2000 Schritt weit von der Festung, 14 Geschütze weiter rückwärts am südlichen Abhange desselben, anfänglich 2700, später über 3000 Schritt entfernt, 2 Batterien waren auf dem westlichen Theile des Plateaus vom Nicolaus-Berge auf 1700 Schritt, und 1 oldenburgische Batterie östlich von diesen auf 1250 Schritt von der Veste aufgefahren.

Gleich die ersten feindlichen Geschosse trafen in das Dach des Zeughausgebäudes und zündeten das Gebälke, so dass der ganze Dachstuhl und zahlreich dort aufgespeicherte Vorräthe ein Raub der Flammen wurden. Indess war der Brand bald gelöscht, ohne dass hiedurch eine Störung in der Vertheidigung des Platzes eingetreten wäre.

Das Feuer der Preussen war ausser gegen den vorliegenden Festungswall hauptsächlich auf die östlich des Zeughauses befindlichen Gebäude gerichtet (auch nach Würzburg selbst und auf die Mainbrücke flogen einige Granaten), und wurde von der Festung aus nach Maassgabe der auf den Angriffsfronten stehenden Geschütze erwiedert. Gegen die oldenburgische Batterie trat vom jenseitigen Ufer aus Artillerie des VIII. Corps in Action; die auf dem Hexenbruch stehenden 4 feindlichen Geschütze aber wurden sowohl von der Veste als auch aus der beim Schenkenthurm *) aufgefahrenen gezogenen Batterie König er beschossen, so dass sie bald ihre Stellung räumen und 500 Schritt weit zurückfahren mussten, woselbst sie dann abermals zu feuern begannen.

Eine preussische Colonne, welche von Heidingsfeld her anrückte, wurde durch zwei vom Werke am Burkarder Thor **) aus abgegebene Schüsse verscheucht.

Die Beschiessung dauerte volle drei Stunden, dann (gegen 3 Uhr Nachmittags) zogen die Preussen in der Richtung auf Höchberg ab. Ein zur Recognoscirung nachgesendeter Ausfalltrupp (1 ¹/₂ Züge des

---

*) Gebräuchliche Benennung der Schenkenschloss - Ruine.
**) Süd-Ausgang des Mainviertels.

9. Regiments) engagirte am Hang des Nicolaus-Berges ein kurzes Plänklergefecht mit der feindlichen Nachhut, und brachte 5 Gefangene in die Veste zurück.

Der Verlust auf bayerischer Seite betrug an Verwundeten 1 Offizier*) und 8 Mann, wovon 6 von der Infanterie und 2 von der Artillerie.

Der Feldmarschall hatte mit dem preussischen Commandirenden schon am Nachmittage des 27. Juli Unterhandlungen angeknüpft, deren Zweck es gewesen, die Beschiessung der offenen Stadt Würzburg zu verhüten. Allein General von Manteuffel wollte nur unter der Bedingung Rücksicht auf die Stadt nehmen, dass ihm dieselbe am Morgen des nächstfolgenden Tages übergeben werde. Dieses Ansinnen lehnte der Feldmarschall mit Entschiedenheit ab, und somit war die Fortsetzung der Feindseligkeiten stündlich zu erwarten.

Die bayerische 2. Division erhielt in Folge dessen den Befehl, die 4. Brigade nach Veitshöchheim heranzuziehen, und ward überdies durch 2 gezogene Batterien aus der Reserve-Artillerie verstärkt. Die übrigen Reserve-Batterien wurden beauftragt, sich günstige Positionen bei Würzburg auszuwählen, hiebei jedoch besonders darauf Rücksicht zu nehmen, dass die Stadt selbst so viel als möglich ausser den Schusslinien bleibe, und die 1. Division bekam Weisung, im Falle eines feindlichen Angriffs das in Würzburg stehende 2. Bataillon des 8. Regiments an sich zu ziehen. Endlich wurde 1 Bataillon der Reserve-Brigade zum Schutz der Mainbrücke nach Kitzingen detachirt, und bei Dettelbach Vorbereitungen zu einem etwa nöthig werdenden Brückenschlag getroffen.

Indess war dem Obercommando noch am Abende des nämlichen Tages ein Telegramm des bayerischen Ministerpräsidenten Freiherrn von der Pfordten aus Nikolsburg zugegangen, inhaltlich dessen vom 2. August an ein dreiwöchentlicher Waffenstillstand zwischen den Heeren Ihrer Königlichen Majestäten von Bayern und von Preussen eintreten, bis dahin aber Waffenruhe herrschen sollte.

Das feindliche Hauptquartier wurde umgehend hievon verständigt;

---

*) Hauptmann Böheim des 9. Infanterie-Regiments, welcher seinen Wunden erlag.

allein Anfangs weigerte man sich dort überhaupt, auf Grund dieser Mittheilung zu unterhandeln, weil von Seite der preussischen Regierung nichts über die erwähnten Vereinbarungen notificirt worden war, und später, als im Laufe des 28. auch an den preussischen Obergeneral ein chiffrirtes Telegramm aus Nikolsburg gelangte, erklärte derselbe, es sei darin wohl vom Abschlusse eines Waffenstillstandes, nicht aber von Einstellung der Feindseligkeiten bis zum Beginne desselben die Rede. Er verstand sich daher nur zu einer Waffenruhe auf unbestimmte Zeit mit 24 stündiger Kündigungsfrist, ohne jede weitere bindende Zusage.

Der Feldmarschall war zwar fest entschlossen, seine Stellung rechts des Mains zwischen Würzburg und Kitzingen beizubehalten, so prekär dieselbe auch an und für sich scheinen mochte; denn einerseits wollte er die hinsichtlich der Feststellung der Demarcationslinien aus ihr entspringenden Vortheile nicht aus der Hand lassen, anderseits aber durfte man die wesentlichste Gefahr, welche dieselbe mit sich bringen konnte, die Vereinigung der Main-Armee nämlich mit dem, wie man wusste, in Oberfranken einrückenden Reserve-Corps des Grossherzogs vom Mecklenburg, desshalb als paralysirt betrachten, weil vom 2. August an der Waffenstillstand gesichert, bis zu diesem Zeitpunkte jedoch die fragliche Operation nicht ausführbar war. Immerhin aber schien die äusserste Vorsicht geboten, zumal die von den Divisionen eingehenden Meldungen sämmtlich auf eine Annäherung des Feindes gegen den Main lauteten.

Die Armee nahm daher nur sehr enge Cantonnirungen ein: Das Hauptquartier kam am 30. nach Kitzingen, die 1. Division nach Würzburg, die 2. nach Retzbach, die 3. nach Kitzingen, die 4. nach Versbach, die Reserven der Infanterie und Cavalerie nach Bergtheim, jene der Artillerie nach Prosselsheim, Munitions-Colonnen und Genie-Park nach Dettelbach. Das VIII. Corps, aus dessen Verband die grossherzoglich badische Division auf Befehl ihres Landesherrn an diesem Tage ausschied, verlegte sein Hauptquartier nach Marktbreit mit den Divisions-Stabssitzen Gnodstadt, Ochsenfurt und Eibelstadt. Endlich, um einestheils möglichst viel Land zu decken, anderentheils die Verbindung zwischen der mobilen Armee und den zum Schutze der nordöstlichen Gegenden Bayerns aufgestellten Truppenabtheilungen anzubahnen, wurde das 3. Bataillon des 12. Regiments auf der Eisenbahn von Kitzingen nach Nürnberg verlegt. *)

In der Nacht vom 30. zum 31. Juli kündigte der preussische Obercommandant die Waffenruhe mit der Erklärung, dass er am 1. August früh 6 Uhr die Feindseligkeiten wieder eröffnen werde, so forne man nicht gewillt sei, ihm den Besitz der Stadt Würzburg einzuräumen.

Der Feldmarschall ertheilte daher den ihm untergebenen Commandostellen den Befehl, in der Nacht vom 31. Juli auf den 1. August die nacherwähnten Bivouaks zu beziehen und am darauffolgenden Morgen in denselben vollständige Gefechtsbereitschaft anzunehmen, dabei aber unter persönlicher Haftbarkeit der betreffenden Commandanten jeden Schein der Aggression zu vermeiden:

1. Division auf dem Würzburger Exerzirplatze, den Höhenrand leicht besetzt haltend;

2. Division am Main-Ufer von Würzburg bis Retzbach mit dem Gros an der Aumühle und Aufnahms-Posten zwischen diesem und der Mainlinie. (Der Schleehof und die Schenkenschloss-Ruine sollten mit Batterien besetzt werden).

3. Division bei Biebelried;

4. Division bei Rottendorf;

Reserve-Infanterie-Brigade bei Lengfeld;

Reserve-Cavalerie bei Estenfeld und Lengfeld, unter Fortsetzung der in den letzten Tagen begonnenen Aufklärungen gegen Main und Saale;

---

*) Major von Gilardi entsendete unmittelbar nach seiner Ankunft dortselbst 2 Compagnien nach Forchheim, 1 Compagnie nach Gräfenberg, 1 nach Betzenstein. Er selbst blieb mit 2 Compagnien in Nürnberg.

Die ersteren erreichten ihr Ziel per Bahn ohne Hinderniss. Die nach Gräfenberg marschirende Compagnie wurde am 31. Morgens von der Avantgarde des Grossherzogs von Mecklenburg zu Escbenau überfallen und gefangen genommen Die für Betzenstein bestimmte gelangte zwar dahin, war aber nach kurzer Frist genöthigt, vor dem sie allmählig umschliessenden Gegner seitwärts (über Hersbruck) zu retiriren. Dem Major selbst endlich blieb, als der Feind Nürnberg besetzte, nur übrig, sich mit den 2 unter seiner unmittelbaren Führung befindlichen Compagnien noch rechtzeitig gegen Gunzenhausen zurückzuziehen.

Reserve-Artillerie bei Effeldorf;

Haupt-Munitions-Reserve hinter Stadtschwarzach; — Train an der Strasse nach Wiesentheid.

Für den Fall, dass der Feind den Main-Uebergang forciren sollte, wurden der Armee die Höhen zwischen Rottendorf, Biebelried und Effeldorf als Concentrirungs-Rayon angewiesen.

Der Befehlshaber des VIII. Armeecorps hatte gemeldet, dass er in Anbetracht des eigenthümlichen Verhältnisses der ihm unterstellten, aus verschiedenen Staaten entnommenen Divisionen, welches ihn selbst dann vor einem Angriffe der Preussen nicht sicher stelle, wenn das Obercommando die Räumung Würzburgs zugestehen würde, veranlasst sei, seine Cantonnirungen aufzugeben, und mit dem Corps-Hauptquartier Uffenheim auf die Linie Gollhofen - Herrenbergtheim - Willanzheim zu retiriren. Am folgenden Tag hoffe er Cantonnirungen hinter Uffenheim beziehen zu können. Obschon der Feldmarschall die Befürchtungen des Prinzen Alexander nicht theilen konnte, (denn eine Waffenruhe mit den Bayern involvirte schon aus örtlichen Gründen die Einstellung der Feindseligkeiten auch dem VIII. Corps gegenüber), so ertheilte er dennoch seine Zustimmung und liess überdies durch leichte Cavalerie, welche in die Gegend südlich bis nach Ochsenfurt hin verlegt wurde, einen Rideau vorziehen.

Indess hatten die vom Obercommando aufgenommenen Verhandlungen über die Fortdauer der Waffenruhe zum Ziele geführt. In Erwägung, dass schon am 2. August der bereits stipulirte Waffenstillstand eintreten, also für die zu eröffnenden Feindseligkeiten nur ein einziger Tag zur Verfügung stehen werde, binnen so kurzer Zeit kein wesentlicher Vortheil zu erringen, dagegen aber beim Kampf um den Main, abgesehen von den Opfern an Menschen und Kriegs-Material auch die Kreis-Hauptstadt und die vielen in der Nähe liegenden Ortschaften den grössten Gefahren ausgesetzt sein würden, verstand sich der Feldmarschall nunmehr, nachdem er vorher die Genehmigung Seiner Majestät des Königs eingeholt hatte, dazu, die Stadt Würzburg mit Beginn des eigentlichen Waffenstillstandes den Preussen als Cantonnirungsort zu überlassen, wogegen der Marienberg und das Mainviertel in Handen der Bayern blieb.

Darauf hin wurde am 31. Juli Abends ¹/₂9 Uhr zwischen den Obercommandanten der beiderseitigen Heere die Uebereinkunft abgeschlossen, dass die Waffenruhe bis zu dem in der Nacht vom 1. auf den 2. August um 12 Uhr beginnenden dreiwöchentlichen Waffenstillstande nicht mehr unterbrochen werden solle.

Die bayerische Armee wurde nun wie folgt in Cantonnirungen verlegt:

Das Hauptquartier blieb in Kitzingen,

1. Division Ochsenfurt,

2. Division Arnstein,

3. Division Mainbernheim,

4. Division Kitzingen,

Reserve-Infanterie-Brigade und Reserve-Cavalerie-Corps Bergtheim,

Reserve-Artillerie Prosselsheim,

Haupt-Munitions-Reserve Wiesentheid,

Genie-Park Dettelbach.

Ferner wurden das 1. Jäger-Bataillon und das 1. Bataillon des 15. Regiments nach Neustadt an der Aisch, das 1. und 2. Bataillon des 14. Regiments mit dem 5. Jäger-Bataillon nach Bamberg, das 1. Bataillon des 6. Regiments nach Ansbach detachirt. Diese Abtheilungen waren angewiesen, sich mit den in Oberfranken etc. stehenden Truppen in Verbindung zu setzen. Der Commandant der letzteren sollte verständigt werden, dass er dem unter dem Grossherzog von Mecklenburg anrückenden feindlichen Corps Mittheilung über die abgeschlossene Waffenruhe zu machen, die besetzten Orte aber zu behaupten und Angriffe zurückzuweisen habe.

Das VIII. Armeecorps verlegte sein Hauptquartier nach Burgbernheim und zog seine Divisionen hinter Uffenheim zurück in Cantonnirungen.

Als Demarcationslinien zwischen den Preussen und Bayern wurden auf die Dauer des Waffenstillstandes vereinbart:

a. Für die preussische Main-Armee:

Die Ortschaften Stalldorf, Sächsenheim, Wolkshausen, Darstadt, Gossmannsdorf, von da ab das linke Main-Ufer bis Heidingsfeld, dann auf dem rechten Main-Ufer die Ortschaften Gerbrunn, Lengfeld, Versbach, Ober-Dürrbach, von hier abwärts oberhalb Veitshöcheim wiederum das linke Main-Ufer bis Karlstadt, auf dem rechten die Ortschaften

Gambach, Sachsenheim, Wernfeld, Adelsberg, Gemünden, und der Sinn-grund bis zur kurhessischen Grenze.

b. Für die bayerische Armee:

Die Ortschaften Aub, Oellingen, Hopferstadt, Ochsenfurt, das rechte Main-Ufer bis Eibelstadt, die Ortschaften Theilheim, Rottendorf, Estenfeld, Maidbronn, Hundsbach, Hundsfeld und Pfaffenhausen, dann der linke Thalrand der Saale bis zur Meiningenschen Grenze.

Der zwischen beiden Linien liegende Rayon war neutral.

Ereignisse im Bereiche der zum Schutz der Nordost-Grenze Bayerns verwendeten Truppen.

Als die bayerische mobile Armee ihren Vormarsch gegen Meiningen antrat und desshalb das in Oberfranken stehende Reserve-Cavalerie-Corps *) abrief, blieben zum Schutze gegen etwaige feindliche Einfälle aus den sächsischen Ländern nur das 4. Bataillon (Wirthmann) des 13. Regiments in der Stärke von 5 Compagnien, wovon 2 in Schwarzenbach bei Hof, 3 in Bayreuth stunden, und das am 26. Juni von München nach letzterer Stadt beorderte 3. Bataillon (Pechmann) des 14. Regiments übrig. Der Feldmarschall hatte sich jedoch umgehend an das Kriegsministerium gewendet, Vorkehrungen in dieser Richtung erbeten, und die Eröffnung erhalten, dass eine Reserve-Infanterie-Division in der Stärke von 8 Bataillonen, 2 Escadronen und 2 Batterien bei Bamberg gebildet und mit dem Schutze der Provinz Oberfranken beauftragt werde. Ausser dem obengenannten 3. Bataillon des 14. Regiments sollten das 3. des 3., das 1. des 4., die zweiten Bataillone des 6. und 10., das 1. des 11. und die dritten Bataillone des 12. und 13. Regiments, nach Massgabe ihrer Ablösung in den festen Plätzen durch vierte Bataillone, in diese Division eintreten.

Oberst Bijot vom 5. Infanterie-Regiment, welcher als Commandant der 1. Brigade dieser Division designirt war, traf am 1. Juli in Bamberg ein und übernahm vorläufig das Commando über die bereits im Lager bei Oberhaid angekommenen Bataillone des 3., 4., 6., 11. und 12. Regiments, zu welchen im Laufe des genannten und des nächsten Tages auch jene des 10. und 12. stiessen.

Die dem functionirenden Brigadier ertheilte Instruction lautete

---

*) Demselben folgten wie bekannt am 28. Juni auch die in Lichtenfels stehende Colonne, sowie das noch in Hof befindliche 2. Jäger-Bataillon.

14

dahin, dass derselbe die Grenzen Oberfrankens und gleichzeitig die Operationslinie des Heeres zu decken, desshalb sein Gros in der Umgegend von Lichtenfels-Seßlach zu concentriren, Coburg so lange als thunlich besetzt zu halten, und mit 2 detachirten Bataillonen, welche ihren Standpunkt häufig wechseln sollten, gegen die Werra zu recognosciren sowie mit Mellrichstadt Verbindung zu unterhalten habe. Oberst Bijot verlegte daher sein Stabsquartier am 3. Juli nach Unter-Siemau, beliess nur 2 Compagnien im Oberhaider Lager, und ordnete für seine Brigade eine den erhaltenen Befehlen entsprechende Dislocirung an.

Am 9. Juli trat der zum Commandanten der Reserve-Division ernannte Feldzeugmeister Prinz Luitpold seine Stelle an. Da inzwischen durch die Gefechte von Rossdorf und Zella die Situation total verändert war, liess er Coburg jetzt räumen, gab Befehl, die Bahn zwischen dieser Stadt und Lichtenfels zu zerstören, und dislocirte die Bataillone in der Art, dass die Thäler der Baunach, der Itz und des Mains beobachtet waren. Diese Verfügungen waren jedoch kaum erlassen, als ein Telegramm des Obercommandos ihn mit der Hälfte der Division nach Schweinfurt abrief.

Es ist das hierauf Bezügliche früher *) bereits angeführt worden, und erübrigt daher nur zu erwähnen, dass das 1. Bataillon des 4. nebst dem 2. des 10. Regiments, und eine der beiden Escadronen vom 1. Chevaulegers-Regiment als fliegende Colonne bei Bamberg verblieben. Zuerst führte Oberst Bijot das Commando über dieselbe; als jedoch dieser am 22. Juli an die Spitze der 7..Brigade zum Gros der Armee berufen wurde, fiel der Oberbefehl dem im Range Aelteren der beiden Bataillons-Commandanten, Major Höfler vom 4. Infanterie-Regiment zu.

Die beiden unter Major Wirthmann stehenden Bataillone des 13. und 14. Regiments **) hatten vom 28. Juni an eine aus ihrer gänzlich isolirten Lage entspringende selbstständige, mit den Operationen des Heeres direct nicht zusammenhängende Thätigkeit entwickelt.

---

*) In den Abschnitten „Gefechte an der Saale" und „Bewegungen der bayerischen Armee vom 11. mit 23. Juli".
**) Dieses letztere war, obgleich zur Reserve-Infanterie-Division bestimmt, vorläufig noch in seiner Verwendung an der Grenze belassen worden.

Die Instruction welche der Commandant vom Major von Orff übernommen hatte, besagte, dass die Grenze scharf beobachtet, bei einem übermächtigen Angriffe des Feindes die vorbereitete Zerstörung der Eisenbahn bei Hof ausgeführt, und nach Thunlichkeit das sämmtliche Fahrmaterial rechtzeitig weggeschafft werden sollte. In der Folge ward ihm noch weiters befohlen, die Gegend bei Hof vor den Neckereien feindlicher Streifcommandos sicher zu stellen und Erkundigungen über die Bewegungen des Feindes einzuziehen.

Diese Aufgabe war bei der geringen Stärke des Detachements, ohne Geschütz und Reiter, eine schwer zu erfüllende. Gleichwohl gelang es, sich von dem Ansammeln eines preussischen Truppencorps im Königreich Sachsen Kenntniss zu verschaffen, und am 7. Juli konnte Major Wirthmann die verbürgte Nachricht in's Hauptquartier melden, dass bei Reichenbach 1300 Mann Infanterie und 1 Cavalerie-Regiment concentrirt seien, sowie dass zahlreiche andere feindliche Abtheilungen sich der Grenze näherten.

Am Morgen des 8. Juli wurden die auf der Hof-Oelsnitzer Strasse zwischen Hof und Neu-Gattendorf stehenden Vedetten des 3. Bataillons vom 14. Regiment plötzlich durch preussische Reiter überrascht, welche jedoch alsbald in dem nahen Walde aus dem sie gekommen, wieder verschwanden. Dem in Hof befindlichen Bataillons-Commandanten kam gleichzeitig mit der Meldung hierüber auch die Kunde zu, dass eine starke Colonne von Plauen im Anmarsch sei. Er disponirte daher seine Compagnien unverzüglich in der Art, dass er nach Möglichkeit dem beiderseitigen Angriffe Front bieten konnte. Als jedoch in Erfahrung gebracht wurde, dass der Feind noch aus einer dritten Richtung, nämlich von Asch gegen Rehau vorrücke, von wo derselbe entweder auf Hof marschirend gleichfalls angreifen, oder durch die Besetzung von Schwarzenbach dem Bataillon den Rückzug abschneiden konnte, beschloss Major Frhr. v. Pechmann seine Truppe mittelst eines zu diesem Zweck bereit gehaltenen Extrazuges nach Schwarzenbach zu führen. Indess traf hier zu gleicher Zeit mit diesem auch die Nachricht ein, dass die feindlichen Colonnen wiederum abzögen. Major Wirthmann verlegte nun das durch den anstrengenden Vorpostendienst äusserst erschöpfte Bataillon nach Neuenmarkt, während er selbst mit dem seinigen Schwarzenbach besetzte.

14*

Folgenden Tages (9. Juli) zog er das Bataillon Pechmann wieder
an sich, ordnete eine Recognoscirung auf Rehau an, und rückte unter
Zurücklassung von 2 Compagnien in Schwarzenbach nach Hof. Gegen
Abend zeigte sich ein aus Infanterie und Reiterei gemischtes Detachement auf der aus dem Reussischen herüberführenden Strasse. Major
Wirthmann ging demselben mit 2 Compagnien seines Bataillons,
gefolgt von zweien des 14. Regiments, entgegen; allein der Feind liess
es nicht zum Gefecht kommen, sondern zog in derselben Richtung ab,
in welcher er vorgerückt war.

Von nun an blieb mehrere Tage hindurch Alles ruhig, und am
21. Juli finden wir die Colonne des Majors Wirthmann, welchem inzwischen das zur neu gebildeten Reserve - Infanterie · Brigade
abberufene 3. Bataillon des 14. Regiments entzogen worden war, wogegen er einige Chevaulegers als Ordonnanzreiter zugetheilt erhalten
hatte, mit 2 Compagnien in Hof, und je 1 Compagnie in Schwarzenbach, Münchberg und Culmbach.

Bereits am 18. Juli hatte man die verbürgte Nachricht erhalten,
dass ein unter dem Grossherzog von Mecklenburg in Sachsen sich
bildendes, circa 10,000 Mann starkes Reserve-Corps echelonnirt an der
Bahn zwischen Leipzig und Werdau aufgestellt werde. Major Wirthmann, der sich mit seinen 5 Compagnien auf eine Vertheidigung von
Hof nicht mehr einlassen durfte, hatte für die Eventualität eines
Angriffs aus Sachsen die Concentrirung in Schwarzenbach angeordnet,
wo er ein Gefecht mit der Avantgarde aufnehmen, und — wenn die
Staats-Eisenbahn nicht mehr zu benützen war — über Kirchenlamitz
entweder auf Bayreuth oder an die Ostbahn retiriren konnte. Für den
Fall, dass der Feind jedoch von Coburg her vorgehen sollte, bestimmte
er Culmbach, von wo aus er den Anschluss an die Truppen in
der Umgegend von Bamberg zu gewinnen hoffte, als Sammelplatz
des Bataillons.

Am 22. Juli Abends 9 Uhr erhielt der Major aus München die
officielle Kunde, dass eine fünftägige Waffenruhe vereinbart sei *).
Gleichwohl rückte am folgenden Morgen von Plauen her eine feindliche

---

*) Ein Missverständniss, hervorgerufen durch den um jene Zeit erfolgten
Abschluss einer Waffenruhe zwischen Oesterreich und Preussen.

Colonne gegen Hof an, und auf die Vorstellungen des dort commandirenden bayerischen Hauptmanns Mägelen erwiederte deren Chef, man
wisse jenseits nichts von Einstellung der Feindseligkeiten, werde auch
keine Minute im Vormarsch einhalten, sondern mache nur darauf auf-
merksam, dass die Bewegung gegen Hof aus drei Richtungen zugleich,
und zwar in unverhältnissmässiger Ueberzahl stattfinde.

In der That drang der Feind von Plauen her in der Stärke von
4 Bataillonen, 2 Escadronen und 6 Geschützen so rasch vor, dass
Hauptmann Mägelen nur noch eben Zeit fand, seinen Vorposten einen
Halbzug zur Aufnahme entgegen zu schicken, und mit den übrigen in
Hof stehenden Abtheilungen hinter dem Eisenbahndamm die Schwarzen-
bacher Strasse zu gewinnen, wobei ihm Granaten nachgesendet wurden.
Auch Infanterie gab auf die sich Zurückziehenden Feuer, dann folgte
Reiterei und machte mehrmals Miene anzugreifen, bis sie endlich durch
den erwähnten jetzt aus der Stadt nacheilenden Halbzug abgelenkt
wurde. Dieser ward alsbald abgeschnitten, umzingelt, und gefangen.

Major Wirthmann hatte auf die telegraphische Nachricht vom
Anrücken der Preussen mit der in Münchberg stehenden Compagnie
per Eisenbahn nach Hof eilen wollen; allein eben im Begriff einzu-
steigen, sah er schon die flüchtenden Maschinen herankommen. Er
ertheilte daher der Compagnie Befehl, so schnell wie möglich an den
Vereinigungspunkt des Bataillons nach Schwarzenbach zu gehen, und
ritt dorthin voraus. Nachdem er die von Hof zurückkommende Compagnie aufgenommen hatte, bezog er eine gedeckte Stellung auf der
waldigen Anhöhe hinter Stobersreut, aus welcher er erst nach längerem
Verweilen den Rückmarsch antrat.

Die inzwischen von Münchberg herbeigeeilte Compagnie bildete
die Arrièregarde, und so gelangte das Bataillon, nur von Reiter-
Patrouillen verfolgt, nach Münchberg zurück, woselbst es auf einer den
Bahndamm beherrschenden Anhöhe den Bivouak bezog, und sich der
Anmarschlinien von Sparneck, Schwarzenbach, Conradsreut und Schauen-
stein versicherte. Hier schloss sich die in Culmbach detachirt gewesene
Compagnie gleichfalls an.

In der Nacht vom 23. zum 24. Juli wurde der Bivouak nicht
beunruhigt, am folgenden Tage aber um ½ 11 Uhr meldete eine Cava-

lerie-Patrouille die Annäherung des Feindes, und schon kurz darauf konnte man dessen Spitzen auf der Schauensteiner und Hofer Strasse wahrnehmen.

Der bayerische Commandant überzeugte sich, dass mehrere Bataillone mit Cavalerie und Geschützen anrückten, und führte desshalb sein Bataillon auf eine Anhöhe südlich von Münchberg zurück. Hier hielt er, bis die feindliche Cavalerie in das nördliche Stadtthor einritt, während man anderseits einer über Helmbrechts dirigirten Colonne ansichtig wurde, welche seine linke Flanke gefährlich bedrohte. Jetzt erst beschloss er, die Eisenbahnlinie aufzugeben, und die Route nach Gefrees einzuschlagen. Durch diesen Flankenmarsch gewann er beträchtlichen Vorsprung vor dem Gegner, und befreite sich somit vorerst aus einer sehr bedenklichen Situation.

Immerhin konnten die ihm auf dem Fusse folgenden feindlichen Reiter nur durch die grösste Aufmerksamkeit der Nachhut von heftigerem Nachdrängen abgehalten werden. Zwischen den Dörfern Mussen und Schweinsbach aber zeigten dieselben plötzlich die Absicht, ernstlich anzugreifen. Rasch bringt nun Major Wirthmann sein Bataillon auf den freien Raum zwischen der erhöht ziehenden Strasse und einem nahe befindlichen Gehölze, formirt das Carré, und erwartet mit so geschützten beiden Flanken die Attake. Der Feind hält mit der einen Escadron und schickt die andere in's Gehölz; allein der bayerische Commandant, der sich im Rücken durch einen sumpfigen, für Reiter nicht passirbaren Wiesgrund gesichert weiss, lässt sich nicht beirren, sondern zwingt sogar die ihm frontal entgegenstehende Schwadron durch das Feuer seiner im Holze befindlichen Plänkler, etwas zurückzugehen. Jetzt aber erscheinen in der Ferne auch die Spitzen der von Münchberg nachrückenden Infanterie. Es zeigt sich klar, dass die Dragoner nur hinhalten wollen, bis diese herangekommen, und der Bataillons-Commandant erachtet es desshalb für unerlässlich, seinen unterbrochenen Rückzug fortzusetzen, wobei er übrigens häufig gezwungen ist, einen Moment stehen zu bleiben, und sich die verfolgenden Reiter durch Schüsse vom Leibe zu halten.

Nun jedoch kam dem bedrängten Bataillon die Witterung zu Hülfe: Es trat plötzlich ein so heftiger Regen ein, dass dasselbe den

Augen des Gegners entzogen, und somit auch die Verfolgung eine mässigere wurde.

In Gefrees angelangt, erfuhr der Major, dass auch von Kirchenlamitz und Weissenstadt der Feind anrücke. Er musste sich also abermals zum Weitermarsch entschliessen und wählte jetzt Berneck als Ziel desselben, weil er sich durch ein nach Bayreuth gerichtetes Telegramm dorthin Succurs erbeten hatte.*) Hier traf er den vom Kriegsminister mit besonderer Vollmacht in die bedrohte Provinz entsendeten Generalstabs-Major F r i e s nebst 2 Compagnien vom 4. Bataillon des 14. Regiments und einem Zuge Chevaulegers. Diesen Abtheilungen folgten binnen Kurzem 2 weitere Compagnien des Bataillons unter dessen Chef, Major von M i c h e l s, welcher mit demselben und der eben bezeichneten Cavalerie schon am 6. Juli nach Schwandorf verlegt worden war, um von hier aus das Land gegen die böhmische Grenze hin vor feindlichen Streifparteien zu sichern, eventuell Bahnsperrungen nördlich von Weiden und Furth auszuführen und nach Thunlichkeit Verbindung mit W i r t h m a n n herzustellen, nun aber von Major F r i e s die Weisung erhalten hatte, zur Aufnahme des bedrohten Detachements nach Bayreuth und Berneck zu eilen.

Das Kriegsministerium hatte auf die Kunde von der Invasion des 2. preussischen Reserve-Corps die schleunige Concentrirung der wenigen augenblicklich verfügbaren Abtheilungen in einen grösseren Truppenkörper in Oberfranken oder der Oberpfalz beschlossen und eingeleitet, dessen wesentlichste Aufgabe gegenüber der nach verschiedenen Andeutungen vorausgesetzten Absicht eines feindlichen Vordringens an die Donau und südwärts derselben darin bestehen sollte, die von Osten und Nordosten fast offenen Zugänge dorthin zu decken und das Vorschreiten eines überlegenen Feindes nach dem Süden Bayerns soviel immer thunlich zu verhindern oder zu erschweren, um zu ausgedehnten Gegenmassregeln Zeit zu gewinnen. Zur Bildung dieses „Ost-Corps" wurden

---

*) Von dem fast ausschliesslich aus Rekruten bestehenden Bataillon war auf diesem äusserst beschwerlichen, durch den unverhältnissmässig überlegenen Gegner fast ununterbrochen gestörten Marsche ausser den bei Hof Gefangenen kein Mann zurückgeblieben, und kein Ausrüstungsgegenstand verloren worden.

die vierten Bataillone des Leib- und des 7. Infanterie-Regiments, das Reserve-Bataillon des 11. Regiments, 2 Reserve-Jäger-Compagnien und eine halbe gezogene Batterie des 4. Artillerie-Regiments, dann ausserdem die bereits im Nordosten Bayerns stehenden oben erwähnten Truppen bestimmt Die ersten Dispositionen den Umständen gemäss, und insbesondere jenem Hauptzwecke entsprechend zur Vereinigung des Corps und bis zur Ankunft des hiefür designirten nächsten Commandanten, Oberstlieutenants Roth vom 1. Infanterie-Regiment zu treffen , hierauf bezog sich die dem genannten Generalstabs-Offizier ertheilte Vollmacht.

Die zwei Bataillone (des 13. und 14. Regiments) mit dem Zuge Chevaulegers blieben die Nacht vom 23. auf den 24. Juli in und bei Berneck, nahmen aber auf erhaltene Mittheilung über feindliche Detachirungen nach Bischofsgrün und gegen Goldcronach, sowie anderseits gegen Markt-Schorgast, während über Münchberg Verstärkungen nach Gefrees folgten, Stellung bei Benk, südwestlich von Berneck. Indessen legten jene Nachrichten auch die Möglichkeit nahe, dass der Feind über Weidenberg unmittelbar in den Besitz der Eisenbahnstationen Seubottenreut oder Kirchenlaibach gelange, wodurch die nördlich hievon stehenden Truppen von der Bahnlinie und den nachrückenden Verstärkungen, völlig dem Hauptzwecke entgegen, abgedrängt, das Gelingen entsprechender Vereinigung des Corps überhaupt zweifelhaft werden konnte. In Erwägung dieser Verhältnisse, welche für alle Fälle rasches Handeln bedingten, ging das inzwischen von München in Weiden eingetroffene und nach Bayreuth vorgezogene 4. Bataillon des Leib-Regiments von dort sogleich zur ersten Sicherung der genannten Punkte auf der Bahn zurück. Hierauf, und namentlich da aus weiteren Nachrichten auch die unmittelbare Gefährdung des unter den obwaltenden Umständen wesentlichen Stationspunktes Kemnat auf der directen Hauptstrasse von Kirchenlamitz und Wunsiedel her zu folgern war, wurden die Truppen bei Benk Nachmittags 3 Uhr aus ihrer bis um diese Zeit dort innegehabten Position zuerst nach Bayreuth zurückgenommen, dann auf der Bahn, das Bataillon des 13. Regiments nach Neustadt am Culm, jenes vom 14. nach (Stadt) Kemnat gebracht, während das Bataillon des Leib-Regiments zum grössten Theile wieder vereinigt wurde, und (mit Ausnahme einer Compagnie in der Bahnstation Kemnat) in Kirchenlaibach vorgeschoben blieb.

Den 26. Morgens ging das Commando an den von München eingetroffenen Oberstlieutenant Roth über. Im Laufe dieses Tages rückten
die Abtheilungen, welche am 25. Juli theils vorläufig an dem Bahn-
knotenpunkte Weiden zurückgehalten, theils noch im Transporte dahin
begriffen waren, in die Dislocation des Corps, deren Fronte die Linie
Windisch-Eschenbach—Kemnat bezeichnete, allmählig ein. Der Feind
indessen wurde durch die an der Staatsbahn nothwendigen Herstellungs-
arbeiten in Heranziehung seiner Truppen so sehr aufgehalten, dass er
am 27. Juli erst bei Markt-Schorgast und Culmbach stand; auch unter-
blieb das erwartete Vorgehen desselben auf Kemnat.

Am Abende des gleichen Tags traf der definitiv mit der Com-
mandoführung über das Ost-Corps betraute Generalmajor Fuchs in
Kemnat ein und übernahm den Oberbefehl. Aber schon am 28. Juli
früh 6 Uhr erhielt er ein Telegramm des als Landes-Commissär für
Oberfranken fungirenden Regierungsraths Bucher, welcher ihm in
officieller Weise Mittheilung über den Eintritt eines Waffenstillstandes machte, und zugleich den Befehl des Obercommandos eröffnete,
so viel Land zu decken, als nur immer möglich. ,,Die Colonne Höfler
rücke desshalb nach Hochstadt und Hollfeld vor. Bayreuth sei, so
viel man wisse, noch von den Preussen frei.''

Mit Beziehung auf diese unzweifelhaft als authentisch zu betrach-
tende Nachricht verfügte Generalmajor Fuchs, dass das 4. Bataillon
(Wirthmann) des 13. Regiments nach Waldeck und Umgegend, jenes
des 7. (Stöckel) nach Waldsassen, Mitterteich, Erbendorf und Eschen-
bach, jenes des 14. (Michels) nach Kulmain und Kemnat, das
Reserve-Bataillon (Lauböck) des 11. nach Weiden, die beiden Jäger-
Compagnien nach Furth, das 4. Bataillon (Joner) des Leib-Regiments
aber mit der halben Batterie an den nun vor Allem wichtigen Punkt,
nach Bayreuth rücken solle.

Dieses Bataillon erhielt die Weisung, falls die genannte Stadt von
den Preussen besetzt gefunden würde, weiter rückwärts Stellung zu
nehmen, und brach sofort von Kirchenlaibach auf; nur die 8. Schützen-
Compagnie unter Hauptmann von Parseval blieb zurück, bis die
Bahn fahrbar gemacht war, dann folgte dieselbe mittelst Extrazug
nach, um das Bataillon wo möglich unterwegs aufzunehmen. Indess
traf der Zug nicht auf die Colonne, und Hauptmann von Parseval

beschloss daher, um die Ankunft in Bayreuth nicht zu verzögern, mit seiner Compagnie allein voraus zu fahren.

Etliche hundert Schritte vor der Stadt gab ein Bahnwärter das Signal zum Halten und meldete, der Feind. welcher vor kaum 10 Minuten eingerückt sei, habe bereits den Bahnhof mit 30 Dragonern besetzt. Der Hauptmann liess augenblicklich aussteigen, und dem gegnerischen Commandanten durch einen Parlamentär mittheilen, dass sein Bataillon bei eingetretener Waffenruhe befehligt sei, die Garnison Bayreuth zu beziehen. Der feindliche Offizier erklärte, es sei ihm von Einstellung der Feindseligkeiten nichts bekannt; er wolle sich übrigens bei seinem Höchstcommandirenden anfragen und, bevor er Antwort erhalten habe*), nichts gegen die bayerischen Truppen unternehmen.

Ueber diese Verhandlungen war es ½ 6 Uhr Abends geworden, und Hauptmann von Parseval, welcher dem General Fuchs über seine Lage telegraphisch berichtete, zog sich jetzt auf der Creussener Strasse bis Ober-Connersreut zurück, woselbst nach 6 Uhr auch das Bataillon anlangte.

Major Graf Joner beliess die 13. bei der 8. Schützen-Compagnie in Ober-Connersreut, ging mit der 14., 15. und 16. nach Sanct-Johannes, und schickte die 7. Schützen-Compagnie als Verbindungsglied an den Durchschnittspunkt der Bahn mit der Strasse nach Colmdorf vor.

Auch er hatte sich mit dem feindlichen Commandanten in's Benehmen gesetzt; jedoch noch ehe von diesem ein definitiver Entscheid gegeben ward, erhielt er (etwa um 8 Uhr Abends) die Meldung, dass der Gegner Infanterie auf Wägen nach Untersteinach führe, und dass eben eine grössere Colonne mit Geschützen in Bayreuth einrücke. Zugleich bekam er ein Telegramm des Generals, das ihn anwies, „bei Creussen-Weidenberg Stellung zu nehmen."

Er setzte sich nun mit der 15. und 16. Compagnie nach Weidenberg in Bewegung, befahl der 14. Compagnie nach Creussen zu rücken, und liess durch einen Offizier, welcher überdies beauftragt war, die in Aussicht gestellte Erwiederung des feindlichen Commandanten entgegen zu nehmen, seine 3 detachirten Compagnien gleichfalls zum Rückmarsch

---

*) Dieselbe erfolgte verneinend Abends ½10 Uhr.

anweisen. Hierüber brach die Abenddämmerung herein, und bald lag tiefes Dunkel über der ganzen Gegend.

Hauptmann Rudhart, welcher die 14. Compagnie führte, hatte sich nach Antritt seines Marsches um zu recognosciren zur Vorhut begeben, wurde aber schon bei Sanct-Johannes durch ein Missverständniss von der Compagnie getrennt, und nahm dies erst wahr, als er, in der Nähe der von Bayreuth nach Seubottenreut führenden Strasse plötzlich überfallen und beschossen, sich auf seine Truppe zurückziehen wollte. Mit den wenigen Leuten die ihm geblieben, und 12 Mann der Wagenbedeckung welche sich ihm angeschlossen hatten, gelangte er Nachts $\frac{1}{2}$2 Uhr nach Seubottenreut. Seine Compagnie war inzwischen den beiden vom Major geführten Compagnien nach Weidenberg gefolgt.

Die 7. Schützen-Compagnie war zwischen 8 und 9 Uhr von Colmdorf abmarschirt, kam zwischen 12 und 1 Uhr nach Seubottenreut, und verbarrikadirte sich dort. Eben daselbst langte fast gleichzeitig der dem General Fuchs beigegebene Generalstabs-Hauptmann Schanzenbach an, und dieser dirigirte die gesammte in Seubottenreut anwesende Mannschaft mit anbrechendem Morgen nach Kemnat.

Die 8. Schützen- und 13. Compagnie hatten um $\frac{1}{2}$10 Uhr den Befehl zum Abmarsch erhalten, und waren über die nördlich von Ober-Connersreut befindliche Anhöhe gegen die Weidenberger Chaussée abgerückt, als Hauptmann von Parseval durch einen Unteroffizier den Befehl erhielt, in Ober-Connersreut zu warten. Er wollte nun die vorausmarschirende 13. Compagnie an sich ziehen; allein ehe dieselbe von der vorgeschickten Ordonnanz erreicht ward, sah sie sich plötzlich am sogenannten Rollwenzel-Haus auf's Heftigste angefallen, und wurde getrennt. Der eine Zug gelangte am nächsten Morgen ohne besonderen Unfall nach Weidenberg zum Bataillon, der andere aber, welcher um Mitternacht nach dem Dorfe Emtmannsberg gekommen war, dort einige Stunden gehalten und mit Tagesanbruch seinen Marsch gegen Seubottenreut fortgesetzt hatte, wurde zunächst dieses Ortes von Reiterei überfallen, und, nachdem von 84 Mann 18 getödtet oder verwundet waren*), gefangen.

---

*) Unter letzteren auch der Compagnie-Commandant, Oberlieutenant Freiherr von Arctin.

Die 8. Schützen-Compagnie war allein nach Ober-Connersreut zurückgegangen, hatte diese Ortschaft aber augenblicklich wieder verlassen, als man vom Rollwenzel-Haus her feuern hörte. Auf der Höhe angelangt, wurde auch sie beschossen, wobei ein Mann fiel. Trotz aller Eile gelang es nicht mehr, mit der 13. Compagnie Fühlung zu gewinnen. Im Rollwenzel-Haus fand sich nur mehr ein einziger preussischer Soldat. Hauptmann v. Parseval setzte sich nun in Marsch nach Weidenberg, und langte um ½3 Uhr am Morgen des 29. dortselbst an.

Generalmajor Fuchs hatte auf die erste Nachricht über die Situation des Bataillons Joner dem Reserve-Bataillon des 11. Regiments Ordre geschickt, per Eisenbahn von Weiden nach Kemnat zu gehen, um dem erstgenannten zur Aufnahme zu dienen. Es war aber die Kunde eingegangen, dass der Feind, auch aus Böhmen vordringend, Waidhaus schon besetzt halte, und darum hatte der eben in Weiden befindliche Hauptmann Schanzenbach das abberufene Bataillon dort zurückgehalten. Der General billigte dieses Verfahren. Ebenso bestätigte er zunächst den vom genannten Offizier bei seiner schon erwähnten Anwesenheit in Seubottenreut an den Major Grafen Joner nach Weidenberg erlassenen Befehl, auf der Hauptstrasse längs des Gebirges direct nach Kemnat zu marschiren, welchem dieser unmittelbar nach dem Empfang (½7 Uhr Morgens) Folge leistete.

Als aber Generalmajor Fuchs mittlerweile die Gewissheit erlangt hatte, dass Seubottenreut nicht vom Gegner besetzt sei, sandte er bald darauf dem zurückmarschirenden Bataillon die Contreordre entgegen, dorthin zu rücken, weil er es von da mittelst der Eisenbahn transportiren lassen wolle.

Der Major erhielt diesen neuen Befehl gegen ½8 Uhr, und schlug sofort die bezeichnete veränderte Marschrichtung ein. Inzwischen war jedoch, wie erwähnt, nächst Seubottenreut die Gefangennahme der von Emtmannsberg dahin gelangten Abtheilung erfolgt, ohne dass der General oder Major Graf Joner von diesem Ereigniss erfuhren. Schon in der Nähe von Döberschütz bemerkte dieser jetzt feindliche Infanterie in seiner linken Flanke, gegen die er sich durch die herangezogene Arrièregarde (8. Schützen-Compagie) zu sichern suchte.

Das Bataillon war noch nicht bis an die Bahn gelangt, als es plötzlich durch Artillerie beschossen wurde. Zugleich entwickelte der Feind Infanterie und Cavalerie.

Der Marsch wurde eiligst fortgesetzt, so dass die auf's Aeusserste erschöpfte, gleichwie das ganze Bataillon fast nur aus Rekruten bestehende Plänklerkette in dem unwegsamen Terrain nur sehr schwer zu folgen vermochte. Endlich ist die Kreuzung der Strasse mit dem Bahndamme erreicht; allein wegen des erwarteten Zuges, welcher das Bataillon zurückführen soll, sind die Schlagbäume herabgelassen, und während nun die Tête der Colonne sich durch die schmalen Durchgänge zwängt, attakiren die Mecklenburger Dragoner gegen die Queue. Hauptmann von Fleckinger, der mit seiner Compagnie das Bataillon schliesst, lässt kehren und schlägt den Angriff durch eine wirksame Décharge ab. Inzwischen ist die Passage frei gemacht worden, und das Bataillon überschreitet rasch den Bahndamm.

Der einzige mögliche Ausweg lag nunmehr gegen Creussen. Dieser wurde denn auch eingeschlagen, und der Rückzug dorthin, gedeckt durch die Compagnie des Hauptmanns v. Parseval, allerdings aber unter schweren Verlusten, bewerkstelligt. Letztgenannter Offizier traf mit der Arrièregarde eine Stunde nach dem Bataillon in Creussen ein, übernahm dort von dem verwundeten Major das Commando, und setzte mit den 300 Mann, die übrig geblieben waren, nach kurzer Rast seinen Marsch auf Kirchenthumbach fort. Hier requirirte er Wägen, schaffte seine Mannschaft nach Pressat, und fuhr mit derselben auf der Eisenbahn nach Weiden.

Der Verlust betrug:

6 Mann todt,

1 Offizier *), 1 Mann, 1 Pferd verwundet,

7 Offiziere **), von denen 4, und 243 Mann, von denen 21 auch verwundet waren, dann 1 Pferd, vermisst und gefangen;

im Ganzen: 8 Offiziere, 250 Mann, 2 Pferde.

Der Feind war eine grössere Strecke gegen Creussen nachgefolgt,

---

*) Major Graf von Jouer-Tettenweiss.

**) Hauptmann Gradinger, Oberlieutenant Freiherr von Aretin, dann die Unterlieutenants Galler, Schwarz, Baur, Uebelacker und del Moro.

dann wendete er sich westwärts. Am 31. Juli rückte die Avantgarde des Grossherzogs von Mecklenburg in Nürnberg ein, und nun erklärte derselbe dem Generalmajor Fuchs seine Bereitwilligkeit zu unterhandeln. Das Kriegsministerium bevollmächtigte zu diesem Zwecke den Oberstlieutenant Roth, und am 4. August wurde eine Demarcationslinie vereinbart, wonach die feindliche Cantonnirungsgrenze durch die Ortschaften Waidhaus, Amberg, Altdorf und Schwabach, dann durch die Flussthäler der Rednitz, Regnitz, des Mains und der Itz bezeichnet sein sollte. Das bayerische Ost-Corps bezog ausgedehnte Cantonnirungen mit dem Stabssitze Schwandorf.

Schliesslich wäre noch der Thätigkeit der fliegenden Colonne bei Bamberg zu erwähnen. Am 23. Juli, als dem Commandanten derselben, Major Höfler, die ersten Nachrichten über das Vordringen des Feindes gegen Hof zukamen, war die Dislocation folgende: Stab mit 1 1/2 Compagnien des 4. Regiments in Hallstadt, 1/2 Compagnie in Dörfleins, 1 Compagnie in Eltmann, 1 in Bischberg, ein Piket auf dem Kreuzberge, 1 Compagnie in Baunach zur Bewachung des Itz- und Baunach-Grundes, 1 in Breiten-Güssbach, Zapfendorf und Ebensfeld. Vom Bataillon des 10. Regiments stunden 2 Compagnien mit dem Stab in Lichtenfels, 2 in Staffelstein, 1 in Seubelsdorf, 1 in Zeuln. Die Cavalerie endlich lag getheilt in Bamberg und Schesslitz.

Beim Ost-Corps war nach der Besetzung Kemnats der Plan gefasst worden, eventuell in Verbindung mit der fliegenden Colonne des Majors Höfler eine Diversion gegen directe Bewegungen des Feindes auf Bayreuth auszuführen — soferne die nach der Aufgabe des Corps in erster Reihe erforderliche Behauptung der Ostbahnlinie es gestatte. Auf eine in diesem Sinne am 26. Morgens eingetroffene Requisition des Majors Fries gingen daher zwei Compagnien des 10. Regiments auf Wägen zunächst nach Hollfeld vor.

Indess trafen die Voraussetzungen für jenen Plan nicht ein; namentlich verzögerte sich die Ankunft der noch zum Ost-Corps bestimmten, zur Deckung von Weiden und Kemnat unentbehrlichen Truppen. Die beiden Compagnien wurden desshalb vorerst wieder nach Schesslitz gezogen.

Am nächsten Tage (27.) erhielt Major Höfler aus dem Hauptquartier die Mittheilung über den Abschluss einer fünftägigen

Waffenruhe mit darauf folgendem Waffenstillstand, und zugleich (wie General Fuchs) die Weisung, so viel Land zu decken, als ohne Kampf möglich sei.

Es wurden sofort die diesem Befehle entsprechenden Verfügungen getroffen, und sollte durch Wiederbesetzung Hollfelds auch Verbindung mit dem Ost-Corps hergestellt werden. Allein schon am 28. kam die Nachricht, dass Bayreuth vom Gegner besetzt, auch Weismain schon in dessen Handen sei, und am 29. gewann man die Gewissheit, dass der. Grossherzog von Mecklenburg die Waffenruhe nicht anerkenne. Am 31. Juli endlich erfuhr Major Höfler das Einrücken des Feindes in Nürnberg.

In Folge dessen wurden die beiden Bataillone, welche auf die beunruhigenden Nachrichten der letzten Tage hin schon successive auf einen kleineren Raum zusammengezogen waren, völlig in Bamberg concentrirt, und Major Höfler nahm nun mit den ihm unterstellten Truppen, welche im Laufe des Tages durch zwei Compagnien des 12. Regiments *) aus Forchheim, durch die in Hassfurt und Schweinfurt belassenen Compagnien des 8. und 15. Regiments, die dort stehen gebliebene Division des 5. Chevaulegers-Regiments, sowie durch das 2. Bataillon des 14. Regiments und das 5. Jäger-Bataillon verstärkt wurden, Position in und vor der Stadt. Am späten Abende des 1. August aber übergab er das Commando dem mit dem 1. Bataillon des 14. Regiments anlangenden Obersten Schiber, welcher von Kitzingen entsendet worden war, um über die in und bei Bamberg versammelten Streitkräfte den Oberbefehl zu übernehmen.

Die Mitternachtsstunde brachte den Waffenstillstand. In Folge dessen wurden am 2. August früh die Vorposten eingezogen, und die Truppen in Cantonnirungen verlegt.

---

*) Vom Bataillon Gilardi.

Besatzung von Mainz.

Nachdem durch die Gefechte von Laufach und Aschaffenburg der preussischen Main-Armee der Weg nach Frankfurt am Main geöffnet und das VIII. Bundes-Armeecorps gegen den Odenwald abgezogen war, befand sich auch die Festung Mainz im unmittelbaren Bereiche der feindlichen Operationen.

Die Besatzung war dazumal aus bayerischen *), württembergischen, kurfürstlich und grossherzoglich hessischen, badischen, meiningenschen und nassauischen Truppen gemischt, und zählte in runden Summen 16,000 Mann Infanterie und 1000 Pferde.

Mit der Function eines Gouverneurs war, wie bereits in der Einleitung erwähnt, der General-Adjutant Seiner Majestät des Königs von Bayern, Generalmajor Graf von Rechberg und Rothenlöwen betraut. Die Stelle des Festungs-Commandanten versah der herzoglich meiningensche Oberst von Buch.

Am 16. Juli erhielt das Gouvernement die Kunde vom Einrücken der Preussen in Frankfurt, und gleichzeitig trafen auch Nachrichten über die Annäherung der in der preussischen Rheinprovinz stehenden Reserve-Abtheilungen ein. Am 18. näherten sich feindliche Patrouillen den Kasteler Festungswerken. Folgenden Tages wurde der bei Budenheim stationirte Avisodampfer durch Infanterie beschossen, während gleichzeitig ein Bataillon von Bibrich gegen Mainz vorging. Der Commandant des Petersauer-Thurms liess gegen die Avantgarde dieses Bataillons einen Schuss abfeuern, worauf dasselbe wieder abzog. Später

---

*) 1. Bataillon (Eckart) des Infanterie-Leib-, 1. Bataillon (Daffenreither) des 1. Infant.-Regiments, 1 Fussbatterie des 2., 2 des 4. Artillerie-Regiments, 1½ Genie-Compagnien.

zeigten sich Patrouillen des Gegners am Rhein, und es entspann sich zwischen ihnen und der Thurmbesatzung ein kurzes Geplänkel.

Diese Vorgänge bestimmten den Gouverneur unterm 20. den Belagerungszustand zu proclamiren, und zugleich die gänzliche Einstellung des Verkehrs auf der Bahn und auf dem Rhein anzuordnen.

Im Laufe des letztgenannten Tages näherte sich abermals ein preussisches Bataillon der Festung, und zwar aus der Richtung von Wiesbaden. Das Fort Grossherzog von Hessen brachte dasselbe durch einige Granatschüsse zum Weichen, dagegen fuhr der Feind Nachmittags zwischen 4 und 5 Uhr mehrere Geschütze an der Erbenheimer-Warte auf und feuerte einige Zeit lang, jedoch ohne Schaden zu verursachen, gegen Kastel. Von den dortigen Werken wurde dieses Feuer erwiedert.

Die preussischen Truppen hatten mittlerweile auf der Linie Bibrich-Erbenheim-Delkenheim Vorposten bezogen, und fuhren, nachdem am 21. vom Petersauer-Thurm aus einigemale auf Militär-Bahnzüge geschossen worden war, bei Bibrich und zunächst der Kurfürsten-Mühle Feldgeschütze auf. Da sie jedoch nicht feuerten, schwieg auch die Artillerie der Festung.

Am 22. Juli setzten sich etwa 200 Mann von Bibrich gegen die Glasfabrik in Bewegung, augenscheinlich in der Absicht eine Schanze aufzuwerfen, zogen sich jedoch, als von der Hartmühle und vom Petersauer-Thurm aus das Feuer gegen sie eröffnet wurde, wieder zurück.

Einige Zeit später erschienen auf dem Petersberge 4 gezogene 6 pfünder, und begannen gegen 5 Uhr Abends die Beschiessung des Petersauer-Thurmes. Die dort postirte badische Artillerie, secundirt durch die Inundationsschanze und das Fort Grossherzog von Hessen, antwortete kräftigst, und zwang die feindlichen Geschütze nach etwa einer Stunde, mit Verlust abzuziehen.

Hiemit war die kriegerische Thätigkeit der Festung geschlossen.

Das meiningensche Contingent rückte wegen Austritts des Herzogthums aus dem Bunde von Mainz ab, und am 26. vereinbarte General Graf Rochberg mit dem Commandanten der preussischen Observations-Truppen eine Waffenruhe, welche vom 4. August an in den förmlichen Waffenstillstand überging.

Am letztgenannten Tage verliessen die Badener, am 7. August die Württemberger und Hessen in Folge der speciellen Waffenstillstandsbedingungen die Festung; am 26. endlich wurden auch die bayerischen Truppen aus derselben zurückgenommen, und General Graf Rechberg übergab gleichzeitig das Gouvernement im Auftrage seiner Regierung an den königlich preussischen Generallieutenant und General-Adjutanten Prinzen zu Schleswig-Holstein-Sonderburg-Augustenburg.

Schluss.

Die gegenseitigen Beziehungen der auf Seite Oesterreichs am Kriege betheiligten Staaten waren schon dadurch einigermassen alterirt worden, dass die preussische Regierung hinsichtlich des Waffenstillstandes nicht mit der Gesammtheit derselben, sondern mit einem jeden insbesondere unterhandelt hatte.

Durch die Nicolsburger Präliminarpunkte aber, welche von den contrahirenden Mächten als Basis der zu eröffnenden Friedensverhandlungen anerkannt wurden, war der Ausschluss Oesterreichs aus Deutschland und die Auflösung des Bundes in seiner bisherigen Form definitiv ausgesprochen.

In Folge hievon musste sich nothwendig auch das militärische Verhältniss aufheben, das bisher zwischen den alliirten Armeen bestanden hatte.

Der Feldmarschall Prinz Carl reichte unmittelbar nach Beginn des Waffenstillstandes bei der um jene Zeit zu Augsburg tagenden Bundesversammlung seine Entlassung als Obercommandant der Westdeutschen Bundes-Armee ein, legte unterm 5. August diese Stelle thatsächlich nieder, und behielt fortan nur den Oberbefehl über das seitherige VII. Corps, welches nun wieder die Bezeichnung „Königlich bayerische mobile Armee" annahm. Das VIII. Bundes-Corps, aus dessen Verband bereits am 1. August auch die nach Böhmen bestimmte österreichische Brigade ausgeschieden war *), rückte über Feuchtwang und Dinkelsbühl nach Nördlingen. Hier löste sich dasselbe auf, indem Prinz Alexander am 9. August sein Commando gleichfalls niederlegte. Die württembergischen und grossherzoglich hessischen Truppen kehrten in ihre Länder

---

*) Das badische Contingent hatte sich bekanntlich schon früher aus demselben losgetrennt.

zurück, die nassanische Brigade jedoch nebst den beiden kurhessischen Schwadronen zog sich weiter südwärts nach Günzburg, und verblieb hier bis nach Abschluss des Friedens.

Die Stellung des bayerischen Heeres zwischen der preussischen Main-Armee und dem bis Nürnberg vorgedrungenen Reserve-Corps unter dem Grossherzog von Mecklenburg war für den Fall, dass die Friedens-Unterhandlungen sich zerschlügen, eine höchst missliche.

Der Feldmarschall beschloss daher, den ihm gebotenen dreiwöchentlichen Zeitraum zu benützen, um seine Truppen auf die Donau als den nächsten grossen Terrainabschnitt zu basiren, woselbst die als befestigtes Lager eingerichtete Festung Ingolstadt einen sicheren Stützpunkt bot.

. Hier zog er sowohl die im Ost-Corps eingetheilt gewesenen Truppen als auch die mittlerweile gebildeten Reserve-Abtheilungen an sich, und die Abgänge, welche sich während des Kriegs ergeben hatten, wurden durch entsprechenden Nachschub aus den Depot-Bataillonen ausgeglichen.

Die bisherige Reserve-Infanterie-Brigade nebst Cavalerie und Artillerie wurde der 3. Division einverleibt, und jede der übrigen Divisionen erhielt gleichfalls eine dritte, aus den angelangten Verstärkungen formirte Brigade, sowie eine dritte Feldbatterie.

Gegen Ende des Waffenstillstandes verfügte Prinz Carl demnach mit Ausschluss der Festungsbesatzung von Ingolstadt über

66 Bataillone, (darunter 2 Reserve-Jäger-Bataillone, welche halb-bataillonsweise bei den neu gebildeten Brigaden eingetheilt waren),

60 Escadronen, und

168 Geschütze.

Die 1. Infanterie-Division stund bei Donauwörth, die 3. bei Neu-burg an der Donau, die 4. bei Ingolstadt, die 2. bei Regensburg, die Reserven an Cavalerie und Artillerie befanden sich theils hinter dem linken Flügel, theils hinter der Mitte der Aufstellungslinie des Heeres.

Am 22. August erfolgte zu Berlin die Unterzeichnung der Friedens-Akte durch die bevollmächtigten Commissäre, und unterm 29. wurde durch allerhöchstes Signat Seiner Majestät des Königs die Auflösung der bayerischen mobilen Armee, sowie die Aufhebung des Kriegszustandes der Festungen ausgesprochen.

Der Feldmarschall, welcher während des Waffenstillstandes den Cantonnirungs-Rayon des gesammten Heeres bereist und hiebei sämmtliche Truppen inspicirt hatte, machte die Verfügung des obersten Kriegsherrn durch Tagsbefehl vom 2. September bekannt, und verabschiedete sich in demselben von der Armee.

Diejenigen Heeresabtheilungen, deren künftige Garnisonsorte noch durch die Preussen occupirt waren, wurden unter Commando des Generallieutenants Stephan bei Donauwörth in eine Division vereinigt.

Nachdem aber unterm 3. September der Austausch der Ratifications-Urkunden stattgefunden hatte und auch die übrigen mit Bezug auf die Räumung der besetzten Landestheile im Friedenstractate enthaltenen Bedingungen erfüllt waren, zogen die fremden Truppen aus Bayern ab, und die combinirte Division Stephan wurde nun ebenfalls aufgelöst.

Berichtigungen.

Seite 152 Zeile 10 von unten lies „am" statt „um".
„ 167 „ 12 von oben lies „Division" statt „Divisionen".
„ 171 „ 10 von unten lies „rechts der Strasse" statt „rechts in der Strasse".

Ordre de bataille

der königlich bayerischen Armee

(VII. Bundes-Armeecorps).

Stand am 21. Juni 1866, dem Tage der Stellung des Heeres auf den Kriegsfuss.

Hauptquartier.

Commandirender: Seine Königliche Hoheit Prinz Carl von Bayern, Feldmarschall und General-Inspector der Armee.

Adjutanten: Oberst v. Stranz vom Generalquartierm.-Stab,

Major Frhr. v. Freyberg vom 1. Art.-Reg.,

Major Frhr. Gemmingen v. Massenbach vom General-Quartierm.-Stab.

Ordonnanz-Offiziere¹): Oberlieutenant du Jarrys Frhr. v. La Roche vom 3. Art.-Reg.,

Oberlieutenant Schenk Frhr. v. Stauffenberg vom 4. Chev.-Reg.,

Oberlieutenant Fürst v. Oettingen-Wallerstein vom 4. Chev.-Reg.

Unterlieutenant Graf v. Drechsel auf Deuf-stetten und Karlstein vom 1. Cuir.-Reg.

Chef des Generalstabs: Generallieutenant und General-Adjutant Freiherr von der Tann.

Adjutanten: Rittmeistor Fürst v. Thurn und Taxis vom 4. Chev.-Reg.

Hauptmann Floschuez vom Generalquartierm.-Stab.

Sous-Chef des Generalstabs: Generalmajor v. Schintling.

Operations-Kanzlei:

Vorstand: Oberst Graf v. Bothmer vom Generalquartierm.-Stab.

Feld-Genie-Direction:

Feld-Genie-Director: Oberstlieutenant Limbach vom Genie-Reg.

General-Kanzlei:

Vorstand: Oberst Schorh vom General-Quartierm.-Stab.

Feld-Artillerie-Direction:

Feld-Artillerie-Director: Generallieutenant Ritter v. Brodesser.

Dienst-Kanzlei:

Vorstand: Oberst v. Stranz vom General-Quartierm.-Stab, I. Adjutant des Feldmarschalls.

Armee-Verwaltung:

Chef: Ober-Kriegscommissär Nobel.

Feld-Sanitäts-Direction:
Chef: Ober-Stabs-Arzt Dr. Sommer.

Feld-Geistlichkeit:
Priester Beitelrock, Domprediger in Eichstädt.
Prediger Huck.

Feld-Veterinär-Direction:
Feld-Veterinär-Director: Ober-Veterinär-Arzt Gräff.

Feldpost.
Feldpostmeister Weber.

Armee-Justiz:
Chef: Ober-Auditor v. Schmitt.

Verpflegsabtheilung Nr. I.
Commandant: Hauptmann Flurl.

Commandant des Hauptquartiers: Major Friedel.

Stabswache: 1 Compagnie des 7. Inf.-Regts.
1 Escadron des 1. Chev.-Regts.

1 Feld-Gendarmerie-Escadron.

Im Hauptquartier anwesend:

Seine Königliche Hoheit Prinz Luitpold von Bayern, Feldzeugmeister[1]),

Seine Königliche Hoheit Prinz Otto von Bayern, Hauptmann im Inf.-Leib-Reg.,

Seine Königliche Hoheit Prinz Ludwig von Bayern, Oberlieutenant im 2. Inf.-Reg.[3]),

Der k. k. österreichische Delegirte Feldmarschalllieutenant Graf Huyn,

Der Delegirte des VIII. Bundes-Armeecorps, k. württembergische Major von Suckow vom Generalstab.

1) Später auch Rittmeister Eduard Dürig vom 4. Chev.-Reg. und Oberlieutenant Malaisé vom 3. Art.-Reg.
2) In der Folge Commandant der Reserve-Infanterie-Division, und nach Kissingen der 3. Infanterie-Division.
3) Später Ordonnanz-Offizier Sr. Königl. Hoheit des Feldzeugmeisters Prinzen Luitpold von Bayern.

1. Infanterie-Division.

Commandant: Generalmajor Stephan.
(Chef des Generalstabs: Major Diehl.)

Generalstab:
Major Orff,
Hauptmann Lindhamer,
fct. Oberlieutenant Helvig
vom 1. Inf.-Reg.

Adjutanten:
Hauptmann Kleinschrod
vom 1. Inf.-Reg.
Oberlieutenant Schenk
vom 6. Jäger-Bat.

Zur Dienstleistung zugetheilt:
Major Herzog Carl Theodor in
Bayern, Königl. Hoheit,
vom 3. Chev.-Reg.

Ordonnanz-Offiziere:
Oberlieutenant Hemmer
vom 2. Inf.-Reg.
Unterlieutenant Stöber
vom 3. Chev.-Reg.

Genie-Offiziere:
Hauptmann Fuchs[1],
Oberlieutenant v. Bezold.

1. Infanterie-Brigade:
Commandant: Generalmajor von Steinle.[2]
Adjutant: Oberlieutenant Pauli vom 12. Inf.-Reg.
Ordonnanz-Offizier: Oberlieutenant Delpy von La Roche
vom Inf.-Leib-Reg.

Infanterie-Leib-Regiment:
Oberst Freiherr v. Pranckh.[3]

3. Bataillon:
Major
Frhr. v. d. Tann.[4]

2. Bataillon:
Major Dörmühl.

2. Infanterie-Regiment:[5]
1. Bataillon:
Major Bedall.

1. Infanterie-Regiment:
Oberst Pesenecker.[6]

3. Bataillon:
Major Schultheis.[7]

2. Jäger-Bataillon:
Major v. Orff.[8]

2. Bataillon:
Major L. Graf v. Ysen-
burg-Philippseich.[9]

2. Infanterie-Brigade:
Commandant: Generalmajor Ritter v. Welsch
Adjutant: Oberlieutenant Berg vom 6. Inf.-Reg.
Ordonnanz-Offizier: Oberlieutenant Karl vom 8. Inf.-Reg.[?]

6. Infanterie-Regiment:
Oberst Dietl.

3. Bataillon:
Major Murmann.

2. Bataillon:
Major Duntze.

8. Infanterie-Regiment:
Oberst Fink.

2. Bataillon:[11]
Hauptmann
Westermayer.[12]

1. Bataillon:
Major v. Lachemair.

4. Jäger-Bataillon:
Major Hebberling.

3. Bataillon:
Major Ritter
v. Reichert.

Divisions-Cavalerie:

3. Chevaulegers-Regiment:

Oberstlieutenant August Freiherr von Leonrod

Divisions-Artillerie:

Oberstlieutenant Halder vom 1. Art.-Reg.

Werks:

gezogene Geschütz-Batterie:
Hauptmann Frhr. v. Hutten.

Genie-Abtheilung:
Oberlieutenant Dorsch.

12pfünder Batterie:
Hauptmann Mussinan.

Fersisgeschützteilung Nr. II:
Hauptmann Muck. [13]

1. Sanitäts-Compagnie:
Hauptmann v. Schmuck.

Munitions-Reserve:
Oberlieutenant Zöhnle.

Aufnahms-Feldspital Nr. I:
Hauptmann v. Puckpöckh.

Aufnahms-Feldspital Nr. V:
Hauptmann Frhr. v. Fraye.

1) Später in's Hauptquartier abcommandirt.
2) Nach Kissingen Oberst Frhr. v. Prauckh, dann Oberst Pechnecker.
3) Später Oberlieutenant Frhr. v. Berchem vom 4. Jäger-Bataillon.
4) Später Major Frhr. v. Treuberg.
5) Später Oberstlieutenant Höggenstaller.
6) Später Major Reuss.
7) Später interimistischer Commandant der 1. Infanterie-Brigade.
8) Später Hauptmann Jouvin.
9) Später Hauptmann Ritter v. Stubenrauch.
10) Nachträglich in die mobile Armee eingereiht.
11) Desgleichen.
12) Später Hauptmann Graf Taitenbach.
13) Später Hauptmann Mück.

2. Infanterie-Division.

Commandant: Generallieutenant v. Feder.

Chef des Generalstabs: Oberst Freiherr v. d. Tann.

Generalstab:
Major Weiss,
Hauptmann v. Belli de Pino,
Hauptmann Ritter v. Xylander.

Adjutanten:
Hauptmann Mayer vom 2. Inf.-Reg.
Oberlieutenant Frhr. v. Hertling von 2. Cuir.-Reg.

Ordonnanz-Offiziere:
Oberlieutenant Euler-Chelpin vom 12 Inf.-Reg.
Oberlieutenant Frhr. v. Feuri vom 1. Uhl.-Reg.

Genie-Offiziere:
Hauptmann Körbling.
Oberlieutenant Macco.

4. Infanterie-Brigade:

Commandant: Generalmajor v. Hanser.
Adjutant: Hauptmann Michell vom 6. Inf.-Reg.
Ordonnanz-Offizier: Oberlieutenant Nees vom 6. Inf.-Reg.

7. Infanterie-Regiment:
Oberst v. Schleich.

3. Jäger-Bataillon:
Oberlieutenant Hüggenstaller.[)]

3.Bataillon:[)] Major Böhe.
2. Bataillon: Major Gambs.
1.Bataillon: Major Narciss.

10. Infanterie-Regiment:
Oberst Graf von Joner-Tettenweiss.

3. Bataillon:
Major Mühlbaur.[)]
1. Bataillon:
Major Bredaur.[)]

3. Infanterie-Brigade:

Commandant: Generalmajor Schumacher.
Adjutant: Oberlieutenant Menges vom 14. Inf.-Reg.
Ordonnanz-Offizier: Oberlieut. Graf v. Zech vom 11.Inf.-Reg.

3. Infanterie-Regiment:
Oberst Leopold Hösslinger.

3.Bataillon[)]:
Hauptmann Harrach.
2.Bataillon:
Major Herm. Frhr. v.Nessel-rode-Hugenpoet.
1.Bataillon:
Major Ritter v. Oswald.

12. Infanterie-Regiment:
Oberst Freiherr von Leoprechting.

2. Bataillon:
Major Kohlermann.[)]
1. Bataillon:
Major Carl Frhr. v. Nesselrode-Hugenpoet.

7. Jäger-Bataill.:
Major Ph. Graf v. Ysenburg-Philippseich.[)]

Divifions-Cavalerie:

4. Chevaulegers-Regiment:
Oberstlieutenant Karl Freiherr von Leonrod.

Divifions-Artillerie:

Oberstlieutenant Vogl vom 4. Art.-Reg.

gezogene Gefchütz-Batterie:
Hauptmann Zeller.

12pfünder-Batterie:
Hauptmann Kirchhoffer.

Parks:

4. Sanitäts-Compagnie:
Hauptmann Reinhard.

Munitions-Referve:
Hauptmann Reder.

Aufnahms-Feldfpital Nr. II:
Hauptmann Merkel.

Aufnahms-Feldfpital Nr. VI:
Hauptmann Wördinger.

Verpflegsabtheilung Nr. III:
Hauptmann Frhr. v. Horneck.

Genie-Abtheilung:
Oberlieutenant Kreuzer.

1) Nach Kissingen Hauptmann Freiherr v. Gumppenberg.
2) *Dieses Bataillon, später von Major Muck geführt, kam erst nach Kissingen zur mobilen Armee.*
3) Nach Kissingen Hauptmann Müller.
4) Später Major v. Illeeg.
5) Nachträglich in die mobile Armee eingereiht.
6) Später Major v. Baur-Breitenfeld.
7) Später Herzkaur, und nach dessen Verwundung Major Lerb.

3. Infanterie-Division.

Commandant: Generallieutenant Freiherr von Zoller.[1]

Chef des Generalstabs: Major von Heckel.[2]

Generalstab:
Hauptmann Heilmann,
Hauptmann v. Bäumen,
Hauptmann Schlagintweit.

Adjutanten:[3]
Hauptmann v. Vallade vom 9. Inf.-Reg.
Oberlieutenant Dürig vom 4. Chev.-Reg.

Ordonnanz-Offiziere:[4]
Oberlieutenant Becker vom 15. Inf.-Reg.
Oberlieutenant Schmidt vom 1. Chev.-Reg.

Genie-Offiziere:
Hauptmann Staudacher.
Oberlieutenant Schwabl.

6. Infanterie-Brigade:[6]

Commandant: Generalmajor Walther.
Adjutant: Hauptmann Freyschlag v. Freyenstein vom 1. Inf.-Reg.
Ordonnanz-Offizier: Oberlieutenant Ritter v. Willinger vom 6. Inf.-Reg.

5. Infanterie-Brigade:

Commandant: Generalmajor v. Ribaupierre.
Adjutant: Oberlieutenant Popp vom 11. Inf.-Reg.
Ordonnanz-Offizier: Oberlieutenant Kilp vom 11. Inf.-Reg.

6. Infanterie-Regiment:
Oberst v. Brückner.
1. Bataillon: Major Sebus.
3. Bataillon: Major Ball

11. Infanterie-Regiment:
Oberst Straub.
1. Bataillon:[7] Major Streiter.
2. Bataillon: Major v. Tausch.
3. Bataillon: Major v. Weinbach.[8]

14. Infanterie-Regiment:
Oberst Schiber.
1. Bataillon: Major Ritter v. Tauffenbach.
2. Bataillon: Major Dichtel.

15. Infanterie-Regiment:[10]
Oberst Schweizer.
1. Bataillon: Major v. Moor.
2. Bataillon:[9] Major v. Brückner.
3. Bataillon: Major Pöllath.

1. Jäger-Bataillon:
Major v. Görtz.

5. Jäger-Bataillon:
Oberlieutenant Demloch.[?]

Divisions-Cavalerie:

2. Chevaulegers-Regiment:
Oberstlieutenant Horadam.

Divisions-Artillerie:

Major Muck vom 1. Art.-Reg.

schwere 6pfünder Batterie:
Hauptmann Freiherr v. Lottersberg.

Genie-Abtheilung:
Oberlieutenant Haid.

Parks:

3. Sanitäts-Compagnie:
Hauptmann Pfenfer.

Verpflegsabtheilung Nr. IV:
Hauptmann Ziegler.

Munitions-Reserve:
Unterlieutenant Schönninger.

12pfünder Batterie:
Hauptmann Schanler.

Aufnahms-Feldspital Nr. III:
Hauptmann Remich
v. Weisenfels.

Aufnahms-Feldspital Nr. VII:
Hauptmann Ritter.

1) Nach Kissingen Feldzeugmeister Prinz Luitpold von Bayern, Kgl. Hoheit.
2) "   "   Oberlieutenant v. Orff.
3) "   "   Major Graf v. Verri della Bosia vom Inf.-Leib-Reg. und
        Rittmeister Frhr. v. Limpöck vom 1. Cuir.-Reg.
        auch die Oberlieutenante Prinz Ludwig von Bayern, K. H.,
4) "   "   und Frhr. v. Malsen vom 2. Inf.-Reg.

5) Später Oberst Schweiger vom 13. Inf.-Reg.
6) Später Hauptmann König von Königsthal, dann Hauptmann Ziegler.
7) Erst nach Kissingen der mobilen Armee einverleibt.
8) Später Hauptmann Wernhard.
9) Nachträglich in die mobile Armee eingereiht.
10) Später Oberstlieutenant Graf v. Stralenheim-Wassaburg.

4. Infanterie-Division.

Commandant: Generallieutenant Ritter von Hartmann.
Chef des Generalstabs: Oberst Dietl.

Generalstab:

Major v. Heinleth,
Hauptmann Hörmann v. Hörbach,
Hauptmann Streiter.

Adjutanten:

Hauptmann Bissmiller vom
9. Inf.-Reg.
Oberlieutenant Ritter v. Xylander vom 4. Chev.-Reg.

Ordonnanz-Offiziere:

Oberlieutenant Macher
vom 9. Inf.-Reg.
Unterlieutenant Frhr. v. Könitz
vom 6. Chev.-Reg.

Suite-Offiziere:

Hauptmann Harscher,
Oberlieutenant Knorr.[1]

---

8. Infanterie-Brigade.

Commandant: Generalmajor Cella.
Adjutant: Oberlieutenant Frhr. v. Stengel vom 2. Inf.-Reg.
Ordonnanz-Offizier: Oberlieutenant Cella vom 8. Inf.-Reg.

4. Infanterie-Regiment:
Oberst Ritter v. Mann.

3. Bataillon:
Major Frhr.
v. Leoprechting.

2. Bataillon:
Oberstlieutenant
Bössmiller.

9. Infanterie-Regiment:
Oberst Aldosser.[1]

3.Bataillon:[2]
Major Dietrich.

2.Bataillon:
Major Schrott.

1.Bataillon:
Major Ottmar Frhr.
v. Guttenberg.[3]

6. Jäger-Bataillon:
Major Albert Frhr.
v. Guttenberg.

---

7. Infanterie-Brigade.[3]

Commandant: Generalmajor Faust.[3]
Adjutant: Oberlieutenant Gleichauf vom 7. Inf.-Reg.[3]
Ordonnanz-Offizier: Oberlieutenant v. Ausin von 13. Inf.-Reg.[4]

5. Infanterie-Regiment:
Oberst Bijot.[5]

3. Bataillon:
Major Frhr. v.
Gumppenberg.

2.Bataillon:[6]
Major Hügele.

1.Bataillon:
Major Schwalb.

13. Infanterie-Regiment:
Oberst Frhr. v. Reichlin-Meldegg.

2. Bataillon:
Major v. Kramer.

1. Bataillon:
Major Faber.

8. Jäger-Bataillon:
Major Rudolf.

Divisions-Cavalerie:

6. Chevaulegers-Regiment: Oberst v. Tausch.[10]

Divisions-Artillerie:

Oberstlieutenant Freiherr v. Feilitzsch vom 2. Art.-Reg.

gezogene 6pfünder Batterie: Hauptmann Königer.

Gezogene-Abtheilung: Unterlieutenant Franck.

12pfünder Batterie: Hauptmann Hang.

Bespanngs-Abtheilung Nr. V: Hauptmann Denig.

Parks:

2. Sanitäts-Compagnie: Hauptmann Michel.

Munitions-Reserve: Unterlieutenant Schreyer.

Aufnahme-Feldspital Nr. VIII: Hauptmann Siess.

Aufnahme-Feldspital Nr. IV: Hauptmann v. Allweyer.

1) Später im Hauptquartier verwendet.
2) Später Oberst Bijol.
3) Später Oberstlieutenant Bombard vom 5. Inf.-Reg.
4) Später Oberstlieutenant Lobenhoffer vom 12. Inf.-Reg.
5) Später Oberst Felix Hösslinger.
6) Nachträglich in die mobile Armee eingereiht.
7) Später Major Schrott.
8) Nach dessen Verwundung Hauptmann Köppel, dann Major König von Königsthal.
9) Nachträglich in die mobile Armee eingereiht.
10) Später Major Baumüller.

Reserve-Infanterie-Brigade.[1]

Commandant: Oberst Bijot vom 5. Infanterie-Regiment.[2]

Generalstabs-Offizier: funct. Hauptmann Orff vom 3. Inf.-Reg.
Adjutant: — —, später Hauptmann Schinner vom Inf.-Leib-Reg., dann Oberlieutenant Carl Danner vom 5. Inf.-Reg.[3]
Ordonnanz-Offizier: Oberlieutenant Lobenhoffer vom 12. Inf.-Reg.[4]
Genie-Offiziere: Oberlieutenant Wolfram,
              Oberlieutenant Demetrius Weidner.

1. Bataillon des 4. Inf.-Regts:[5]
    Major Höfler.

2. Bataillon des 10. Inf.-Regts:[6]
    Major v. Heeg.[7]

2. Bataillon des 6. Inf.-Regts:
    Major Schuch.

3. Bataillon des 13. Inf.-Regts:
    Major Graf v. Hundt.[7]

3. Bataillon des 12. Inf.-Regts:
    Major v. Gilardi.

3. Bataillon des 14. Inf.-Regts.:
    Major Frhr. v. Pechmann.

Cavalerie:

1. Chevaulegers-Regiment:

3. Escadron:
Rittmeister Graf v. Leublfing.

2. Escadron:[)
Rittmeister Gigl.

Gezogene 6pfünder Batterie:[9)
Hauptmann Kriebel.

Parks:

Sanitäts-Abtheilung:
Oberlieutenant Saalmüller.

Munitions-Reserve:
Unterlieutenant Heulen. [10)

---

1) Durch allerhöchste Entschließungen vom 27. Juni und 5. Juli wurde die Errichtung einer 3. (Reserve-) Infanterie-Division bei Bamberg decretirt, und Feldzeugmeister Prinz Luitpold von Bayern, Königliche Hoheit, zum Commandanten derselben ernannt. Dieselbe gelangte jedoch nicht vollständig zur Aufstellung, da sie durch Ordre des Obercommandos vom 12. Juli wieder aufgelöst, Feldzeugmeister Prinz Luitpold statt des erkrankten Generallieutenants Frhrn. v. Zoller zum Commandanten der 3. Infanterie-Division ernannt, ein Theil der Bataillone den Divisionen der mobilen Armee einverleibt, und der Rest als eine „Reserve-Infanterie-Brigade" formirt ward.

2) Später Oberst Frhr. v. Franckh vom Inf.-Leib-Reg., dann Generalmajor Frhr. v. Seckendorf.

3) Ersterer wurde zum Adjutanten des Kriegsministers ernannt.

4) Später Oberlieutenant Gebineier, dann Unterlieutenant Bayrl zum 6. Inf.-Reg.

5) Beide Bataillone blieben, nach Heranziehung der Reserve-Brigade vor den Gefechten bei Würzburg zum Gros der mobilen Armee, in Oberfranken (bei Bamberg) als fliegendes Corps unter Commando des Majors Rößler zurück.

6) Später Major Westermayer.

7) Später Hauptmann Frhr. Schirnding von Schirnding.

8) Später bei dem von Major Rößler commandirten fliegenden Corps.

9) Später 12pfünder Batterie Gramich.

10) Später Unterlieutenant Frhr. v. Fraunberg.

Reserve-Cavalerie-Corps.

Commandant: General der Cavalerie Fürst von Thurn und Taxis.[1])
Chef des Generalstabs: Oberstlieutenant Weiss.

Generalstab:
Major Maximilian Frhr. v. Horn,
Hauptmann Frhr. v. Hutten.

Adjutant:
Rittmeister Max Dürig vom
4. Chev.-Reg.

Ordonnanz-Offiziere:
Oberlieutenant Fürst v. Wrede
vom 5. (Chev.-Reg.,
Oberlieutenant Frhr. v. Andrian-
Werburg vom 2. Cuir.-Reg.

Genie-Offiziere:
Hauptmann Schreiner,
Oberlieutenant Frhr. v. Stengel.

Beigegeben: Generalmajor Ritter von Jenisch.[3])
Adjutant: Oberlieutenant von Petz vom 2. Chev.-Reg.

1. leichte Cavalerie-Brigade:

Commandant: Generalmajor Herzog Ludwig in Bayern, Kgl. Hoh.[5])
Adjutant: Oberlieutenant Ritter v. Hartmann vom 4. Chev.-Reg.
Ordonnanz-Offizier: Unterlieutenant Graf vom 1. Uhl.-Reg.

1. Uhlanen-Regiment:
Oberst Korb.

2. Uhlanen-Regiment:
Oberst Frhr. v. Diez.[8])

2. leichte Cavalerie-Brigade:

Commandant: Generalmajor Graf zu Pappenheim.[4])
Adjutant: Oberlieutenant Frhr. v. Malsen vom 2. Chev.-Reg.
Ordonnanz-Offizier: Oberlieutenant v. Regemann vom
3. Uhl.-Reg.

5. Chevaulegers-Regiment:
Oberst Frhr. v. Pechmann.[6])

3. Uhlanen-Regiment:
Oberst Frhr. v. Brück.[7])

Schwere Cavalerie-Brigade:

Commandant: Generalmajor Frhr. v. Rummel.[6]

Adjutant: Oberlieutenant Frhr. v. Steinling vom 1. Cuir.-Reg.

Ordonnanz-Offizier: Oberlieutenant Frhr. v. Rummel vom 2. Cuir.-Reg.

2. Cuirassier-Regiment:
Oberstlieutenant Graf von Tattenbach.

1. Cuirassier-Regiment:
Oberst v. Schubärt.[7]

3. Cuirassier-Regiment:
Oberst v. Mayer.

Artillerie:

Major Carl Frhr. v. Horn vom 3. Art.-Reg.

4. reitende Batterie:
Hauptmann Frhr. Gemmingen v. Massenbach.

3. reitende Batterie:
Hauptmann du Jarrys Frhr. v. La Roche.

Parks:

Bespannungsabtheilung Nr. VI: Hauptmann Müller.

Munitions-Reserve: 1 Oberfeuerwerker.

Im Corps-Stabsquartier anwesend: Se. Königl. Hoheit Herzog Maximilian Emanuel in Bayern, Unterlieutenant im 2. Uhl.-Reg.

---

1) Später in Disponibilität versetzt.
2) Später Stadt-Commandant von Ansbach.
3) Später interimistischer Corps-Commandant, und durch Oberst Freiherrn v. Diez vom 2. Uhl.-Reg. ersetzt.
4) Später Major v. Grundherr zu Altenthann und Weyerhaus.
5) Nach dessen Verwundung Oberst Frhr. v. Brück vom 3. Uhl.-Reg.
6) Später Major von Liller.
7) Später Oberstlieutenant Hertlein, dann Rittmeister Freiherr Stromer von Reichenbach.
8) Später Oberst v. Schubärt vom 1. Cuir.-Reg.
9) Später Major Graf v. Leym, dann Major Freiherr v. Ruffin.

Reserve-Artillerie.¹)

Commandant: Generalmajor Graf v. Bothmer.
Adjutant: Oberlieutenant Schuh vom 3. Art.-Reg.

Beigegeben: Oberst Lutz vom 3. Art.-Reg.

1. Division:

Major Frhr. v. d. Tann vom 3. Art.-Reg.

2. reitende Batterie:
Hauptmann v. Hellingrath.

1. reitende Batterie:
Hauptmann Frhr. v. Leyel.

3. Division:

Major Frhr. v. Stengel vom 1. Art.-Reg.

12 pfünder Batterie:
Hauptmann Frhr. v. Coster.

12 pfünder Batterie:¹)
Hauptmann Gramich.

2. Division:

Major Frhr. v. Crailsheim vom 4. Art.-Reg.

6 pfünder Batterie:
Hauptmann Girl.

gezogne 6 pfünder Batterie:
Hauptmann Redenbacher.

4. Division:

Major Blanc von 2. Art.-Reg.

12 pfünder Batterie:
Hauptmann Mehler.

12 pfünder Batterie:
Hauptmann Minges.

Haupt-Munitions-Reserve.

Commandant: Oberst Hiemer vom 1. Art.-Reg.²)
Adjutant: Oberlieutenant Mayr vom 1. Art.-Reg.

Beigegeben: Major Brandt vom 4. Art.-Reg.

1. Colonne:
Hauptmann Ehrlich vom 1. Art.-Reg.

2. Colonne:
Unterlieutenant Lenz⁴) vom 1. Art.-Reg.

3. Colonne:
Hauptmann Siebenlist³) vom 1. Art.-Reg.

4. Colonne:
Oberlieutenant Schwarz vom 1. Art.-Reg.

5. Colonne. Feldlaboratorium:
Oberlieutenant Fricker von der Ouvriers-Compagnie.

Genie-Park.

Major Koch vom Genie-Regiment.

3 Feld-Genie-Compagnien. 2 Pionier-Equipagen. 1 Reserve-Brücken- und 1 Reserve-Pionier-Equipage mit 4 Fuhrwesens-Abtheilungen.

Feldtelegraphen-Abtheilung:

Hauptmann Orff vom topographischen Bureau des Generalquartiermr.-Stabs. •

Lebensmittel-Zuhwesen:

Major Ritter v. Vollmar auf Veltheim vom 1. Art.-Reg.

Haupt-Feldspitäler:

Nr. I: Major Schertel.   Nr. II: Major Ritter v. Schmädel.   Nr. III: Major Hoeltz.   Nr. IV: Major Bechtold.

---

1. Division:
Major Frhr. v. d. Tann.

2. reit. Batterie: Hauptmann v. Hettingrath
1. reit. Batterie: Hauptmann Frhr. v. Lepel

2. Division:
Major Frhr. v. Crailsheim.

gez. 6pfünd. Batt.: Hauptmann Girl.
gez. 6pfünd. Batt.: Hauptmann Mehn.

3. Division:
Major Frhr. v. Stengel.

gez. 6pfünd. Batt.: Hauptmann Kriebel
gez. 6pfünd. Batt.: Hauptmann Bedenbacher.

4. Division:
Major Blanc.

12 pfünder Batterie: Hauptmann Will.
12 pfünder Batterie: Hauptmann Mingra.
12 pfünder Batterie: Hauptmann Otto Schropp.

1) Ordre de bataille gegeben am 25. Juli, vollendet am 29. Juli:
2) Später der Reserve-Infanterie-Brigade zugetheilt.
3)   "   Oberst Schallus vom 2. Art.-Reg.
4)   "   Oberlieutenant Heiden vom 1. Art.-Reg.
5)   "   Unterlieutenant Max Schöller vom 1. Art.-Reg., dann Hauptmann Sigmund vom 1. Art.-Reg.

Sollstände der Armee*

bei deren Stellung auf den Kriegsfuss, 21. Juni 1866.

	Streit-bar	Nicht-streit-bar	Summa	In Linie fechtend		
				Feuer-Ge-wehre	Säbel	Ge-schütze
1 Schützen-Compagnie	145	9	154	136	.	.
1 Füsilier-Compagnie	145	8	153	137	.	.
1 Bataillon zu 6 (2 Schützen-, 4 Füsilier-) Compagnien	875	61	936	820	.	.
1 Jäger-Compagnie	160	10	170	149	.	.
1 Jäger-Bataillon zu 4 Compagnien . . .	646	55	701	596	.	.
1 Infanterie-Brigade zu 6 Bataillonen (5 In-fanterie- und 1 Jäger-Bataillon) . . .	5024	374	5398	4696	.	.
1 Escadron	102	18	120	.	102	.
1 Cavalerie-Regiment zu 4 Escadronen . .	415	92	507	.	408	.
1 gezogene 6pfünder Batterie	145	61	206	.	.	8
1 glatte 12pfünder Batterie	144	62	206	.	.	8
1 reitende Batterie	120	52	172	.	.	6
1 Infant.-Division zu 2 Inf.-Brigaden, 1 Cav.-Reg., 2 Batter. (mit Einschluss der Parks)	10765	1706	12471	9392	408	16
1 schwere Cavalerie-Brigade zu 3 Regtrn. .	1248	285	1533	.	1224	.
1 leichte Cavalerie-Brigade zu 2 Regtrn. .	833	193	1026	.	816	.
Reserve-Cavalerie-Corps zu 3 Brigaden und 2 reit. Batter. (mit Einschluss der Parks)	3167	1094	4261	.	2040	12
Reserve-Artillerie zu 2 reitend., 2 gezogenen 6pfünder und 4 glatten 12pfünder Batt.	1118	499	1617	.	.	60
Gesammt-Armee	47831	11261	59092	37568	8672	136

* Diese Sollstände wurden von der Effectivstärke der Armee aus den in der Einleitung erörterten Ursachen nicht erreicht.

Stärke- und Verlust-Tabellen

zu den verschiedenen Gefechten.

Abtheilung.	Stärke:					
	Zahl der			Stabs- und Ober-Offiziere	Unteroffiziere, Spielleute, Soldaten	Offiziers- und Dienstpferde
	Compagnien	Escadronen	Geschütze			

Zusammenstoss bei Immelborn in

1. Bataillon des 9. Regiments (2. Schützen- und halbe 4. Schützen-Compagnie)	1½	.	.	9	212	2
6. Chevaulegers-Regiment (4. Escadron)	.	1	.	4	92	96
Summa	1½	1	.	13	304	98

Zusammenstoss bei

1. Bataillon des 11. Regiments (1. Schützen-Compagnie)	1	.	.	3	143	.
2. Chevaulegers-Regiment (2. Escadron)	.	1	.	4	125	129
Summa	1	1	.	7	268	129

Gefecht bei Ross

Stäbe der Brigaden, Divisionen etc.	.	.	.	.	.	.
8. Jäger-Bataillon	4	.	.	20	608	2
1. Bataillon des 5. Regiments	6	.	.	23	820	2
3. „ „ 5. „	6	.	.	22	776	2
1. „ „ 13. „	6	.	.	22	775	2
2. „ „ 13. „	5	.	.	21	643	3
6. Jäger-Bataillon	4	.	.	18	584	3
2. Bataillon des 4. Regiments	6	.	.	23	817	2
3. „ „ 4. „	6	.	.	25	853	4
1. „ „ 9. „	6	.	.	21	805	4
2. „ „ 9. „	6	.	.	22	802	2
3. „ „ 9. „	6	.	.	20	784	2
1. Bataillon des 6. Regts. (2. 3. 1. u. 2. Schützen-Comp.)	4	.	.	16	563	2
6. Chevaulegers-Regiment	.	4	.	19	396	415
6 pfünder Batterie Königer	.	.	8	5	128	117
12 pfünder Batterie Hang	.	.	8	5	128	119
Summa	65	4	16	282	9482	681

Verluste:													Bemerkungen.
Todt			Verwundet			Vermisst			Gesammt-Verlust			Geschütze	
Offiziere	Mannschaft	Pferde	Offiziere	Mannschaft	Pferde	Offiziere	Mannschaft	Pferde	Offiziere	Mannschaft	Pferde		

der Nacht vom 2. auf den 3. Juli.

Offiziere	Mannschaft	Pferde	Offiziere	Mannschaft	Pferde	Offiziere	Mannschaft	Pferde	Offiziere	Mannschaft	Pferde	Geschütze	Bemerkungen
.	3	.	4	9	.	.	.	.	.	4	12	.	.
.	.	1	.	1	.	.	.	.	.	.	1	1	.
.	3	1	4	10	.	.	.	.	.	4	13	1	.

Dermbach am 3. Juli.

Offiziere	Mannschaft	Pferde	Offiziere	Mannschaft	Pferde	Offiziere	Mannschaft	Pferde	Offiziere	Mannschaft	Pferde	Geschütze	Bemerkungen
.	6	.	.	4	.	.	38	.	.	.	48	.	.
.	.	1	.	.	.	.	.	.	.	.	.	1	.
.	6	1	.	4	.	.	38	.	.	.	48	1	.

dorf am 4. Juli.

Offiziere	Mannschaft	Pferde	Offiziere	Mannschaft	Pferde	Offiziere	Mannschaft	Pferde	Offiziere	Mannschaft	Pferde	Geschütze	Bemerkungen
2	.	2	.	.	3	.	.	.	2	.	5	.	
.	.	.	.	1	.	.	.	.	.	.	1	.	.
.	6	1	2	43	.	.	5	.	2	54	1	.	
.	.	.	.	.	.	.	.	.	.	.	.	.	
.	.	.	.	7	.	.	8	.	.	16	.	.	
.	.	.	.	2	.	.	.	.	.	2	.	.	I Compagnie bei der Verpflegs-Abtheilung detachirt.
1	.	.	5	26	2	.	.	.	6	26	2	.	
1	11	1	4	34	1	.	10	.	5	55	2	.	
2	11	.	4	51	.	.	10	.	6	72	.	.	
1	8	1	1	28	.	.	3	.	2	39	1	.	
2	2	.	2	46	.	.	9	.	4	57	.	.	
.	4	.	.	24	.	.	14	.	.	42	.	.	
.	1	.	.	10	.	.	.	.	.	11	.	.	Die 2 übrigen Compagnien des Bataillons bei Zella.
.	.	2	.	.	.	.	.	.	.	.	2	.	
.	.	1	.	.	.	.	.	.	.	.	1	.	
.	.	.	.	2	4	.	.	.	.	2	4	.	
9	43	8	18	274	10	.	59	.	27	376	18	.	

Abtheilung.	Stärke:					
	Zahl der			Stabs- und Ober-Offiziere	Unteroffiziere, Spielleute, Soldaten	Offiziers- und Dienstpferde
	Compagnien Escadronen	Geschütze				

Gefecht bei

Abtheilung.	Comp./Esc.	Gesch.	Stabs- u. Ober-Off.	Unteroff. Spiell. Soldaten	Off.- u. Dienstpferde
1. Jäger-Bataillon	4	.	20	644	3
1. Bataillon des 6. Regts. (1. Schützen- und 1. Comp.)	2	.	6	282	.
1. Bataillon des 14. Regiments	6	.	25	828	4
2. „ „ 14. „	6	.	23	814	2
5. Jäger-Bataillon	4	.	18	629	2
2. Bataillon des 11. Regiments	6	.	26	837	4
3. „ „ 11. „	6	.	24	814	2
1. „ „ 15. „	6	.	20	823	4
2. „ „ 15. „	6	.	20	808	2
2. Chevaulegers-Regiment	4	.	20	419	439
6 pfünder Batterie Lottersberg	.	8	6	101	95
12 pfünder Batterie Schuster	.	8	5	128	121
Summa	46 / 4	16	213	7127	678

Zusammenstoss bei

Abtheilung.	Esc.	Gesch.	Stabs- u. Ober-Off.	Unteroff. Spiell. Soldaten	Off.- u. Dienstpferde
1. Cuirassier-Regiment	4	.	19	370	389
2. „ „	4	.	20	412	432
3. „ „	4	.	20	444	464
Reitende Batterie Mamenbach	.	6	3	107	138
Summa	12	6	62	1393	1423

Verluste:													Bemerkungen.
Todt			Verwundet			Vermisst			Gesammt-Verlust			Geschütze	
Offiziere	Mannschaft	Pferde	Offiziere	Mannschaft	Pferde	Offiziere	Mannschaft	Pferde	Offiziere	Mannschaft	Pferde		

Zella am 4. Juli.

Offiziere	Mannschaft	Pferde	Offiziere	Mannschaft	Pferde	Offiziere	Mannschaft	Pferde	Offiziere	Mannschaft	Pferde	Geschütze	Bemerkungen
.	1	.	2	10	.	1	16	.	3	27	.	.	
2	.	.	.	18	.	.	11	.	2	29	.	.	
.	.	.	1	5	.	.	2	.	1	7	.	.	Die übrigen 4 Compagnien des Bataillons bei Roasdorf.
.	1	.	.	8	.	.	11	.	.	20	.	.	
.	.	.	.	4	.	.	.	.	.	4	.	.	
.	.	.	.	1	.	.	.	.	.	1	.	.	
.	.	.	.	.	.	.	.	.	.	.	.	.	
1	.	.	.	2	.	.	2	.	1	4	.	.	
.	1	.	.	2	.	.	1	.	.	4	.	.	
.	3	12	.	11	13	.	3	2	.	17	27	.	1 Zug hievon nach der Tann detachirt.
.	.	.	.	1	1	.	.	.	.	1	1	.	Nur ein Theil der Munitions-wägen mit in die Stellung.
.	1	6	.	7	3	.	.	.	.	8	9	.	
3	7	18	3	69	17	1	46	2	7	122	37	.	

Hünfeld am 4. Juli.

Offiziere	Mannschaft	Pferde	Offiziere	Mannschaft	Pferde	Offiziere	Mannschaft	Pferde	Offiziere	Mannschaft	Pferde	Geschütze	Bemerkungen
1	7	1	.	11	.	.	24	.	1	18	25	.	
.	.	.	.	.	.	.	5	.	.	.	5	.	
.	1	.	.	1	.	.	8	.	.	2	8	.	
.	1	.	.	2	.	.	3	.	.	3	3	1	
1	2	1	.	14	.	.	40	.	1	23	41	1	Ein Theil der Munitionswägen nicht mit in die Stellung.

Gefecht bei Kissingen, Nüdlingen,

Abtheilung.	Compagnien	Escadronen	Geschütze	Stabs- und Ober-Offiziere	Unteroffiziere, Spielleute, Soldaten	Offiziers- und Dienstpferde
Stäbe der Brigaden, Divisionen etc. (incl. Stabs-Escadr.)						
5. Jäger-Bataillon	4			14	616	2
2. Bataillon des 11. Regiments . . .	6			26	836	4
3. „ „ 11. „	5			20	692	2
1. „ „ 15. „	6			19	806	2
2. „ „ 15. „	6			19	817	2
3. „ „ 15. „	6			20	791	2
6. Jäger-Bataillon	4			13	554	2
3. Bataillon des 2. Regiments .	6			20	753	402
3. „ „ 4. „	6			19	749	332
2. Chevaulegers-Regiment . . .		4		20	389	309
6. „ „		4		18	314	112
3. Uhlanen-Regiment . . .		4		16	289	125
6 pfünder Batterie Redenbacher			8	5	128	7
12 pfünder Batterie Schuster . .			8	5	128	1
7. Jäger-Bataillon	4			20	607	2
1. Bataillon des 12. Regiments . .	6			25	793	4
2. „ „ 12. „	6			29	815	2
3. Jäger-Bataillon . . .	4			20	629	3
3. Bataillon des 7. Regiments	4			16	531	292
1. „ „ 10. „	6			23	835	53
3. „ „ 10. „	6			23	806	92
4. Chevaulegers-Regiment (1., 3. und 4. Escadron)*		3		16	282	78
6 pfünder Batterie Zeller ** .			6	4	64	110
12 pfünder Batterie Kirchhoffer ***			6	4	98	0
6 pfünder Batterie Girl† . .			8	5	86	8
reitende Batterie Hellingrath††			6	4	98	5
2. Jäger-Bataillon	4			18	602	3
2. Bataillon des Leib-Regiments . .	6			24	810	4
3. „ „ „ „	6			24	813	2
2. „ „ 1. Regiments .	6			24	798	4
3. „ „ 1. „	6½			23	802	2
1. „ „ 2. „	6			23	841	2
2. „ „ 2. „	6			25	755	4
3. „ „ 2. „	6			23	756	2
1. „ „ 8. „	5			21	727	4
3. „ „ 8. „	6			22	822	2
3. Chevaulegers-Regiment		4		18	424	442
6 pfünder Batterie Hutten . .			8	6	134	120
12 pfünder Batterie Massinan			6	4	98	90
reit. Batterie Lepel			8	5	170	212
Summa	142½	12	64	677	22058	2849

Todt			Verwundet			Vermisst			Gesammt-Verlust			Geschütze	Bemerkungen.
Offiziere	Mannschaft	Pferde	Offiziere	Mannschaft	Pferde	Offiziere	Mannschaft	Pferde	Offiziere	Mannschaft	Pferde		

Waldaschach etc. am 10. Juli.

Off.	Mann.	Pf.	Off.	Mann.	Pf.	Off.	Mann.	Pf.	Off.	Mann.	Pf.	Gesch.	Bemerkungen
2	.	3	3	1	11	.	.	.	2	5	1	16	
.	5	.	1	13	.	.	1	.	1	24	.	.	
.	.	.	.	6	.	.	4	.	.	10	.	.	
1	7	.	1	34	.	2	96	.	4	137	.	.	5. Schützen-Compagnie nach Euerdorf detachirt.
.	3	.	1	5	.	.	29	.	1	40	.	.	
.	16	.	4	55	.	2	155	.	6	226	.	.	
2	6	.	2	63	1	1	112	.	5	181	1	.	
.	3	.	.	13	.	.	.	.	.	16	.	.	
1	4	.	.	29	.	1	64	.	2	97	.	.	
.	.	.	2	2	9	.	3	3	2	5	12	.	
.	.	3	.	3	1	.	.	1	.	3	5	.	
.	.	1	1	1	.	.	2	2	1	3	3	.	
.	1	6	.	3	2	.	.	.	.	4	8	.	
.	.	.	.	3	1	.	.	.	.	3	1	.	
1	2	.	2	21	.	.	43	.	3	66	.	.	
1	2	.	2	30	.	.	23	.	3	55	.	.	
.	3	.	3	38	.	.	1	.	3	42	.	.	
.	.	1	.	1	.	.	3	.	.	4	1	.	
.	.	.	.	20	.	.	4	.	.	24	.	.	1 Compagnie beim Hauptquartier, und 1 bei der Munitions-Reserve detachirt.
1	2	.	2	19	.	.	6	.	3	27	.	.	* 2. Escadron nach Bischofsheim detachirt.
.	6	10	1	14	23	.	.	.	1	20	33	.	** 2 Geschütze nach Bischofsheim detachirt, Munitionswägen nicht mit in Stellung.
.	1	1	.	3	11	.	.	.	.	4	12	.	*** 2 Geschütze nach Steinach detachirt.
.	.	3	.	1	3	.	.	.	.	1	6	1	† Nur 2 Munitionswägen mit in Stellung.
.	.	2	.	1	1	.	.	.	.	1	3	.	†† Die Munitionswägen nicht mit in Stellung.
.	1	.	.	3	1	.	.	.	.	4	1	.	
.	6	1	2	23	.	.	2	.	2	31	1	.	
.	5	.	1	30	.	.	4	.	1	39	.	.	
.	4	.	3	16	.	.	2	.	3	52	.	.	
.	.	.	1	4	.	.	4	.	1	8	.	.	
.	.	.	1	.	.	.	1	.	.	2	.	.	
.	14	.	4	45	.	.	.	.	4	59	.	.	
.	1	.	.	10	.	.	.	.	.	11	.	.	
.	.	.	.	2	.	.	.	.	.	2	.	.	1 Zug zur Bedeckung des Trains detachirt.
.	.	2	.	1	.	.	.	.	.	1	2	.	
.	.	.	.	.	1	.	.	.	.	.	1	.	2 Geschütze in Neustadt detachirt.
.	.	.	.	.	1	.	.	.	.	.	1	.	Hiebei 2 Geschütze der reitenden Batterie La Roche.
9	92	33	37	554	66	6	559	8	52	1205	107	1	

Abtheilung.	Zahl der			Stärke:		
	Compagnien Escadronen	Geschütze	Stabs- und Ober-Offiziere	Unteroffiziere, Spielleute, Soldaten	Offiziers- und Dienstpferde	

Gefecht bei

Abtheilung.	Comp./Esc.	Gesch.	Stabs-/Ober-Off.	Unteroff.	Off.-pferde
1. Jäger-Bataillon	4	.	.	17	642	3
1. Bataillon des 6. Regiments	6	.	.	20	790	2
3. „ „ 6. „	6	.	.	22	813	2
1. „ „ 14. „ . . .	5½	.	.	23	716	4
3. Cuirassier-Regiment	.	4	.	20	438	458
1. Uhlanen-Regiment	.	4	.	16	384	400
6pfünder Batterie Lottersberg	.	.	8	6	101	95
reit. Batterie Massenbach	.	.	5	3	103	134
Summa	21½	8	13	127	3887	1098

Zusammenstoss bei

Abtheilung.	Comp./Esc.	Gesch.	Stabs-/Ober-Off.	Unteroff.	Off.-pferde
1. Bataillon des 9. Regiments (1. und 2. Schützen-Compagnie)	2	.	.	4	249	.
Summa	2	.	.	4	249	.

	Todt			Verwundet			Vermisst			Gesammt-Verlust			Tirschütze	Bemerkungen.
	Offiziere	Mannschaft	Pferde	Offiziere	Mannschaft	Pferde	Offiziere	Mannschaft	Pferde	Offiziere	Mannschaft	Pferde		

Hammelburg am 10. Juli.

Offiziere	Mannschaft	Pferde	Offiziere	Mannschaft	Pferde	Offiziere	Mannschaft	Pferde	Offiziere	Mannschaft	Pferde	Tirschütze	Bemerkungen
.	.	.	.	11	.	.	7	.	.	18	.	.	
.	3	.	2	20	1	.	.	.	2	23	1	.	
.	.	.	.	2	.	.	1	.	.	3	.	.	
.	.	.	.	15	.	.	10	.	.	25	.	.	½ Compagnie an die Brücke nach Euerdorf detachirt.
.	1	1	1	3	2	.	.	6	1	4	9	.	
.	4	12	.	7	7	.	1	5	.	12	24	.	
.	1	.	1	6	.	.	3	.	1	10	.	.	Ein Theil der Munitionswägen nicht mit in die Stellung.
.	1	.	.	.	2	.	.	.	.	1	2	.	Ein Theil der Munitionswägen nicht mit in die Stellung.
.	10	13	4	64	12	.	22	11	4	96	36	.	

Oerlenbach am 11. Juli.

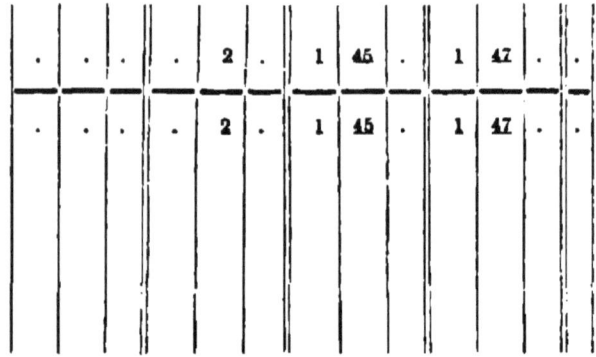

Offiziere	Mannschaft	Pferde	Offiziere	Mannschaft	Pferde	Offiziere	Mannschaft	Pferde	Offiziere	Mannschaft	Pferde	Tirschütze	Bemerkungen
.	.	.	.	2	.	1	45	.	1	47	.	.	
.	.	.	.	2	.	1	45	.	1	47	.	.	

Abtheilung.	Stärke:				
	Zahl der		Stabs- und Ober-Offiziere	Unteroffiziere, Spielleute, Soldaten	Offiziers- und Dienstpferde
	Compagnien Escadronen	Geschütze			

Gefecht bei Helmstadt

Abtheilung.	Compagnien Escadronen	Geschütze	Stabs- und Ober-Offiziere	Unteroffiziere, Spielleute, Soldaten	Offiziers- und Dienstpferde
Stäbe der Brigaden, Divisionen etc.					
5. Jäger-Bataillon	4		16	538	2
1. Bataillon des 11. Regiments	6		24	810	4
2. „ „ 11. „	6		26	826	3
3. „ „ 11. „	6		20	677	2
1. „ „ 15. „	5		16	590	2
2. „ „ 15. „	6		15	568	2
3. „ „ 15. „	6		17	576	2
1. Jäger-Bataillon	4		19	640	3
1. Bataillon des 6. Regiments	6		21	729	4
3. „ „ 6. „	6		21	783	2
1. „ „ 14. „	6		24	705	4
2. „ „ 14. „	5		20	590	2
1. „ „ 8. „	5		22	602	4
2. Chevaulegers-Regiment		4	20	403	423
6pfünder Batterie Lottersberg		8	5	101	94
12pfünder Batterie Schuster		8	5	128	121
2. Jäger-Bataillon	4		18	607	3
2. Bataillon des Leib-Regiments	6		21	745	4
2. „ „ 1. Regiments	6		17	725	4
3. „ „ 1. „	6		22	723	2
2. „ „ 2. „	6		21	848	4
3. „ „ 2. „	6		21	823	2
4. Jäger-Bataillon	4		19	571	3
1. Bataillon des 2. Regiments	6		20	791	2
2. „ „ 8. „	6		19	758	1
3. „ „ 8. „	6		22	780	2
3. Chevaulegers-Regiment		3	16	192	208
6pfünder Batterie Hutten		8	5	134	120
12pfünder Batterie Mussinan		6	4	98	90
12pfünder Batterie Schropp		8	5	129	118
3. Jäger-Bataillon	4		20	621	3
1. Bataillon des 7. Regiments	6		24	852	4
2. „ „ 7. „	6		20	755	2
3. „ „ 7. „	4		16	490	2
1. „ „ 10. „	6		22	768	3
2. „ „ 10. „	5		18	713	2
3. „ „ 10. „	5		21	655	2
6pfünder Batterie Zeller ***		8	5	84	65
6pfünder Batterie Girl†		8	3	85	76
6pfünder Batterie Redenbacher		8	5	128	117
12pfünder Batterie Gramich		8	5	130	119
3. Bataillon des 13. Regiments††	4		12	520	2
6pfünder Batterie Kriebel		8	5	129	118
4. Chevaulegers-Regiment		4	20	372	392
Summa	167	11	28 · 718	23492	2144

Verluste:													Geschütze	Bemerkungen.
Todt			Verwundet			Vermisst			Gesammt-Verlust					
Offiziere	Mannschaft	Pferde	Offiziere	Mannschaft	Pferde	Offiziere	Mannschaft	Pferde	Offiziere	Mannschaft	Pferde			

und Uettingen am 25. Juli.

Offiziere	Mannschaft	Pferde	Offiziere	Mannschaft	Pferde	Offiziere	Mannschaft	Pferde	Offiziere	Mannschaft	Pferde	Geschütze	Bemerkungen
.	.	1	2	.	1	.	.	.	2	.	2	.	
1	.	.	1	1	.	.	4	.	2	5	.	.	
1	2	.	1	53	2	.	12	.	2	67	2	.	
.	1	.	2	25	.	.	28	.	2	54	.	.	1 Compagnie in Schweinfurt detachirt.
.	.	.	1	5	.	.	25	.	1	30	.	.	
.	.	.	.	2	.	.	3	.	.	5	.	.	
.	2	.	.	9	.	.	2	.	.	13	.	.	
.	3	.	3	8	.	2	11	.	5	22	.	.	
.	3	.	2	33	.	.	12	.	2	48	.	.	
.	3	1	.	14	.	.	14	.	.	31	1	.	
.	1	.	1	19	.	.	11	.	1	31	.	.	3. Compagnie bei der Munitions-Reserve detachirt.
1	.	.	1	12	.	.	21	.	2	33	.	.	1. Compag. in Hassfurt detachirt.
.	2	.	.	10	.	.	8	.	.	20	.	.	
.	.	3	3	13	3	2	15	22	5	28	28	.	Ein Theil der Munitionswägen nicht mit in die Stellung.
.	.	.	.	.	1	.	.	.	.	.	.	1	
.	9	.	2	59	.	2	40	.	4	108	.	.	
.	5	.	1	12	.	.	24	.	1	41	.	.	
.	.	.	.	2	.	.	7	.	.	9	.	.	
1	.	.	3	70	.	.	22	.	4	92	.	.	
1	2	.	.	6	.	.	9	.	1	17	.	.	
.	.	.	.	.	.	.	.	.	.	.	.	.	
.	.	.	.	2	.	.	.	.	.	2	.	.	
1	1	.	.	2	.	.	2	.	1	5	.	.	
.	1	.	.	4	.	.	.	.	.	5	.	.	
.	.	.	.	1	.	.	2	2	.	3	2	.	1 Escadron bei Uettingen zurückgelassen.
.	.	3	.	4	.	.	.	.	.	4	3	.	2 Geschütze bei Uettingen zurückgelassen.
.	.	2	.	8	7	.	1	.	.	9	9	.	
.	.	.	.	1	.	.	.	.	.	1	.	.	
.	.	.	.	5	.	.	.	.	.	5	.	.	
.	1	.	.	2	.	.	.	.	.	3	.	.	1 Compag. im Hauptquartier und 1 bei der Munitions-Reserve.
.	.	.	.	.	.	.	.	.	.	.	.	.	* 11. Compagnie bei der Gepäcks-Colonne detachirt.
.	.	.	.	.	.	.	.	.	.	.	.	.	** 1 Compagnie in Kitzingen detachirt.
.	.	.	.	.	.	.	.	.	.	.	.	.	*** Die Munitionswägen nicht mit in Stellung.
.	.	.	.	.	.	.	.	.	.	.	.	.	† Nur 2 Munitionswägen mit in Stellung.
.	1	1	.	.	.	.	.	.	.	1	1	.	†† 2 Compagnien bei der Haupt-Munitions-Reserve detachirt.
.	.	1	1	1	.	.	.	.	1	1	1	.	
.	.	2	.	1	.	.	.	.	.	1	2	.	
.	.	.	.	.	1	.	.	.	.	.	1	.	
6	37	14	24	384	15	6	273	24	36	694	53	.	

Stärke:

Abtheilung.	Compagnien Escadronen	Geschütze	Stäbe und Ober-Offiziere	Unteroffiziere, Spielleute, Soldaten	Offiziers- und Dienstpferde
Gefecht bei Uettingen, Rossbrunn					
Stäbe der Brigaden, Divisionen etc.					
8. Jäger-Bataillon	4		12	599	3
1. Bataillon des 5. Regiments	6		22	725	3
2. „ „ 5. „	6		23	725	2
1. „ „ 13. „	6		20	742	2
2. „ „ 13. „	6		24	737	3
6. Jäger-Bataillon	4		16	524	3
2. Bataillon des 4. Regiments	6		20	726	4
3. „ „ 4. „	6		19	734	2
1. „ „ 9. „	6		18	715	4
2. „ „ 9. „	4		16	487	2
3. „ „ 9. „	6		20	674	2
6 pfünder Batterie Königer		8	5	130	119
12 pfünder Batterie Hang		6	4	98	90
12 pfünder Batterie Minges		8	5	112	117
12 pfünder Batterie Will		8	5	139	120
3. Jäger-Bataillon	4		20	620	3
1. Bataillon des 7. Regiments	6		24	849	4
2. „ „ 7. „	6		20	755	2
3. „ „ 7. „	4		16	486	2
1. „ „ 10. „	6		22	763	3
3. „ „ 10. „	5		18	713	2
1. „ „ 8. „	6		21	766	4
1. „ „ 12. „	6		21	718	2
2. „ „ 12. „	6		18	718	1
6 pfünder Batterie Zeller		8	5	84	65
2. Bataillon des 6. Regiments	4		16	611	2
3. „ „ 12. „	5		21	651	2
3. „ „ 13. „	4		11	519	2
3. „ „ 14. „	5		20	626	2
1. Chevaulegers-Regiment (3. Escadron)	1		4	77	81
12 pfünder Batterie Gramich		8	5	130	119
6 pfünder Batterie Redenbacher		8	5	124	117
6 pfünder Batterie Girl		8	4	85	77
6 pfünder Batterie Mehn		8	5	120	119
6 pfünder Batterie Kriebel		8	5	122	118
12 pfünder Batterie Schropp		8	5	127	114
Reitende Batterie Lepel		6	4	128	161
Reitende Batterie Hellingrath		6	4	96	117
Summa	127	1	98 530	17702	1595

Verluste:

und Hettstadt am 26. Juli.

Todt			Verwundet			Vermisst			Gesammt-Verlust			Geschütze	Bemerkungen.
Offiziere	Mannschaft	Pferde	Offiziere	Mannschaft	Pferde	Offiziere	Mannschaft	Pferde	Offiziere	Mannschaft	Pferde		
.	3	.	6	100	1	.	20	1	6	123	1 2	.	
1	9	1	5	77	1	.	28	.	6	114	2	.	
.	29	.	3	72	.	.	28	.	3	129	.	.	
.	1	1	1	20	1	1	29	.	2	50	2	.	
2	4	.	1	27	.	1	24	.	4	55	.	.	
.	.	.	.	2	.	.	.	.	.	2	.	.	
.	2	.	.	19	.	.	5	.	.	26	.	.	
.	.	.	.	1	.	.	3	.	.	4	.	.	
1	1	.	2	24	.	.	6	.	3	35	.	.	1 Compagnie bei der Munitions-Reserve und 1 bei der Verpflegsabtheilung.
.	1	.	.	8	.	.	3	.	.	12	.	.	
.	.	.	.	.	.	.	.	.	.	.	.	.	2 Geschütze dem 3. Bataillon des 5. Regiments zugetheilt.
.	.	.	.	1	.	.	.	.	.	1	.	.	
.	.	.	.	3	.	.	.	.	.	3	.	.	
.	3	.	3	31	.	.	2	.	3	36	.	.	
1	6	.	2	31	.	.	4	.	3	40	.	.	
3	5	.	6	62	.	.	2	.	8	76	.	.	1 Compagnie im Hauptquartier und 1 bei der Munitions-Reserve detachirt. 11. Compagnie bei der Gepäcks-Colonne detachirt.
.	.	.	.	12	.	.	5	.	.	17	.	.	
.	4	.	.	3	.	.	7	.	.	14	.	.	
1	2	.	2	38	.	.	10	.	3	57	.	.	
.	.	.	.	7	.	.	.	.	.	7	.	.	
.	.	.	1	2	.	.	2	.	1	4	.	.	
.	.	.	.	4	.	.	.	.	.	4	.	.	
.	.	.	.	1	1	.	.	.	.	1	1	.	Die Munitionswagen nicht mit in Stellung.
.	.	.	.	1	.	.	1	.	.	2	.	.	2 Compagnien detachirt.
.	5	.	.	19	.	.	.	.	.	24	.	.	1 Comp. nach Kissingen detachirt.
.	1	.	1	3	1	.	.	.	1	4	1	.	2 Compagnien bei der Haupt-Munitions-Reserve detachirt.
.	.	1	.	.	.	.	.	.	.	.	1	.	11. Compagnie in Ochsenfurt detachirt.
.	.	.	.	1	.	.	.	.	.	1	.	.	
.	.	.	.	.	.	.	.	.	.	.	.	.	Nur 2 Munitionswägen mit in die Stellung.
.	1	.	.	.	.	.	1	.	.	1	1	.	
.	3	.	.	2	.	.	.	.	.	2	3	.	
.	.	.	.	.	.	.	.	.	.	.	.	.	Die Munitionswagen nicht mit in Stellung.
2	82	7	32	675	6	2	187	1	43	844	14	.	

Abtheilung.	Stärke:					
	Zahl der			Stabs- und Ober-Offiziere	Unteroffiziere, Spielleute, Soldaten	Offiziers- und Dienstpferde
	Compagnien Escadronen		Geschütze			

Reitergefecht bei den

6. Chevaulegers-Regiment	.	.	4	.	19	331	350
1. Cuirassier-Regiment	.	.	4	.	19	376	395
2. ,, ,,		.	4	.	18	401	419
3. ,, ,,		.	4	.	20	384	404
3. Uhlanen-Regiment	.	.	4	.	12	329	341
Summa .	20	.	82	1821	1909

*4. Moment des Gefechtes bei Uettingen, Rossbrunn und Hettstadt.

Zusammenstoss bei

4. Bataillon des Leib-Regiments	5	.	.	16	600	2
Summa	5	.	.	16	600	2

Verluste:

	Todt			Verwundet			Vermisst			Gesammt-Verlust			Geschütze	Bemerkungen.
	Offiziere	Mannschaft	Pferde	Offiziere	Mannschaft	Pferde	Offiziere	Mannschaft	Pferde	Offiziere	Mannschaft	Pferde		

Hettstädter-Höfen am 26. Juli.*

Offiziere	Mannschaft	Pferde	Offiziere	Mannschaft	Pferde	Offiziere	Mannschaft	Pferde	Offiziere	Mannschaft	Pferde	Geschütze	Bemerkungen
.	1	.	2	7	.	1	2	12	3	10	12	.	
.	.	2	.	4	.	.	.	3	.	4	5		
.	1	7	.	7	2	.	.	6	.	8	15		
.	.	1	.	5	.	.	.	6	.	5	7		
1	.	.	.	.	.	.	.	.	1	.	.		
1	2	10	2	23	2	1	2	27	4	27	39	.	

Seubottenreut etc. am 29. Juli.

Offiziere	Mannschaft	Pferde	Offiziere	Mannschaft	Pferde	Offiziere	Mannschaft	Pferde	Offiziere	Mannschaft	Pferde	Geschütze	Bemerkungen
.	6	.	1	1	1	7	243	1	8	250		2	. Z. Schützen-Compagnie nach Kemnat detachirt.
.	6	.	1	1	1	7	243	1	8	250		2	.

Sonstige Zusammenstösse kleiner Patrouillen, Recognoscirungs-Abtheilungen &c., im Vorposten- und Avantgarden-Dienst.

Summa

| Verluste: | | | | | | | | | | | | | |
| Todt | | | Verwundet | | | Vermisst | | | Gesammt-Verlust | | | Geschütze | Bemerkungen. |
Offiziere	Mannschaft	Pferde	Offiziere	Mannschaft	Pferde	Offiziere	Mannschaft	Pferde	Offiziere	Mannschaft	Pferde		
	1						1	.		2	.		
	1						.	.		1	.		
	1						1	2		2	2	.	
						1	13	.	1	13	.		
				1			10	10		10	11		
				1	1					1	1	.	
							4			4	.		
							3			3	.		
	1	1		1	2			1		2		4	
				1						1			
							2			2	.		
			1	8					1	8	.		
							1			1			
							65			65	.		
							1	2		1	2		
					2		3	2		5	2		
							1	.		1	.		
	4	2	2	13	2	1	105	17	3	122	21		

Recapitulation der Verluste.

Zusammenstoss bei Immelborn in der Nacht vom 2. auf den 3. Juli . . . .

„ „ Dermbach am 3. Juli . . . .

Gefecht bei Rossdorf am 4. Juli . . . .

„ „ Zella am 4. Juli . . . .

Zusammenstoss bei Hünfeld am 4. Juli . . . .

Gefecht bei Kissingen etc. am 10. Juli . . . .

„ „ Hammelburg am 10. Juli . . . .

Zusammenstoss bei Oerlenbach am 11. Juli . . . .

Gefecht bei Helmstadt und Uettingen am 25. Juli . . . .

„ „ Uettingen, Rossbrunn und Hettstadt am 26. Juli*) . . . . . .

Zusammenstoss bei Seubottenreut etc. am 29. Juli . . . .

Sonstige Zusammenstösse etc. . . . .

Gesammt-Summa der Verluste

*) Einschlussig des Reitergefechts bei den Hettstadter-Höfen.

Verluste:

Todt			Verwundet			Vermisst			Gesammt-Verlust			Geschütze	Bemerkungen.
Offiziere	Mannschaft	Pferde	Offiziere	Mannschaft	Pferde	Offiziere	Mannschaft	Pferde	Offiziere	Mannschaft	Pferde		
.	3	1	4	10	.				4	13	1	.	
.	C	1	4	.			58	.		4~	1	.	
9	13	6	18	274	10		69		27	376	1~	.	
3	7	18	3	69	17	1	46	2	7	122	37	.	
1	9	1		14				40	1	23	41	1	
9	92	33	37	551	66	6	559	8	52	1205	107	1	
.	10	13	4	64	12		22	11	4	96	36	.	
.	.	.	.	2		1	45	.	1	47	.		
6	87	14	24	384	15	6	273	24	36	694	53	.	
10	84	17	31	398	8	3	189	28	47	871	53	.	
	6		1	1'	1	7	243	1	8	250	2	.	
	4	2	2	18	2	1	105	17	3	122	21	.	
38	301	108	127	1987	131	25	1579	131	190	3867	370	2	